21世纪高等院校智慧健康养老服务与管理专业规划教材

普通高等教育"十三五"规划教材

老年人权益的法律保障

(第二版)

主　编 ◎ 刘利君

内 容 简 介

老年人权益保障是我国积极应对人口老龄化国家战略的应有之义。本书围绕老年人家庭关系、社会扶持和国家保障三个方面对老年人权益保障法律法规、政策规定做出全面介绍。全书分为9个教学模块，分别为社会养老服务与老年人权益保障、老年人获得赡养扶助的权利、老年人婚姻关系、老年人遗产继承、老年人基本生活保障、老年人医疗及长期护理保障、老年人参与社会发展和享受社会优待、老年宜居环境、老年人人身及财产安全。每个教学模块分设多个工作任务。本书编写体例突出对学习者的行动导向和能力培养，通过21个工作任务驱动，让学习者在完成任务的过程中既学到了知识，又提高了工作技能。

本书可作为应用型本科院校养老服务管理专业或高职院校智慧健康养老服务与管理专业的教材，还可作为养老服务从业人员的参考和自学用书。

图书在版编目(CIP)数据

老年人权益的法律保障/刘利君主编. —2 版. —北京：北京大学出版社，2022.9
21 世纪高等院校智慧健康养老服务与管理专业规划教材
ISBN 978-7-301-33243-6

Ⅰ. ①老… Ⅱ. ①刘… Ⅲ. ①老年人权益保障法－研究－中国－高等学校－教材 Ⅳ. ①D923.74

中国版本图书馆 CIP 数据核字 (2022) 第 146453 号

书　　名	老年人权益的法律保障（第二版）
	LAONIANREN QUANYI DE FALÜ BAOZHANG（DI-ER BAN）
著作责任者	刘利君　主编
策划编辑	桂　春
责任编辑	桂　春　胡　媚
标准书号	ISBN 978-7-301-33243-6
出版发行	北京大学出版社
地　　址	北京市海淀区成府路 205 号　100871
网　　址	http://www.pup.cn　新浪微博：@北京大学出版社
电子信箱	zyjy@pup.cn
电　　话	邮购部 010-62752015　发行部 010-62750672　编辑部 010-62704142
印刷者	三河市北燕印装有限公司
经销者	新华书店
	787 毫米×1092 毫米　16 开本　15.75 印张　370 千字
	2013 年 5 月第 1 版
	2022 年 9 月第 2 版　2023 年 7 月第 2 次印刷
定　　价	48.00 元

未经许可，不得以任何方式复制或抄袭本书之部分或全部内容。
版权所有，侵权必究
举报电话：010-62752024　电子信箱：fd@pup.pku.edu.cn
图书如有印装质量问题，请与出版部联系，电话：010-62756370

第二版前言

党的二十大报告明确指出:"实施积极应对人口老龄化国家战略,发展养老事业和养老产业,优化孤寡老人服务,推动实现全体老年人享有基本养老服务。"人口老龄化是我国社会当前及未来相当长一段时间需要面对的严峻问题。我国人口老龄化具有老年人口基数大、老龄化速度快、地区发展不平衡和未富先老等特点,这给我们应对老龄化问题带来了更多的挑战。当然,人口老龄化同时也给我国老龄产业事业带来前所未有的发展机遇。近年来,我国养老服务业发展迅速,各类优秀的养老服务企业不断涌现,老龄产业以全新的面貌大踏步发展。我国养老服务逐渐从传统的家庭养老向社会养老转变,社会养老服务体系的构建被提高到前所未有的高度。

全面依法治国理念融入老年人权益保障事业,关乎每一位老年人的晚年生活,关乎我国养老服务业的健康发展。《中华人民共和国老年人权益保障法》(以下简称《老年人权益保障法》)自1996年通过实施后,历经2009年、2012年、2015年和2018年四次修正或修订,目前已成为规范我国老年人权益保障事业的最为重要的法律制度。在该法的规范指导下,国务院及其相关职能部门为加快推进养老服务业发展、促进老年人权益保障,陆续发布了大量行政法规、部门规章和规范性文件,促进了养老服务业"提质增量",满足了老年人多样化的养老服务需求。同时,地方各级人民政府及其相关职能部门也根据本地方实际,积极探索维护老年人权益、促进老龄事业发展的工作机制和方法,形成了具有地方特色的创新经验。2020年5月28日,第十三届全国人民代表大会第三次会议通过了《中华人民共和国民法典》(以下简称《民法典》),该法自2021年1月1日起开始施行。作为"社会生活的百科全书",《民法典》中关于民事权利义务的规定,对于规范和指导老年人权益保障工作具有重要的意义。

在我国老龄事业如火如荼开展的同时,侵害老年人合法权益、制约老龄事业发展的问题时有出现。老年人自我维权意识和能力差,进一步加剧了解决老年人权益保障问题的难度。随着生理、心理和社会参与能力的逐渐退化,老年人需要家庭、社会、国家给予的全方位的法律保障。

养老服务从业人员不仅要满足老年人基本生活照料的需要,更要满足老年人的精神、文化需要,切实维护老年人合法权益。养老服务机构和养老服务从业人员应当在养老服务过程中树立老年人权益保障的理念,积极为老年人排忧解难,协助老年人分析并处理法律问题。

本书在内容选取上,既考虑老年人权益法律保障的完整全面性,又考虑到养老服务中主要面临的老年人权益保障需求,同时根据《老年人权益保障法》的相关内容,主要围绕老年人的家庭关系、社会扶持和国家保障三个方面进行内容设计。全书分为9个教学模块,分别为社会养老服务与老年人权益保障、老年人获得赡养扶助的权利、老年人婚姻关系、老年人遗产继承、老年人基本生活保障、老年人

医疗及长期护理保障、老年人参与社会发展和享受社会优待、老年宜居环境、老年人人身及财产安全。每个教学模块分设多个工作任务。全书在知识体系上主要以法学、社会学的分析视角探究老年人权益保障的方式和途径。

在编写体例上，本书避免单纯的知识灌输，强调对学生的行动导向和能力培养。我们改变了传统教材的编写方式，改为任务驱动，通过21个工作任务，让学生在完成任务的过程中既学到了知识，又提高了工作技能。每个任务按照任务目标、任务实例、任务描述、背景知识、专业知识、任务完成的思路编写，条理清晰，任务明确。

本书再版编写过程中，编者特别注意以下问题。第一，根据我国老年人权益保障法律法规和政策文件的最新变化，更新第一版中的内容。本书第一版出版于2013年，至今已有9年。在这期间，我国养老服务业得到长足发展，若干规定逐渐细化明确，老年人权益保障制度也日益完善。特别是"十三五"时期和"十四五"初期一系列养老服务政策法规的出台，进一步优化了我国老年人权益保障的法治环境。再版此书既是对这段时期老年人权益保障制度的回顾和总结，也有助于展望下一阶段相关工作的开展。第二，本书立足养老服务产业，以养老服务企业和养老服务从业人员的工作内容为出发点，突出了养老服务与老年人权益保障的内在联系，避免空泛谈论，有助于指导工作实践。本书的受众群体主要为我国养老服务相关专业的学生和养老服务从业人员，编写内容与岗位工作任务相结合有助于学习者有针对性地解决工作问题，突出能力培养。第三，在本书相关知识点难易程度的把握上，编者根据学习者的学习需求，遵循"理论知识够用、能力培养是重点"的原则，重点选择与岗位工作密切相关的法律知识，避免难度过高或过低。

值此再版之际，请允许我感谢多年来所有认可本书的读者，正是你们的高度认可，让我对本书的再版充满信心。感谢扎根于养老服务一线的从业人员和即将步入养老服务业的学生，是你们的默默奉献，为我国的养老服务事业增辉添彩，也让本书的再版变得更有意义。感谢全国的老年朋友们，你们用青春与热血为我国新时代发展奠定了坚实的基础，希望本书的出版能够让你们的晚年生活更加幸福美满！

刘利君

2023年6月1日于北京

本教材配有教学课件或其他相关教学资源，如有老师需要，可扫描右边二维码关注北京大学出版社微信公众号"未名创新大学堂"(zyjy-pku)索取。

- 课件申请
- 样书申请
- 教学服务
- 编读往来

目　录

模块一　社会养老服务与老年人权益保障 ………………………………(1)
　　任务一　正确认识社会养老服务 ……………………………………(4)
　　任务二　树立老年人权益保障理念 …………………………………(18)

模块二　老年人获得赡养扶助的权利 …………………………………(33)
　　任务一　帮助老年人分析赡养扶助纠纷 ……………………………(36)
　　任务二　协助老年人妥善解决赡养扶助纠纷 ………………………(44)

模块三　老年人婚姻关系 ………………………………………………(55)
　　任务一　协助老年人分析并处理结婚问题 …………………………(58)
　　任务二　协助老年人分析并解决离婚问题 …………………………(72)

模块四　老年人遗产继承 ………………………………………………(87)
　　任务一　协助老年人分析继承关系 …………………………………(90)
　　任务二　协助老年人订立遗嘱 ………………………………………(99)
　　任务三　妥善保管及处理老年人的遗产 ……………………………(110)

模块五　老年人基本生活保障 …………………………………………(119)
　　任务一　协助老年人享受基本养老保险待遇 ………………………(122)
　　任务二　协助老年人申请社会救助 …………………………………(131)

模块六　老年人医疗及长期护理保障 …………………………………(145)
　　任务一　协助老年人参与并享受基本医疗保险待遇 ………………(148)
　　任务二　协助老年人申请并享受医疗救助 …………………………(155)
　　任务三　协助老年人享受长期护理保险待遇 ………………………(161)

模块七　老年人参与社会发展和享受社会优待 ………………………(171)
　　任务一　协助老年人参与社会发展 …………………………………(174)
　　任务二　协助老年人享受社会优待 …………………………………(179)

模块八　老年宜居环境 …………………………………………………(187)
　　任务一　老年宜居环境建设基本要求 ………………………………(190)
　　任务二　老年宜居环境建设标准和要求 ……………………………(194)

  任务三 老年人照料设施消防安全要求 …………………………（206）
模块九 老年人人身及财产安全 …………………………………（217）
  任务一 老年人受虐的预防和处理 …………………………（220）
  任务二 协助保障老年人的财产安全 …………………………（228）
附录 中华人民共和国老年人权益保障法 ……………………………（237）

模块一

社会养老服务与老年人权益保障

知识目标

1. 了解我国社会养老服务的背景及发展趋势
2. 理解老年人权益保障的内涵
3. 了解养老服务中老年人权益保障的意义
4. 了解养老服务中老年人权益保障的主要环节

能力目标

1. 能够把握我国养老服务与老年人权益保障宏观政策
2. 树立养老服务中为老维权的意识

- ◆ 任务一　正确认识社会养老服务
- ◆ 任务二　树立老年人权益保障理念

模块一　社会养老服务与老年人权益保障

【专业知识概览】

随着我国人口老龄化形势的发展,传统家庭养老、养儿防老等观念在新型社会环境和家庭环境中逐渐发生改变,单纯依靠家庭和子女的力量已经无法满足老年人的养老需求。在这一社会背景下,社会养老服务体系的构建显得尤为重要。

社会养老服务过程中老年人权益保障具有重要的意义。一般而言,老年人的需求主要由经济需求、照料需求、精神需求和社会需求等几个方面组成。围绕老年人的需求,老年人权益可以包括老有所养、老有所医、老有所为、老有所学、老有所乐几个方面。我国为老年人权益提供的保障方式包括国家保护、社会保护、家庭保护和老年人自我保护等。

【核心概念】

社会养老服务;老年人权益保障

【主要政策法规依据】

《中华人民共和国宪法》

《中华人民共和国老年人权益保障法》

《中华人民共和国民法典》

《"十四五"国家老龄事业发展和养老服务体系规划》

《中共中央关于制定国民经济和社会发展第十四个五年规划和二〇三五年远景目标的建议》(2020年10月29日中国共产党第十九届中央委员会第五次全体会议通过)

导入材料

最高人民法院发布意见
为实施积极应对人口老龄化国家战略提供司法服务和保障

孝亲敬老是中华民族的传统美德,尊重关爱老年人是社会文明进步的重要标志。为深入贯彻《中共中央、国务院关于加强新时代老龄工作的意见》,提升广大老年人的获得感、幸福感、安全感,最高人民法院于2022年4月8日发布《关于为实施积极应对人口老龄化国家战略提供司法服务和保障的意见》(以下简称《意见》),并配套发布老年人权益保护第二批典型案例。

《意见》要求统一思想认识,准确把握为实施积极应对人口老龄化国家战略提供司法服务和保障的总体要求,推动人民法院服务和保障实施积极应对人口老龄化国家战略的各项政策举措落地、落实、落细。

《意见》强调,要充分发挥审判职能作用,加强老年人权益保障。依法加大对侵害老年人人身和财产权益违法犯罪行为的打击力度,依法妥善审理涉老年人婚姻家庭、监护权、合同、侵权纠纷等各类案件,加大涉老年人权益案件执行力度。通过公正高效权威的司法裁判,促进老有所养、老有所医、老有所为、老有所学、老有所乐。

《意见》还强调要持续深化改革创新,建立健全便老惠老司法服务机制。深化一站式多元解纷机制建设,推动涉老年人矛盾纠纷源头化解,建立完善涉老年人婚姻家庭、侵权等矛盾纠纷的预警、排查、调解机制,建立适老型诉讼服务机制,为便利老年人参与诉讼活动提供保障。

为配合《意见》实施,最高人民法院发布老年人权益保护第二批典型案例,进一步统一法律适用标准,为老年人权益保障提供更为明确的行为指引和规则参考。在2021年发布老年人权益保护十大典型案例的基础上,最高人民法院结合司法实践新情况、新问题,有针对性地选取了五件典型案例,基本涵盖老年人较关心关注的问题。

其中,涉及保护老年人人身权益相关案件,如依法及时为遭受家庭暴力的老年人作出人身安全保护令、预防和遏制家庭暴力,依法妥善审理涉老年人婚姻家庭、监护权、养老服务合同纠纷等。此外,还涉及保护老年人财产权益相关案件,如妥善审理涉老年人物权保护纠纷案件,保障老年人对个人财产依法享有占有、使用、收益、处分的权利,依法支持退休老年人因交通事故导致的误工费赔偿请求,为老年人参与社会发展提供司法保障等。

据了解,近年来,人民法院将维护老年人权益作为审判执行工作中的一项重要内容。此次发布《意见》和老年人权益保护第二批典型案例,是深入贯彻党中央决策部署和习近平总书记关于注重家庭家教家风建设重要论述精神的重要举措,也是人民法院贯彻实施民法典、加强老年人权益保障的具体体现。

(资料来源:孙航. 最高人民法院发布意见:为实施积极应对人口老龄化国家战略提供司法服务和保障[EB/OL]. (2022-04-08)[2022-06-12]. https://www.court.gov.cn/zixun-xiangqing-354101.html)

任务一 正确认识社会养老服务

【任务目标】

作为养老服务人员,你能够正确认识社会化养老服务的现状和发展趋势。

【任务实例】

远洋·椿萱茂(北京北苑)老年公寓位于北京市朝阳区北苑来春园小区,有170间房共306张床位,于2016年12月开业。椿萱茂(北京北苑)老年公寓在亦庄、双桥和青塔老年公寓的基础上,服务和配套设施方面都做了进一步升级,可收住自理、半自理/介助、不能自理/介护、特护型老人,也可接收异地老人。该老年公寓将美国、日本等国的养老理念、服务体系导入国内,通过专业的照料分级评估,按需定制个人照料服务计划。生活助理团队用爱心、责任心来照护老人生活起居、用餐、服药、活动等方面,老人衣着整洁,房间、衣物无异味,护理人员24小时当班,并做好详细的值班服务记录。厨师团队根据每位老人的身体和营养状况、地域、民族等特点,制订个性化营养方案,为老人配制低糖、清真

等不同标准的营养餐。在该公寓内有各种休闲娱乐空间,且每天都有丰富多彩、有益老年人身心健康的文娱活动,老人们可以尽情地发展兴趣,在活动中充实自我,保持健康活力。

(资料来源:央广网.《去哪儿养老》第五十八站:远洋·椿萱茂(北京北苑)老年公寓.(2018-08-28)[2021-07-13]. https://old. cnr. cn/2016csy/gundong/20180828/t20180828_524343902.shtml 有删改)

【任务描述】

请你对社会养老服务进行调研,并分析居家养老、社区养老和机构养老几类服务模式有什么异同,各类养老服务模式对老年人权益保护有哪些作用。

【背景知识】

在我国人口老龄化日益严峻的现状下,传统家庭养老方式已经无法满足老年人的养老需求,构建专业化、社会化的养老服务体系成为现实需求。

一、社会养老服务概述

(一) 社会养老服务的含义

社会养老服务体系是指与经济社会发展水平相适应,以满足老年人养老服务需求、提升老年人生活质量为目标,面向老年人提供生活照料、康复护理、精神慰藉、紧急救援和社会参与等设施、组织、人才和技术要素形成的网络,以及配套的服务标准、运行机制和监管制度。社会养老服务体系是一个系统工程,其中面向老年人提供的各类服务,被称为社会养老服务。

养老服务是指为老年人提供生活照顾和护理服务,满足老年人特殊生活需求的各类服务,它是伴随着人口老龄化出现、老年人需求提升、养老社会化程度提高而出现的。广义的养老服务是一个宽泛的概念,它涵盖了老年人生活的方方面面,包括生活照料、医疗保健、休闲娱乐等;狭义的养老服务则侧重指为老年人日常生活提供的生活照料服务。

与传统养老模式相比,社会养老服务具有社会化、专业化、市场化和公益性等四大特征。

第一,社会养老服务具有社会化的特征。社会化养老服务是相较于传统的家庭养老而言的,需要更多的社会力量参与其中,主要指除了家庭成员之外的其他社会组织和人员提供的养老服务。在以家庭赡养为主的养老模式中,老年人的赡养主要靠家庭承担,尽管也有一些救济孤寡老人的机构和措施,但远未形成规模。

第二,社会养老服务具有专业化的特征。养老服务的专业化主要是指现代的养老服务更注重对老年人生活品质的提高,养老服务需要专业化的服务人员运用专业的服务技术开展。这不同于传统的以经验为主的养老方式。专业化的养老服务对于提高老年人晚年生活质量、缓解老年人生活困难具有重要意义。

第三,社会养老服务具有市场化的特征。目前,我们所倡导的养老服务应当是以市场为导向的服务体系。市场化养老服务是指养老服务行业应当遵循

市场规律,在资本积累、服务价格、收益分配、经营自主权等方面给予养老服务行业参与者更多的自由和权利,让市场在资源配置中起主导地位。当然,我们所说的市场化应当同时有一定程度的政府宏观调控,通过政策法规体系建设、监管体系建设、激励处罚措施等方式规范养老服务市场的有序正常发展。

第四,社会养老服务具有公益性特征。养老产业不同于一般的产业,由于老年人群体在社会中处于相对弱势的地位,养老服务也是一个带有公共性、福利性特征的领域。养老服务从根本上说是解决每个家庭、每个老人养老问题的民生性服务,具有天然的公益性。这种公益性决定了国家应当在养老服务体系建设中发挥主导作用,充分挖掘社会养老服务的资源和优势,规范养老服务市场,将养老服务体系建设作为一项重大的民生事业来看待。

(二) 社会养老服务的背景——人口老龄化

自我国步入老龄化社会以来,人口老龄化加速发展,老年人口基数大、增长快并日益呈现高龄化、空巢化趋势,需要照料的失能、半失能老人数量剧增。这成为我国构建社会养老服务体系的主要社会背景。

1. 人口老龄化

人口老龄化是指总体人口范围内老年人口所占的比例不断增加或者青少年人口比例不断减少的过程。人口学上一般把 15 岁以下的人口称为"青少年人口",把 60 岁或 65 岁及以上的人口称为"老年人口"。

人口老龄化反映的是一个国家或地区一定时期内,人口结构的发展趋势,表明的是一个动态发展的过程。人口老龄化表示该国或地区的人口总体上是在向老年型转变,或者在现有的老年型的基础上进一步发展。关于人口老龄化的界标划定,一些学者或机构曾经给出不同的标准。1900 年,瑞典人口学家桑德巴创立的桑德巴模式是划定"老年人"年龄起点和"老龄化"参量标准的发端。桑德巴提出,"50 周岁以上人口占总人口的 30%"是人口老龄化的标准。在此之后又有不同的标准相继提出。1956 年,联合国人口司确定以 65 周岁为老年人的年龄起点,并以达到该年龄及以上的老年人口占总人口(即老年人口系数)的 7% 作为老龄化的指标。1975 年,美国人口咨询局在沿用联合国人口司给定的老年人年龄起点的同时,将老龄化标准提升至 10%。1977 年,波兰人口学家爱德华·罗塞特把老年人的年龄起点定在 60 岁及以上,以 60 岁及以上人口占总人口 12% 以上作为老龄化的标准。1982 年,维也纳老龄问题世界大会上重新确立了人口老龄化的标准,规定 60 岁以上的老年人口占总人口 10% 以上的是老龄化国家。不同的"老年人"年龄起点与"老龄化"的界标划定见表 1-1。

表 1-1 不同的"老年人"年龄起点与"老龄化"的界标划定

划分年代	划分者	老年人年龄起点	老龄化界标划定
1900	桑德巴	50	≥30%
1956	联合国人口司	65	≥7%
1975	美国人口咨询局	65	≥10%
1977	爱德华·罗塞特	60	≥12%
1982	维也纳老龄问题世界大会	60	≥10%

经过不断的探索和研究,目前世界上对老龄化的标准基本趋于统一,即60岁及以上的老年人口占总人口的10%以上或65岁及以上老年人口占总人口的7%以上的国家或地区为老龄化社会。当一个国家或地区65岁及以上老年人口占到总人口的14%以上时,我们称其为老龄社会。

不同的国家或地区人口状况不同,其老龄化的时间、速度及发展趋势等也是不同的。例如,不同国家65岁及以上人口占总人口的比例从7%上升到14%用时不等,美国大约用了72年,德国用了40年,日本只用了24年。[1] 世界上第一个进入老龄化社会的国家是法国。随后,在20世纪初期,瑞士、英国、德国等国家也相继进入老龄化社会。据联合国统计,2020年,全球60岁及以上老年人达到10.4亿,占全球总人口的13.4%,该年龄段人口数比2015年增长了13.3%。目前,老龄化速度正在加快,预计到2050年,除了非洲以外,全球绝大多数地区60岁及以上人口均将超过1/4;到2030年,全球老年人口将达到14亿,2050年将达到21亿。

2. 我国人口老龄化的特点

按照人口老龄化的标准,我国于1999年步入了老龄化社会。据统计,1999年,我国60岁及以上老年人达到1.32亿,占总人口的10%。随后,从历次全国人口普查结果看,我国人口老龄化的步伐不断加快。与其他国家相比,我国人口老龄化具有以下明显的特点。

第一,我国老年人口规模巨大。据联合国预测,21世纪上半叶,我国一直是老年人口最多的国家,占全球老年人口总量的1/5,21世纪下半叶,我国也还是仅次于印度的第二老年人口大国。据国家统计局公报显示,2021年,我国60岁及以上人口达到26 736万人,占总人口的18.9%,其中65岁及以上人口达到20 056万人,占总人口的14.2%,正式步入老龄社会。

第二,老龄化发展迅速。相比较而言,发达国家大多用了45年以上的时间才实现从老龄化社会向老龄社会的转变,而我国仅用22年就完成了这个历程,并且在今后一个很长的时期内都保持着很高的递增速度,属于老龄化速度最快的国家之列。自我国进入老龄化社会以来,老年人口数量和比例快速攀升。第五次全国人口普查数据表明,2005年年底全国1%人口抽样显示,我国总人口数达到130 756万人,其中65岁及以上人口达到10 055万人,占总人口的7.7%。第七次全国人口普查数据显示,2020年我国的人口总数为141 177万人,从人口的年龄构成来看,15~59岁的劳动年龄人口为89 437万人,占总人口的63.35%;60岁及以上人口为26 401万人,占总人口的18.7%,其中65岁及以上人口为19 036万人,占总人口的13.5%。与2010年第六次全国人口普查相比,我国60岁及以上老年人口数增长了8636万人,占总人口的比例从13.3%上升至18.7%(参见表1-2及图1-1)。随着我国人均预期寿命[2]的增加

---

[1] 谢立黎,安瑞霞,汪斌.发达国家老年照护体系的比较分析:以美国、日本、德国为例[J].社会建设,2019,6(4):32—40.

[2] 人均预期寿命是指假若当前的分年龄死亡率保持不变,同一时期出生的人预期能继续生存的平均年数。

(见表1-3),老年人口占总人口的比例在未来将进一步提高。

表1-2 我国60岁及以上老年人口数及其占总人口的比例

指标	2010	2011	2012	2013	2014	2015	2016	2017	2018	2019	2020	2021
60岁及以上老年人口(万人)	17 765	18 499	19 390	20 243	21 242	22 200	23 086	24 090	24 949	25 388	26 401	26 736
60岁及以上老年人口占总人口的比例(%)	13.3	13.7	14.3	14.9	15.5	16.1	16.7	17.3	17.9	18.1	18.7	18.9

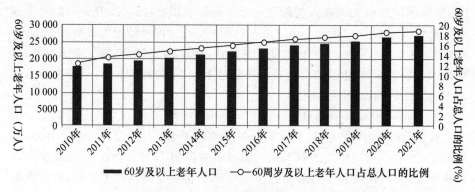

图1-1 我国60岁及以上老年人口数及其占总人口的比例

表1-3 我国人均预期寿命 单位:岁

年份	合计	男	女
1981	67.77	66.28	69.27
1990	68.55	66.84	70.47
1996	70.80	—	—
2000	71.40	69.63	73.33
2005	72.95	70.83	75.25
2010	74.83	72.38	77.37
2015	76.34	73.64	79.43
2020	77.9	—	—

第三,未富先老情况明显。发达国家一般是在基本实现现代化的条件下进入老龄化社会的,属于先富后老或富老同步,而我国则是在尚未实现现代化、经济尚不发达的情况下提前进入老龄化社会的,属于未富先老型国家。发达国家进入老龄化社会时人均国内生产总值一般都在5000~10 000美元,而我国进入老龄化社会时人均国内生产总值尚不足1000美元,属于中等偏低收入国家行列,应对人口老龄化的经济实力比较薄弱。

第四,我国的老龄化地区发展不平衡,出现了由东向西的区域梯次减慢的特征。东部沿海经济发达地区老龄化速度明显快于西部经济欠发达地区(参见表1-4和图1-2)。同时,城镇和农村地区老龄化也不平衡,农村地区老龄化程度比城镇地区更为严峻。

表 1-4　65 岁及以上老年人口占总人口的比例

省(直辖市、自治区)	65 岁及以上老年人口占总人口的比例(%)		
	第五次全国人口普查数据	第六次全国人口普查数据	第七次全国人口普查数据
全国	7.1	8.92	13.5
北京	8.42	8.71	13.3
天津	8.41	8.52	14.75
河北	7.05	8.24	13.92
山西	6.33	7.58	12.9
内蒙古	5.51	7.56	13.05
辽宁	7.88	10.31	17.42
吉林	6.04	8.38	15.61
黑龙江	5.56	8.28	15.61
上海	11.46	10.13	16.28
江苏	8.84	10.88	16.2
浙江	8.92	9.34	13.27
安徽	7.59	10.23	15.01
福建	6.69	7.89	11.1
江西	6.27	7.6	11.89
山东	8.12	9.84	15.13
河南	7.1	8.36	13.49
湖北	6.42	9.09	14.59
湖南	7.47	9.77	14.81
广东	6.17	6.79	8.58
广西	7.3	9.24	12.2
海南	6.74	8.07	10.43
重庆	8.01	11.72	17.08
四川	7.56	10.95	16.93
贵州	5.97	8.71	11.56
云南	6.09	7.63	10.75
西藏	4.75	5.09	5.67
陕西	6.15	8.53	13.32
甘肃	5.2	8.23	12.58
青海	4.56	6.3	8.68
宁夏	4.47	6.39	9.62
新疆	4.67	6.48	7.76

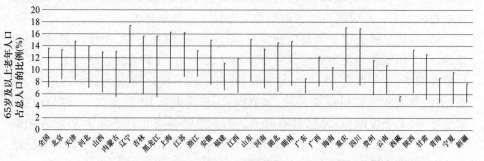

图 1-2　各省(直辖市、自治区)65 岁及以上老年人口占总人口的比例变化情况
(第五次全国人口普查至第七次全国人口普查)

因此,如何应对老年人口快速增长、高龄化显著、农村老龄问题加剧、社会养老负担加重等问题,对我国政治、经济、社会都将产生深刻影响。

(三) 社会养老服务的意义

广大老年人曾为国家建设、经济发展和社会进步做出了重要贡献,在他们晚年需要照顾的时候,政府和社会应当给予关心,保障老年人共享经济成果,不断提高老年人的生活和生命质量,使其安度晚年。

第一,发展养老服务业,是实现老有所养目标的重要保障。老有所养是实现老年人权益保障的前提。随着社会的发展,养老服务需求呈现多样化,老年人对生活照顾、精神慰藉、心理支持、康复护理、临终关怀、紧急救助等方面的需求日益增长。加快养老服务业的发展,有利于解决养老服务供不应求的矛盾。

第二,发展养老服务业,有利于推动我国经济的发展。养老服务业是劳动密集型的朝阳产业。加快养老服务业的发展,有利于扩大就业,满足巨大的养老市场需求,促进相关行业发展,推动经济又好又快发展。

第三,发展养老服务业,有利于减轻国家养老负担,促进养老服务业社会化发展。我国老年人口越来越多,仅靠国家公共财政来负担养老问题,已经不太可能。养老服务业的发展,可以带动更多的个人和社会组织等社会力量共同参与,不仅减轻了国家的养老负担,而且促进养老服务业的社会化发展。

第四,发展养老服务业,有利于促进和谐社会的发展。认真解决老年人生活中的实际问题,有利于弘扬中华民族尊老爱老的传统美德,传承文明和谐的良好风气,有利于保持家庭关系稳定和睦,这是坚持以人为本、维护社会公平的具体体现,也有利于促进和谐社会的发展。

二、我国社会养老服务体系发展的功能定位

我国的社会养老服务是以居家为基础、社区为依托、机构为支撑、医养结合的多层次的有机体系,其着眼于老年人的实际需求,特别是优先保障孤老优抚对象及低收入的高龄、独居、失能等困难老年人的服务需求,兼顾全体老年人对改善和提高养老服务条件的需求。

我国社会养老服务体系主要由居家养老服务、社区养老服务和机构养老服务等三个有机部分组成,医养结合服务模式贯穿养老服务始终。这三个组成部分在我国未来一段时间内发展的定位上有以下的基本要求。

第一,居家养老服务涵盖生活照料、家政服务、康复护理、医疗保健、精神慰藉等,以上门服务为主要形式。对身体状况较好、生活基本能自理的老年人,提供家庭服务、老年食堂、法律咨询等服务;对生活不能自理或半自理的高龄、独居、失能等老年人提供家务劳动、家庭保健、辅具配置、送饭上门、无障碍改造、紧急呼叫、安全援助、心理慰藉等服务。有条件的地方可以探索对居家养老的失能老年人给予专项补贴,鼓励他们配置必要的康复辅具,进行居家环境适老化改造,提高生活自理能力和生活质量。

第二,社区养老服务是居家养老服务的重要支撑,具有社区日间照料和居

家养老支持两项功能,主要面向家庭日间暂时无人或者无力照护的社区老年人提供服务。在城市,结合社区服务设施建设,增加养老设施网点,增强社区养老服务能力,打造居家养老服务平台。倡议、引导多种形式的志愿活动及老年人互助服务,动员各类人群参与社区养老服务。在农村,结合城镇化发展和新农村建设,以乡镇敬老院为基础,建设日间照料和短期托养的养老床位,逐步向区域性养老服务中心转变,向留守老年人及其他有需要的老年人提供日间照料、短期托养、配餐等服务;以建制村和较大自然村为基点,依托村民自治和集体经济,积极探索农村互助养老新模式。

第三,机构养老服务以"提质增效"为重点,通过增加机构养老服务能力、提高机构养老服务质量和服务效能,实现其基本养老服务功能。一方面,增加养老服务设施总量,继续开展各类养老服务机构建设。截至2020年年底,全国共有各类养老机构和设施32.9万个,养老床位合计821万张,比上年增长5.9%。其中,全国共有注册登记的养老机构3.8万个,比上年增长11%,床位488.2万张,比上年增长11.3%;社区养老服务机构和设施29.1万个,共有床位332.8万张。另一方面,以"提质增效"为核心,着力提升养老服务机构的服务质量。从2017年开始,民政部等部门开展养老院服务质量建设专项行动,其目标是到2020年年底,基本建立全国统一的养老服务质量标准和评价体系,养老服务质量治理和促进体系更加完善,养老院服务质量总体水平显著提升,所有养老院能够以不同形式为入住老年人提供医疗卫生服务,形成一批品牌形象突出、服务功能完备、质量水平一流的连锁化养老院,质量建设成果更好地惠及全体老年人及其家庭,为积极应对人口老龄化,全面建成小康社会奠定坚实基础。

截至2020年,养老院服务质量专项行动已实施四年。在专项行动收官之年,民政部等部门重点就统筹做好养老机构疫情防控和有序恢复服务秩序工作、抓好《养老机构服务安全基本规范》强制性国家标准实施准备工作、推行全国统一的养老机构等级评定制度、建立健全养老服务综合监管制度、继续实施好特困人员供养服务机构(敬老院)改造提升工程、实施民办养老机构消防安全达标提升工程、开展养老服务人才培训提升行动等七项行动做出部署和要求。专项行动实施后,我国养老机构服务质量得到显著提高。

【专业知识】

一、居家养老服务

(一)居家养老服务的基本含义

居家养老服务是指以家庭为核心、以社区为依托、以专业化服务为依靠,为居住在家的老年人提供以解决日常生活困难为主要内容的社会化服务。

居家养老的主体是老年人,居家养老的载体是家庭,养老照料供给者主要为亲属及社会服务者。让老年人生活在熟悉的家庭环境中,接受家庭其他成员的照顾,享受融洽的家庭生活氛围,是符合我国国情的主要养老选择。随着家庭小型化和空巢家庭的出现,为改善居家老年人的生活质量,减轻家庭成员的

照顾压力,可依托社区居家养老服务照料机构和日间服务机构对老年人提供生活照料、医疗康复和休闲娱乐等服务。

(二) 居家养老服务的内容

居家养老服务的内容应以老年人养老需求为主要依据。居家养老服务主要包括:一是物质生活需求,如衣食住行用;二是医疗健康服务需求,如健康管理、医疗卫生、康复护理、紧急救助等;三是情感和心理慰藉需求,如心灵沟通、文化娱乐等;四是为社会发挥余热来实现自身价值的需求。目前,养和医是我国老年人两个最基本的需求。

(三) 居家养老服务的现状及发展趋势

就我国目前养老方式而言,居家养老仍然占据养老方式的主流。然而,随着我国人口老龄化尤其是高龄化现象加剧及家庭结构小型化的发展,现阶段的居家养老暴露出越来越多的问题。由于社会化居家养老服务供给不足,居家老人的养老更多地依靠家庭成员而非社会专业机构、专业服务人员。这使得空巢老人、失独老人等因缺乏家庭成员而出现养老困难。即使有家庭成员的照料,但是由于其缺乏专业技能,他们难以给予高龄老人、失能失智老人等足够的、恰当的服务。

案例 1-1

李大爷70岁,他的老伴68岁。退休前,夫妇俩都是某电子研究所的研究员。他们的儿子在北京工作,很少有时间回来看望父母。起初,老两口独自生活,一切似乎都还不错,充裕的养老金足够他们安度晚年,两位老人还经常出门旅游。但是,随着时光的流逝,老人的身体一天不如一天,李大爷患有严重的心脏病,老伴也患有高血压。今年年初,李大爷心脏病突发,幸亏邻居帮忙打120急救电话,叫来了救护车。就在当晚,李大爷的老伴突感眩晕,倒在了地板上。直到第二天,邻居发现了,打了120急救电话,才把老太太也送进了医院。

(资料来源:书单君.空巢老人调查:在孤独中,人的尊严也会丧失干净[EB/OL].(2021-08-31)[2021-09-10].http://k.sina.com.cn/article_5594059850_14d6e944a02700ysea.html 有删改)

2008年,《关于全面推进居家养老服务工作的意见》中就全面推进居家养老服务,提高老年人生命生活质量提出了具体意见。该文件明确了发展我国居家养老服务必须坚持以下几项原则:① 坚持以人为本。从老年人实际需求出发,为老年人提供方便、快捷、高质量、人性化的服务。② 坚持依托社区。在社区层面普遍建立居家养老服务机构、场所和服务队伍,整合社会资源,调动各方面的积极性,共同营造老年人居家养老服务的社会环境。③ 坚持因地制宜。紧密结合当地实际,与本地经济社会发展水平相适应,与社区人文环境和老年人的需求相适应,循序渐进,稳步推开。④ 坚持社会化方向。采取多种形式,充分调动

社会各方面力量参与和支持居家养老服务。

2013年,《国务院关于加快发展养老服务业的若干意见》中强调了构建"以居家为基础、社区为依托、机构为支撑的,功能完善、规模适度、覆盖城乡的养老服务体系"的目标。在主要任务方面,明确要求"大力发展居家养老服务网络",具体包括发展居家养老便捷服务、发展老年人文体娱乐服务和发展居家网络信息服务。当然,居家养老服务需要依托社区养老服务设施来开展,因此我们在强调居家养老服务建设时常常将其与社区养老服务整合提出。

《中共中央关于制定国民经济和社会发展第十四个五年规划和二〇三五年远景目标的建议》提出,推动养老事业和养老产业协同发展,健全基本养老服务体系,发展普惠型养老服务和互助性养老,支持家庭承担养老功能,培育养老新业态,构建居家社区机构相协调、医养康养相结合的养老服务体系,健全养老服务综合监管制度。

《"十四五"国家老龄事业发展和养老服务体系规划》提出"强化居家社区养老服务能力",重点包括构建城乡老年助餐服务体系、开展助浴助洁和巡访关爱服务、加快发展生活性为老服务业。

(1) 构建城乡老年助餐服务体系。① 建立老年人助餐服务网络。综合利用社区养老服务设施和闲置房屋等资源,打造一批食材可溯、安全卫生、价格公道的标准化社区老年食堂(助餐服务点)。重点补齐农村、远郊等助餐服务短板,支持当地养老服务机构、餐饮场所等增加助餐功能,推广邻里互助的助餐模式。丰富和创新助餐服务提供机制,因地制宜采取中央厨房、社区食堂、流动餐车等形式,降低运营成本,便利老年人就餐。② 支持高质量多元化供餐。围绕更好满足老年人多层次、多样化就餐需求,鼓励助餐机构开发餐饮产品、丰富菜色品种、合理营养膳食。建立助餐服务合理回报机制,由经营者根据实际服务成本和适度利润水平确定收费标准,引导更多市场主体参与助餐服务。引导外卖平台等市场主体参与助餐配送。推动助餐机构投保食品安全责任保险。

(2) 开展助浴助洁和巡访关爱服务。① 发展老年人助浴服务。支持社区助浴点、流动助浴车、入户助浴等多种业态发展,培育一批专业化、连锁化助浴机构。研究制定老年人助浴服务相关标准规范,加强养老护理员助浴技能培训。支持助浴服务相关产品研发,推广应用经济实用型产品。鼓励助浴机构投保相关保险,提高风险保障程度。② 引导助洁服务覆盖更多老年人。支持家政企业开发被褥清洗、收纳整理、消毒除尘等适合老年人需求的保洁服务产品。引导物业企业将保洁服务范围由公共区域向老年人家庭延伸。支持有条件的地方通过政府购买服务、组织开展志愿服务等方式,为特殊困难老年人提供助洁服务。③ 加强居家老年人巡访关爱。建立居家养老巡访关爱服务制度,实行普遍巡访和重点巡访相结合,采取电话问候、上门探访等多种形式,运用互联网、物联网等技术手段,为老年人提供紧急救援服务。通过"社工+邻里+志愿者+医生"相结合的方式,为特殊困难老年人提供身心关爱服务。

(3) 加快发展生活性为老服务业。① 提高老年人生活服务可及性。依托

社区养老服务设施,引导社区综合服务平台广泛对接老年人需求,提供就近就便消费服务。组织和引导物业企业、零售服务商、社会工作服务机构等拓展为老服务功能,提供生活用品代购、餐饮外卖、家政预约、代收代缴、挂号取药、精神慰藉等服务。②培育老年人生活服务新业态。推动"互联网＋养老服务"发展,推动互联网平台企业精准对接为老服务需求,支持社区养老服务机构平台化展示,提供"菜单式"就近便捷为老服务,鼓励"子女网上下单、老人体验服务"。培育城市级综合信息平台和行业垂直信息平台。引导有条件的养老服务机构线上线下融合发展,利用互联网、大数据、人工智能等技术创新服务模式。鼓励互联网企业开发面向老年人各种活动场景的监测提醒功能,利用大数据方便老年人的居家出行、健康管理和应急处置。

二、社区养老服务

(一)社区养老服务的含义

社区养老是指依托社区养老服务设施为居住在家的老年人提供养老服务的模式。社区养老服务是居家养老服务的依托和支撑。

社区养老服务是不同于居家养老服务和机构养老服务的养老服务方式。

首先,社区养老服务不同于居家养老服务。居家养老服务主要是指为居住在家的老年人提供的入户服务。而社区养老服务不仅包括对居家老人的上门服务,还包括依托社区养老服务设施提供的托管、半托管服务。两者的根本性区别在于社区养老服务更注重以社区为平台的为老服务,侧重对社区养老服务设施、社区养老服务队伍、社区养老服务标准等的体系建设。实际上,社区养老服务不能脱离居家养老服务而开展,只是其侧重点在于对社区老人,尤其是社区中存在养老困难的特殊老年群体的整体性考虑。

其次,社区养老服务不同于机构养老服务。机构养老服务专指养老服务机构或老年养护机构为老年人提供的专业化的养老服务。两者的最大差别在于,接受机构养老服务的老年人需要到养老机构接受集中的专业化的养老服务,而社区养老服务中的老年人基本不脱离其原来生活的社区环境。

最后,社区养老服务是介于居家养老服务和机构养老服务的中间方式。这种方式既能让老年人享受到较为专业的养老服务,又不使老年人脱离原有生活环境,还能顾及特殊困难老年人的养老需要。

(二)社区养老服务的现状和发展趋势

随着我国近年来对社区养老服务的重视,社区养老服务得到长足的发展,但是总体而言,我国的社区养老服务处于发展阶段,在服务设施、服务队伍、工作理念等方面存在很大的不足,需要从制度、经费、人才等方面加以改善。

案例 1-2

天津东丽区张贵庄街詹滨西里社区智能养老服务中心是2017年成立的智能社区和居家养老服务中心,为社区老人提供了"一键通"电话呼叫、手机App、微信支付、网上商城等多种服务,使老年服务更加多元便捷。同时,在该养老服务中心,还有按摩、理疗、器械免费提供给老人,老人可以根据自己的需要,选择理疗师进行康复治疗。

2017年,天津试点智慧配餐的新模式,通过"互联网+"养老服务,打造"看得见的厨房",让老人在家就能吃到安全、卫生、实惠且品种多样的放心餐。河北区月牙河街日间照料中心与配餐企业联合推出智慧配餐系统。居民通过手机App就可以随时看到配餐企业"中央厨房"内的所有菜品,并可随时下单。"中央厨房"通过大数据计算,每天实行定量定制;每天早晨统一配送新鲜蔬菜,实行工厂化加工模式,加工出来的饭菜经过快速降温,可以保持饭菜原有的色香味,并直接配送到社区。

(资料来源:曲璐琳.天津多举措增强老年人幸福感 打造"没有围墙的养老院"[EB/OL].(2021-09-21)[2021-09-10].https://baijiahao.baidu.com/s?id=1589990265752735406&wfr=spider&for=pc有删改)

2013年,《国务院关于加快发展养老服务业的若干意见》中明确提到,到2020年,我国养老服务体系更加健全,生活照料、医疗护理、精神慰藉、紧急救援等养老服务覆盖所有居家老年人。符合标准的日间照料中心、老年人活动中心等服务设施覆盖所有城市社区,90%以上的乡镇和60%以上的农村社区建立包括养老服务在内的社区综合服务设施和站点。同时强调统筹规划发展城市养老服务设施。第一,加强社区服务设施建设。各地在制定城市总体规划、控制性详细规划时,必须按照人均用地不少于0.1平方米的标准,分区分级规划设置养老服务设施。凡新建城区和新建居住(小)区,要按标准要求配套建设养老服务设施,并与住宅同步规划、同步建设、同步验收、同步交付使用;凡老城区和已建成居住(小)区无养老服务设施或现有设施没有达到规划和建设指标要求的,要限期通过购置、置换、租赁等方式开辟养老服务设施,不得挪作他用。第二,综合发挥多种设施作用。各地要发挥社区公共服务设施的养老服务功能,加强社区养老服务设施与社区服务中心(服务站)及社区卫生、文化、体育等设施的功能衔接,提高使用率,发挥综合效益。要支持和引导各类社会主体参与社区综合服务设施建设、运营和管理,提供养老服务。各类具有为老年人服务功能的设施都要向老年人开放。第三,实施社区无障碍环境改造。各地区要按照无障碍设施工程建设相关标准和规范,推动和扶持老年人家庭无障碍设施的改造,加快推进坡道、电梯等与老年人日常生活密切相关的公共设施改造。

从2016年开始,为进一步推进居家和社区养老服务发展,民政部、财政部发布《民政部 财政部关于中央财政支持开展居家和社区养老服务改革试点工作的通知》,中央财政决定安排中央专项彩票公益金,通过以奖代补方式,选择一批地区进行居家和社区养老服务改革试点,促进完善养老服务体系。截至2020年,改革试点工作已经推行五年,先后有五批试点地区开展居家和社区养老服务改革。补助资金重点用于支持以下领域:① 支持通过购买服务、公建民营、民办公助、股权合作等方式,鼓励社会力量管理运营居家和社区养老服务设施,培育和打造一批品牌化、连锁化、规模化的龙头社会组织或机构、企业,使社会力量成为提供居家和社区养老服务的主体。② 支持城乡敬老院、养老院等养老机构开展延伸服务,直接提供居家和社区养老服务,或为居家和社区养老服务设施提供技术支撑。③ 支持探索多种模式的"互联网+"居家和社区养老服务模式和智能养老技术应用,促进供需双方对接,为老年人提供质优价廉、形式多样的服务。④ 支持养老护理人员队伍建设,加强专业服务人员培养,增强养老护理职业吸引力,提升养老护理人员素质。⑤ 推动完善相关养老服务的标准化和规范化建设,通过购买服务方式,积极培育和发展第三方监管机构和组织,建立服务监管长效机制,保证居家和社区养老服务质量水平。⑥ 支持采取多种有效方式,积极推进医养结合,使老年人在居家和社区获得方便、快捷、适宜的医疗卫生服务。⑦ 支持老城区和已建成居住(小)区通过购置、置换、租赁等方式开辟养老服务设施,支持依托农村敬老院、行政村、较大自然村利用已有资源建设日间照料中心、养老服务互助幸福院、托老所、老年活动站等农村养老服务设施,满足城乡老年人特别是空巢、留守、失能、失独、高龄老年人的养老服务需求。

三、机构养老服务

(一) 机构养老服务的含义

机构养老服务是指,老年人离开家庭集中到专门的养老服务机构中生活,由养老机构为其提供集中性的、专业化的养老服务。机构养老服务的主要载体是各类养老机构。所谓养老机构,是指为老年人提供集中居住和照料服务的机构。

机构养老服务相对于居家养老服务而言,其特殊性主要表现在:首先,服务的专业化程度更高。其次,由于养老机构中有较为完善的硬件设施和专业的服务人员,老年人在机构中养老安全性更高。最后,老年人集中到机构养老,可以为其提供对外交往的机会,增强老年人参与社会交往的能力。

(二) 机构养老服务的现状及发展趋势

机构养老服务在我国养老服务体系建设中发挥着重要的支撑作用。一方面,对于因健康状况无法居家生活的老年人,机构养老服务为其提供了符合需求的集中照料服务,解决了家庭照料的负担;另一方面,机构养老服务利用其集中化、专业化的服务和管理技术,能够为居家和社区养老服务提供专业化支撑,带动整个社会养老服务水平的提高。因此,机构养老服务是养老服务体系中不可或缺的组成部分。

目前机构养老服务有效供给数量仍然无法满足老年人的养老服务需求。在有效供给不足的情况下,机构养老床位的利用率却并不理想,约占总床位的50%,也就是说存在大约一半的养老床位空置的情况。值得注意的是,不同的养老机构床位利用率也存在较大差异,即"一床难求"和"床位空置"的现象并存。

模块一　社会养老服务与老年人权益保障

案例 1-3

A 社会福利院：需排队半年才能入住

"都说要先登记预约，不知道什么时候才有床位空出来。"李女士最近很发愁，为了让 80 岁的母亲住上好的养老院，她和丈夫半年前就在 A 社会福利院登记了，但还在排队，而此前，他们先后跑过四家公办养老机构，都吃了"闭门羹"。

据了解，A 社会福利院是一家集老年公寓、护养中心和附属综合医院为一体的公办养老机构，开设养老床位 800 多张，还获得了中国质量认证中心颁发的全国首张五星级养老服务认证证书。"床位有限，几乎每天都要接待登记预约的市民，要住进来估计要等半年。"该社会福利院一位负责人介绍。

B 养老院：127 张床位仅入住 32 名老人

在某社区居委会旁，是 B 养老院的三层独门独院小楼，这里共有 127 张床位，不仅安装有电梯，入住的老年人还能在独立院落里晒太阳、拉家常。走廊墙壁上画着清新的山水画，房间内配备有液晶电视、空调、衣柜、呼叫按铃等，部分房间配有独立的卫生间及淋浴设备。B 养老院每月收费在 2500～4100 元，含床位费、餐费和不同等级的介护费。意外的是，虽然养老院硬件设施不错，环境良好，但目前仅有 32 名老人入住。负责人李先生介绍，该养老院于去年 8 月开业，建院时间短，导致养老院入住率不高，"我们相信，用心做好服务会提升入住率"。

为解决机构养老服务供给的结构化问题，《"十四五"民政事业发展规划》提出实施"养老服务设施建设工程"，提升养老机构护理能力，具体要求支持县（市、区、旗）建设提供专业化失能照护服务的养老服务机构，支持 1000 个左右公办养老机构增加护理型床位，支持 300 个左右培训疗养机构转型为普惠养老机构。到 2025 年，我国养老机构护理型床位占比不低于 55%。

推动养老机构提质增效。第一，加快公办养老机构改革。加快推进具备向社会提供养老服务条件的公办养老机构转制为企业或开展公建民营。实行老年人入住评估制度，优先保障特困供养人员集中供养需求和其他经济困难的孤寡、失能、高龄等老年人的服务需求。完善公建民营养老机构管理办法，鼓励社会力量通过独资、合资、合作、联营、参股、租赁等方式参与公办养老机构改革。政府投资建设和购置的养老设施、新建居住（小）区按规定配建并移交给民政部门的养老设施、党政机关和国有企事业单位培训疗养机构等改建的养老设施，均可实施公建民营。第二，支持社会力量兴办养老机构。贯彻全面放开养老服务市场、提升养老服务质量的有关政策要求，加快推进养老服务业"放管服"改革。对民间资本和社会力量申请兴办养老机构进一步放宽准入条件，加强开办支持和服务指导。落实好对民办养老机构的投融资、税费、土地、人才等扶持政策。鼓励采取特许经营、政府购买服务、政府和社会资本合作等方式支持社会

力量举办养老机构。允许养老机构依法依规设立多个服务网点,实现规模化、连锁化、品牌化运营。鼓励整合改造企业厂房、商业设施、存量商品房等用于养老服务。第三,全面提升养老机构服务质量。加快建立全国统一的服务质量标准和评价体系,完善安全、服务、管理、设施等标准,加强养老机构服务质量监管。建立健全养老机构分类管理和养老服务评估制度,引入第三方评估,实行评估结果报告和社会公示。加强养老服务行业自律和信用体系建设。支持发展养老机构责任保险,提高养老机构抵御风险能力。

2017年开始,民政部等部门在全国范围内开展养老院服务质量建设专项行动,以期完善养老服务质量治理和促进体系,提升养老院服务质量水平,进而维护老年人的合法权益。主要工作内容是开展全国养老院服务质量大检查、大整治活动,推进养老院服务质量标准化和认证建设,推动养老院开展医疗卫生服务、加强安全管理,并提高养老院管理服务人员的综合素质能力,加强养老院服务质量监督。《民政部 住房城乡建设部 国家卫生健康委 应急管理部 市场监管总局关于做好2020年养老院服务质量建设专项行动工作的通知》(民发〔2020〕46号)中提出,2020年着力防范和化解养老服务领域重大风险,不断推进全国养老机构服务质量长效机制建设。到2020年年底,养老服务综合监管制度全面实施,全国统一的养老机构等级评定制度普遍推行,养老机构服务安全强制性国家标准实施准备工作有序开展,养老院重大安全隐患基本消除,养老院服务质量建设长效机制逐步健全,社会对养老服务满意度持续提升,老年人获得感、幸福感、安全感持续增强。重点任务体现在以下七个方面:统筹做好养老机构疫情防控和有序恢复服务秩序工作;抓好《养老机构服务安全基本规范》强制性国家标准实施准备工作;推行全国统一的养老机构等级评定制度;建立健全养老服务综合监管制度;继续实施好特困人员供养服务机构(敬老院)改造提升工程;实施民办养老机构消防安全达标提升工程;开展养老服务人才培训提升行动。

【任务完成】

通过调研活动,认识社会化养老服务的基本状况,并分析我国社会养老服务体系存在的问题,进而提出解决思路。

任务二 树立老年人权益保障理念

【任务目标】

作为养老服务人员,你能够树立老年人权益保障的工作理念。

【任务实例】

2021年2月24日上午,最高人民法院在全媒体新闻发布厅发布人民法院老年人权益保护十大典型案例。

此次选取的十件典型案例基本上涵盖了老年人生活的各个方面,都是老年人比较关心和关注的问题。这其中既有财产权益纠纷,如老年人财产权保护、

老年人委托理财,也涉及人身权益的保护,如对老年人的精神赡养、遗产分割时照顾老年人利益;既有家庭内部赡养问题,也包括家庭赡养缺失情况下公权力机关介入的尝试,如赡养纠纷检察院支持起诉、依法指定福利机构为无民事行为能力老年人的监护人;既关注"老有所住"的老年人基本生存需求如保障老年人居住权,也包括丰富老年生活所涉及的老年人旅游过程中合法权益的保护。

此外,本次发布的典型案例还包括"以房养老"、社会养老等养老形式创新中涉及的纠纷,以期为老年人权益保障提供更多的行为指引和规则参考。可以说,每一个案例在保障老年人人身、财产安全方面都具有非常重要的参考作用和指导意义。

(资料来源:孙航.首次发布!以司法案例引导老年人权益保护——最高法发布老年人权益保护十大典型案例[EB/OL].(2021-02-24)[2021-09-10]. https://www.chinacourt.org/article/detail/2021/02/id/5820416.shtml 有删减)

【任务描述】

请你以小组为单位,开展老年人需求调查并撰写调查报告。

【背景知识】

我们探讨老年人权益的法律保障,首先应当较为全面、深入地理解老年人的合法权益主要体现在哪些方面。对老年人权益的界定一方面取决于老年人的合理需求,另一方面取决于一个国家和社会的发展程度和对老年群体的关注程度。一般而言,老年人权益是指老年人依据我国的法律法规所享有的各种合法的权利和利益。

一、老年人的界定

老年人权益的主体是"老年人",但何谓老年人?一般来说,判断一个人是否是老年人可以有多种标准,包括年代年龄、生理年龄、心理年龄、社会参与年龄等。

所谓年代年龄,即通常意义上的"年龄",是指按照一个人的出生年月计算的年龄,这是我们通常对一个人年龄的界定方式。利用年代年龄标准去判断一个人是否是老年人具有判断方式简便、标准统一的优点,但是这种标准只能反映老年人的年岁、总的老化程度和状态,没有考虑到老年人的个体差异性,有时不能真实地反映个人机体组织结构和生理功能的不同状况。

所谓生理年龄,即一个人是否进入老年阶段,可以通过该人的生理状态加以判断。人类在不同的年龄阶段,会产生生理上的变化,总体而言,随着年龄的增长,人体在形态和功能上会发生不可逆的进行性、衰退性的变化。这种变化即"老化"。所谓老化,是指身体结构或功能的一种减退或退化现象。从生物学角度来说,老化是指人体的各种器官达到某种成熟期后功能逐渐衰退的现象,它是一种正常但不可逆的持续性过程。[①]虽然这种老化的过程对于每个人来说

---

① 李映兰,卢桂珍.老年健康照护[M].长沙:中南大学出版社,2008:2.

都是不可避免的,但是个体差异性很大,不同个体的生理老化速度和程度不同,即使同样年代年龄的两个人其生理衰老的程度也存在差异。通过生理年龄标准去判断一个人的老化程度,有助于我们认识到老年人因其生理机能衰退所导致的种种困难,借此提供行之有效的保障措施。

所谓心理年龄,是指依据个体心理活动的健全程度确定的个体年龄,它与实际年龄并不完全一致。人的一生共经历8个心理时期,即胎儿期、乳儿期、幼儿期、学龄期、青少年期、青年期、中年期、老年期。每个心理年龄期都有不同的心理特点,如幼儿期天真活泼;青少年期自我意识增强,身心飞跃突变,心理活动进入剧烈动荡期;进入老年期,心理活动趋向成熟稳定、老成持重、身心功能弹性降低、情感容易倾向忧郁与猜疑。一个人的心理年龄越低,越反映一个人生活积极、情绪稳定和心理健康。从我国目前老年人的心理年龄状况来看,逐渐趋于年轻化,即越来越多的老年人表现出青年人的活力,这是老年人心理状况良好的表现。

所谓社会参与年龄,是指一个人参与社会生活、担任社会角色的意愿和能力。社会参与的方式多种多样,包括参与国家政治经济生活、作为劳动者参与劳动、参与社区组织的文化娱乐生活或其他形式与社会其他人群交流与沟通等。一般而言,青壮年参与社会活动的意愿和能力较强,未成年人和老年人参与社会活动的能力较弱。对于大多数人而言,当达到退休年龄时就需要退出先前的工作岗位,享受养老保障。但是一部分老年人或因其有专业技能或出于排解寂寞的目的,仍然活跃于工作岗位,"发挥余热"。目前,越来越多的老年人热衷于参与社会活动,组织或参与各种文化娱乐活动,甚至组织老年人协会带动周边老年人参与社会发展。这些都是老年人社会参与年龄的体现。

虽然生理年龄标准、心理年龄标准和社会参与年龄标准更多地关注人的个体差异,能够更加准确地判断一个人是否属于老年人,但是在社会福利领域,过分强调个体差异将会使我们的工作陷入无尽的个体判断中。因此,基于效率的考虑,我们所探讨的老年人一般都是按照年代年龄的标准进行界定的,即老年人是指从年代年龄上看,其已经达到了一个国家或地区对老年人的年龄界定。按照目前国际上较为通行的标准,一般将60岁或65岁及以上的人群定义为老年人。我们国家对老年人的界定是60岁及以上的人群。

二、老年群体的特点

按照以上对老年人判断标准的分析,老年群体具有以下主要特点。

(一)老年群体的个体差异性较大

1. 年龄差异大

自古以来我国称60岁为花甲之年。按照我国目前的界定标准,凡60岁以上的人都可以称之为老年人。大多数发展中国家按照历史因素和当地的实际情况,亦规定60岁以上为老年人。从年代年龄的跨度来说,老年群体的年龄跨度较大,个体差异性的特点比较突出。

据有关资料显示:东汉时期,我国人口的平均寿命只有22~26岁;唐朝时

增加到27~29岁;清朝为30~33岁;民国时期的人均寿命为35岁;1957年,我国人均寿命为57岁。近年来我国人口预期寿命逐渐增加,2018年我国居民人均预期寿命为77岁,相较于2010年的74.83岁增加了2.17岁。2020年,我国居民人均预期寿命由2018年的77岁提高到了77.9岁。也就是说,中国人平均要经历超过17年的老年阶段,其中一部分老年人可能要走过的老年阶段会更长。

1995年,世界卫生组织对年龄划分,提出了新的标准,44岁以下为青年人,45~59岁为中年人,60~74岁为准老年人(老年前期或年轻的老年人),75~89岁为老年人,90岁以上为长寿老人。这种标准的提出,既考虑到已老龄化的地区和发达国家,又考虑了发展中国家现阶段的实际情况;既考虑到人类平均寿命不断延长的发展趋势,又考虑到人类健康水平日益提高的必然结果。这一年龄划分标准已经被越来越多的人接受。总之,从养老服务的角度来说,准老年人、老年人、长寿老人都是研究和服务的对象。

2. 身心状态差异大

从自然规律角度看,不同年龄阶段的老年人在生理状态方面的差异性较大,一般是年龄越大身体状态越差。即使同一年龄的不同老年人,其身心状态的差异也很大。这就意味着我们在分析老年群体时不能只着眼于其中一部分人,老年人权益保障政策也不能只关注一部分群体。一般而言,我们可以将老年人从身心状态上分为以下类型:

第一,自理老人(self-care elderly)、介助老人(device-aided elderly)和介护老人(nursing-cared elderly)。这是根据老年人的日常生活自理能力做出的划分。自理老人是指日常生活行为完全自理,不依赖他人护理的老年人。介助老人是指日常生活行为依赖扶手、拐杖、轮椅和升降等设施帮助的老年人。介护老人是指日常生活行为依赖他人护理的老年人。

第二,健康老人和非健康老人。根据老年人的健康状况,即躯体健康、精神健康、社会健康等方面,可以将老年人分为健康老人和非健康老人。健康老人是指身体基本无病、心理健康、社会交往基本正常的老年人。所谓非健康老人是指患有急性或者慢性疾病,或者器官功能出现障碍或衰退,或者在心理、性格或社会交往能力方面存在不足的老年人。非健康老人又可以依其不健康的程度分为健康受损老人和健康堪忧老人两类。

3. 经济收入水平差异大

老年群体的收入水平差异较大。在我国推行城乡居民基本养老保险的情况下,大多数老年人能够享受到相对稳定的养老金保障。但即使是同一地区的老年人也会因为其文化水平、工作性质,甚至因身体原因造成收入的不同。收入差距的存在要求我们在为老年人设计养老服务模式、提供基本养老保障时考虑到这种差异性。例如,我们提倡养老服务的多样化,就包括针对不同经济收入层次的老年人提供不同类型的养老服务:保障型养老保证低收入老年人的养老,而对于高收入老年人则可以选择自费型的社会化养老。

(二)老年群体的自我保护能力差,权益极易受到侵害

老年人因其生理、心理的特点,其在面对突发情况时的反应能力、分析能力和处理能力上存在一定的欠缺,往往成为违法分子甚至犯罪分子实施违法或犯罪行为的对象,造成老年人的权益受到损害。

案例 1-4

近日,家住新建岭小区的刘大妈一直为一件事耿耿于怀。原来,几个星期前,一位医生打扮的人上门来,说是医院特意为了照顾老年人,组织了一支志愿者队伍,专门为各小区内的老人服务。

一开始,此人还很专业地拿出一些医疗器械帮刘大妈检查身体,在刘大妈不自觉地吐露了自己患有高血压后,他就一直游说其购买高血压产品。刘大妈抵挡不住他的劝说,便花了近两千元购买了5盒。后来,在跟邻居的聊天中,刘大妈才意识到自己上当了,发现那些高血压产品原来都是普通糖浆。

(三)老年群体法制观念不强,维权意识弱

虽然我国老年群体的文化素质呈现不断上升的趋势,但是就目前而言,老年人整体的法制观念相对较弱,对于侵害自己权益的行为缺乏维权的意识和能力。这是老年人作为弱势群体的集中表现。针对老年人的这一特点,我们需要为老年人提供全方位的维权保护,利用国家权力、社会力量和家庭成员等多方面的力量提高老年人维权的意识和能力。

【专业知识】

一、老年人需求

一般来说,老年人的需求主要由经济需求、照料需求、精神需求和社会需求组成。

(一)经济需求

传统农业社会采取的是家庭集体经营的生产方式,在老人去世前家庭的经济大权基本都掌握在老人手中。但是在工业社会,老人退休后很难再就业,收入会大幅度减少,加上身体健康状况下降,生活很容易陷入困境,需要经济上的保障。

我国老年人的经济收入相对比较低。在城镇,大多数的老年人在退休后有退休金或养老金的保障。但是这些退休金或养老金的数额也与其工作期间的工资相差甚远。相比之下,农村的老年人收入更微薄。在我国目前老年人社会保障体系还不尽完备的现状下,老年人经济方面的需求尤为迫切。

(二)照料需求

所谓的照料需求主要包括两个方面,即生活照料和医疗保健照料。从生活

照料看,一般老年人的生活照料可以包括基本性日常生活照料和工具性日常生活照料。前者包括给老年人喂饭、穿衣、洗澡、上厕所等,主要的服务对象是高龄老年人和瘫痪、卧病在床的老年人;后者主要是帮老年人做饭、洗衣、料理家务、购物等。从医疗保健照料看,患病后如何就医、就医费用如何报销、康复治疗如何开展等都是老年人最为常见的需求。

老年人一般身体较年轻人差,很容易患老年性疾病,且患病概率很大,更容易出现生活无法自理的情况,需要家庭和社会的照料。

首先,随着生活水平的不断提高,我国人均预期寿命有了较大的增加,从中华人民共和国成立初期的 49 岁增长到目前的 77.9 岁。然而,老年人寿命延长,带病期随之延长。老年人患病率高,患病种类多。有研究表明,老年人群中 60%~70% 有慢性病史,人均患有 2~3 种疾病。60 岁以上老年人慢性病患病率是全国人口的 3.2 倍,伤残率是全国人口的 3.6 倍。城市老年人在 60 岁以后的余寿中有 60%~80% 的时间是在带有各种慢性病的状态下度过的。在人均预期寿命不断延长的情况下,老年人的生活自理能力却在下降,与年龄有关的生理功能,如听力、视力、咀嚼功能等都出现退化,严重影响了老年人的个人和家庭生活。老年人在因患病、年老等原因丧失自理能力后,急需专门的人员为其提供生活照料服务。

其次,现代家庭结构发生根本性改变,家庭结构小型化、核心化,老年人缺少家庭成员的照料。同时,随着社会经济的发展和市场竞争的激烈,劳动人口工作压力不断增大,更缺少时间和精力照顾老年人。我们可以通过老年抚养比的变化,看到这一趋势。所谓老年抚养比,是指总体人口中老年人口数与劳动年龄人口数之比,通常用百分比表示。它说明每 100 名劳动年龄人口大致要负担多少名老年人口。国家统计局统计公报显示,2021 年年底我国老年抚养比为 21.1%。

(三)精神需求

人在进入老年后,随着社会角色的变化(如退休),很多老年人丧失了以前承担的社会角色,逐渐远离社会生活,必然引起心理的强烈不适应,可能陷入焦虑不安的情境中,经常会感觉到孤单、失落,这时候的老年人需要子女和社会的精神抚慰。

案例 1-5

李老太已近 80 岁,老伴去世已有七八年了,孩子们都在外地。春节前,李老太早早地就忙碌开了,晒被子、打扫卫生、置办年货,说起孩子们要回家了,更是笑眯眯的。但热闹的春节过完后,孩子们就离开了,白天还好打发,晚上就冷清孤单多了。"春节,子女一个个都从外地回来看我,我特别开心,但他们离开后这几天,我比平常更想他们了。"李老太坦言。子女离开后的这几天,她一直回忆他们在身边时的点点滴滴,饭也吃不下,觉也睡不好,心里像被掏空一样难受。

李老太的情绪变化属于典型的"节后分离综合征"。节日期间的热闹与节后的冷清形成巨大的心理落差,容易导致老人出现"节后分离综合征",轻者情绪低落,吃不香睡不着;重者心理抑郁,甚至做出危害生命的消极举动。更值得注意的是,长期情绪的波动和不良心境的刺激,会导致很多原有疾病的复发,比如高血压、心脏病、糖尿病等。

(资料来源:许琼.子女节后"离巢"老人易感焦虑孤独[EB/OL].(2018-02-23)[2021-09-06].http://ttnews.zjol.com.cn/ttxw/system/2018/02/23/030718060.shtml 有删改)

(四) 社会需求

由于老年人退休后比较空闲,因此还存在重新参与社会生活、实现个人价值的需求,有的老年人希望通过再就业或参与志愿者活动体现自我价值。同时,休闲娱乐的需求也较为强烈。休闲娱乐不仅可以满足老年人的精神需求,还可以在娱乐中结识更多的老年人,重新融入社会,满足他们的心理需求。

案例 1-6

在传统的日本社会,大多数的人认为,65岁从工作岗位上退休,人生就算告一段落了,但并不是所有的人都接受这样的观念。67岁的小山昭夫就加入了一家专注于挖掘"银发人才"的人力资源公司。"退休后第一年,生活还是很有趣的,到处旅游转一转,追求自己的爱好。"他说,"但是一年过去了,自己开始琢磨,没有在工作中发挥自己技能是不是不太对。"

这家人力资源公司采取会员制,主要业务是帮助其注册会员(退休人员)寻找工作机会。该公司目前注册的退休人员有750人,平均年龄69岁,其中年龄最大的为81岁。注册的退休人员可以选择30多个工种,包括接待员和私人司机等。"公司的创始人听说日本的劳动人口在不断萎缩,现在只能依靠老人、妇女和机器人。"已升任公司总经理的小山昭夫介绍,"因此,他创办这家公司,有助于利用银发人才。"

(资料来源:灵犀.日本银发族现"就业潮"[2][EB/OL].(2016-04-02)[2021-09-06].http://japan.people.com.cn/n1/2016/0402/c35467-28245928-2.html 有删改)

二、老年人权益

(一) 权益与老年人权益的含义

1. 权益的含义

所谓权益,是指公民受到法律保护的权利和利益。在法律语境下,我们经常可以看到"权益"的表述。例如,我国有《中华人民共和国消费者权益保护法》《中华人民共和国妇女权益保障法》等。从字面含义解释,权益是指权利、利益。

利益在使用上比较宽泛,马克思认为:人们奋斗所争取的一切,都同他们的利益有关。① 利益同人们的生活直接相关。当然每个人对利益的认识不同,庞德认为:利益是人类个别地或在集团社会中谋求得到满足的一种欲望或要求,因此人们在调整人与人之间的关系和安排人类行为时,必须考虑到这种欲望或要求。② 也有人认为利益是主客体之间的关系,或者认为利益是使社会主体的需要获得某种满足的生活资源。无论对利益的认识怎样,一般认为利益的范围大于法律利益。法律利益是得到法律认可的利益,集中表现为权利,也存在非权利的法律利益。

权利一般是指法律所保护的利益,是法律赋予权利主体作为或不作为的许可或认可,它与义务相对应,是法学的基本范畴之一。为了更好地生存与发展,人与人之间建立了各种各样的社会关系。按维系方式的不同,所有社会关系可以分为亲戚关系、朋友关系与同事关系;按社会领域的不同,所有社会关系可以分为经济关系、政治关系和文化关系,而所有社会关系的核心内容都是价值关系或利益关系,即在所有的社会关系中,任何人一方面应该进行一定的价值付出,另一方面又应该得到一定的价值回报。权利就是人在相应的社会关系中应该得到的价值回报,而义务则是价值付出。非权利性的合法利益是指虽然没有上升为权利,但是应当得到法律保护的利益。

2. 老年人权益的含义

所谓老年人权益,是指老年人作为特殊的社会群体所享有的各项权益。一般来说,自然人所享有的权利和利益,老年人都应当享有。《中华人民共和国宪法》(以下简称《宪法》)规定了公民在政治、人身、经济、社会、文化等方面享有的权利。这些是公民最主要的也是必不可少的权利。除了宪法规定了公民基本权利外,我国其他部门法如民法、经济法、行政法、诉讼法等规定了各种类型的权利,这构成了老年人权益的基本体系。

同时,我们也应当看到老年群体与其他社会群体的差异,即老年人属于社会弱势群体。基于对社会弱势群体的特别保护,我们应当为老年人提供更加充分的法律保护,让老年人能够最大限度地获得来自家庭、社会、国家的保护,在各方面体现社会公平。

(二) 老年人权益的基本内容

对老年人的权益,可以从不同的角度进行分类。

1. 五个"老有所"

《中华人民共和国老年人权益保障法》(以下简称《老年人权益保障法》)第四条将老年人权益概括为五个方面,即"老有所养、老有所医、老有所为、老有所学、老有所乐"。其中既包括人身权利与财产权利,也包括参与社会政治、经济、文化等活动的权利。

(1) 老有所养。受养权是老年人的基本权益,如果得不到充分的保障必然影响其他权益的实现。受养权的内涵,从宏观上看属于《老年人权益保障法》第

---

① 王强,等.马克思的思想轨迹:文本导读的视角[M].北京:人民文学出版社,2019:24.
② 周旺生.论法律利益[J].法律科学,2004(2):24—28.

三条中的"获得物质帮助""享受社会服务和社会优待""参与社会发展和共享发展成果"三个方面;从微观上看则是养老金的支付、住房安排、生活料理、福利分享等经济性利益。这与我国传统的"家庭养老"模式有很大的关联性。当然除了家庭赡养之外,国家为老年人提供的基本生活保障亦应属于此类权益。

(2) 老有所医。就医权严格地讲也属于受养权的一部分,若无医疗方面的保障,受养便不能正常、持续地进行。老年人的身体衰弱多病,需要更多的医疗保健服务,这是老年人权益中的应有之义。就医费用而言,除由医疗保险解决基本部分外,还可由赡养费解决不足或由国家补助。因此,国家、社会和家庭都应当采取有效的措施保障老年人就医权的实现。

(3) 老有所为。保障老年人参与权就是保障老年人参与社会政治、经济、文化等活动的权利。具有丰富经验的老年人,是国家的宝贵财富与稀缺资源,能够在引导、影响社会的政治、思想活动方面发挥重要作用,承前启后地保持优良传统;具有深厚文化科技知识或生产、经营经验的老年人,也是社会的有用资源,可以参与文化教育、科技开发推广和生产经营活动,贡献余热或活跃公益事业;具有崇高威望的老年人,可以在维护社会治安、调节民间纠纷等方面发挥不可替代的积极作用。老年人有要求也有能力融入社会,并以不同方式为社会做出贡献。

(4) 老有所学。所谓"活到老学到老",现代教育的特点是终身持续性。一个人不仅在青少年时代接受教育,在进入社会就职后接受继续教育,并且在老年退出岗位后也要接受继续教育。这是因为,现代社会知识更新的速度快,如不及时学习便会落伍。老年人的受教育权利是保证他们跟上时代发展与社会进步的必要措施。为保障此项权利实现,除发展老年教育事业,办好各类老年学校外,还应为老年人自学提供各种方便条件。

(5) 老有所乐。老年人在心理上容易产生失落情绪和孤独感,久而久之便形成精神创伤。改变这种状态的最好办法是使他们参与群众性的自娱自乐活动,让他们处于健康向上的文化氛围之中,做到心情舒畅,胸怀开朗。为使他们能够充分享受这项权利,应有适合老年人的娱乐设施、文化活动场所和一定数量的专业指导人才,还应鼓励、支持文艺团体为老年人演出或制作影视作品。总之,让老年人在精神欢乐中安度晚年,与用良好的物质条件供养他们同样重要,不可缺少。

2. 公民普遍权益和老年人特殊权益

我们在谈到老年人权益时不应当将老年群体与其他社会群体割裂开来。作为社会整体的一部分,老年人享有法律规定的所有公民都应当享有的权利和利益,如生命健康权、名誉权、姓名权、婚姻自由权等人身权,也享有物权、债权、知识产权等财产权。同时,老年人作为社会弱势群体,又享有根据其自身特点和需要的特殊权益,如获得赡养扶助的权利、参与社会发展权、获得养老服务权、获得养老保障权等。

3. 老年人的生存权和发展权

我们可以从老年人需求的层次上,将老年人权益分为老年人生存权和老年人发展权。生存权是发展权的基础,没有生存权就谈不上发展权,发展权又是生存权的延续,没有发展权的生存权是消极的生存权。保护老年人应当既注重保护老年人的生存权,也注重保护老年人的发展权。按照马斯洛的需求层次理论,老年人的需求可按照阶梯分为五个层次,即生理需求、安全需求、社交需求、尊重需求和自我实现需求。生理需求、安全需求和社交需求一般属于较低层次的需求,可通过外部条件加以满足。但尊重需求和自我实现需求则是较高层次的需求,需要内部和外部因素共同作用方能实现。

这一理论对于我们分析老年人权益的内容具有重要的指导意义。对于老年人而言,首先需要满足其低层次的生存需求,这就需要国家、社会或家庭为其生存提供必要的经济支持、照料支持、情感支持等。其次,在满足老年人生存需求的基础上,还应着眼于促进老年人发展需求,为老年人的自我实现提供支持途径,培育尊老爱老的社会氛围,进而满足老年人多层次、多样化的个体需求。

三、老年人权益保障

对老年人进行权益法律保护,目的是实现实质平等。因此,对老年人权益的法律保护不能采取单一的方式,从我国相关的法律规定来看,可以从以下几方面开展保护。

(一) 国家保护

国家对老年人权益的保护主要是通过立法及其实施来实现的。国家保护是老年人权益保护的基本支柱,缺少国家保护,其他保护都是软弱无力的。国家利用自己掌握的有效资源,采取多种手段对老年人权益进行保护,往往是从全方面考虑的,具有全面性,具有不可替代的作用。

对老年人的权益进行法律保护,我国在国家保护方面主要是运用立法、行政和司法等三种手段进行。

1. 立法手段

立法通常是指特定国家机关依照一定程序制定或者认可反映统治阶级意志,并以国家强制力保证实施的行为规范的活动。在我国建设社会主义法治国家的进程中,对公民权利的保护首先要从立法开始。立法是国家保护的基础。

按照法律渊源的体系,我国目前的老年人权益保障立法可划分为不同层面。

第一,宪法性规定。《宪法》规定了公民的基本权利,其中第三十三条规定:"中华人民共和国公民在法律面前一律平等。国家尊重和保障人权。任何公民享有宪法和法律规定的权利,同时必须履行宪法和法律规定的义务。"该规定是对公民基本权利的概括。同时,《宪法》列举了公民的基本权利:选举权与被选举权;言论、出版、集会、结社、游行、示威的自由,宗教信仰自由,人身自由不受侵犯,人格尊严不受侵犯,住宅不受侵犯,通信自由和通信秘密,提出批评、建议、申诉、控告或者检举的权利,劳动的权利,劳动者有休息的权利,受教育的权利,进行科学研究、文学艺术创作和其他文化活动的自由等。除以上公民的基本权利外,《宪法》中对老年人等特殊群体的保护作出了明确的规定。《宪法》第四十五条规定:中华人民共和国公民在年老、疾病或者丧失劳动能力的情况下,

有从国家和社会获得物质帮助的权利。国家发展为公民享受这些权利所需要的社会保险、社会救济和医疗卫生事业。第四十九条规定：禁止虐待老人、妇女和儿童。《宪法》的规定成为我国老年人权益法律保障的基础。

第二，法律规定。《老年人权益保障法》以法律的形式将党和政府有关老年人权利保护的一系列方针政策稳定下来。《老年人权益保障法》自1996年开始实施，先后于2009年、2012年、2015年、2018年四次修正或修订。该法明确了保护老年人权益的基本原则、主要措施及侵犯老年人权益应承担的法律责任，并且把负有保护老年人权益不受侵犯义务的主体范围从家庭成员扩大到政府和全社会，是我国老年人权益保护方面的基本法律保障。

第三，法规和规章。除法律之外，近年来，我国还制定出台了一系列有关保障老年人权益的法规和规章，如《养老机构管理办法》《民办非企业单位登记管理暂行条例》《社会救助暂行办法》等。

第四，地方性法规或规章。除国家层面的《老年人权益保障法》，我国多省（自治区、直辖市）纷纷出台了《老年人权益保障条例》或《〈老年人权益保障法〉实施办法》等地方性法规，有的地方还针对老年人权益保障的具体内容制定地方性法规或规章，比如《北京市居家养老服务条例》《上海市养老机构条例》等。

2. 行政手段

行政权力是政治权力的一种，它是国家行政机关依靠特定的强制手段，为有效执行国家意志而依据宪法原则对全社会进行管理的一种能力。行政权力由于具有执行性，所以实际上表现为对立法文件当中规定的政府在老年人权益保障方面的职责的贯彻执行。《老年人权益保障法》第六条明确规定："各级人民政府应当将老龄事业纳入国民经济和社会发展规划，将老龄事业经费列入财政预算，建立稳定的经费保障机制，并鼓励社会各方面投入，使老龄事业与经济、社会协调发展。国务院制定国家老龄事业发展规划。县级以上地方人民政府根据国家老龄事业发展规划，制定本行政区域的老龄事业发展规划和年度计划。县级以上人民政府负责老龄工作的机构，负责组织、协调、指导、督促有关部门做好老年人权益保障工作。"在实践层面，无论是老年人医疗保障水平的提高、精神文化生活的丰富，还是维权工作的落实都离不开政府，政府的行政手段往往具有直接性和有效性，对老年人的权利和义务会产生重要影响。

3. 司法手段

司法又称法的适用，是指国家司法机关及其工作人员依照法定职权和法定程序，具体运用法律处理案件的专门活动，是从事后权利救济的角度出发的，无救济即无权利。老年人是社会大家庭的成员，享有一般社会成员应有的司法保护；除此之外，由于老年人的特殊性，我国法律对他们的保护作了特殊的规定，主要体现在民事和刑事司法保护方面，如《老年人权益保障法》第五十六条规定："老年人因其合法权益受侵害提起诉讼交纳诉讼费确有困难的，可以缓交、减交或者免交；需要获得律师帮助，但无力支付律师费用的，可以获得法律援助。鼓励律师事务所、公证处、基层法律服务所和其他法律服务机构为经济困难的老年人提供免费或者优惠服务。"

（二）社会保护

社会保护是指各社会团体、企事业组织和其他组织及公民，对老年人实施的保护。《老年人权益保障法》第七条规定："保障老年人合法权益是全社会的共同责任。国家机关、社会团体、企业事业单位和其他组织应当按照各自职责，做好老年人权益保障工作。基层群众性自治组织和依法设立的老年人组织应当反映老年人的要求，维护老年人合法权益，为老年人服务。提倡、鼓励义务为老年人服务。"保护老年人权益是全社会的共同责任。

社会各界对老年人提供的保护是国家保护的有益补充，甚至可以成为国家保护的基础。社会保护的方式更加多样，手段更加灵活，但其根本要建立在社会敬老、爱老的良好风尚的基础上。国家不可能包办一切，如果各社会单位、各个公民在日常生活中能做好老年人权益保护工作，其影响是十分深远的。当然，社会保护不同于国家保护之处是无强制力做后盾，只能以道德规范来进行调节。

（三）家庭保护

无论是我国的养老传统还是现今老年人实际生活状态，绝大多数的老年人是在家庭环境下生活的。当老年人权益受到侵害时，家庭成员提供的保护是直接的和第一位的。老年人的家庭成员，包括子女、配偶、孙子女、外孙子女、兄弟姐妹甚至其他亲属，应当主动承担起对老年人保护的责任，在日常生活、精神生活等方面给予老年人充分的照料，在老年人权益受到侵害时，承担起维护老年人权益的责任，履行赡养人应当承担的赡养义务。

（四）自我保护

老年人自我保护，是指老年人自己主动地对侵犯其权益的行为，向有关的机关、团体或组织提出请求加以解决，目的是使其合法权益得到保障。老年人作为中华人民共和国的公民，享有宪法和法律规定的权利，有向有关国家机关提出申诉、控告或者依法诉讼的权利。国家和社会对老年人的保护，作为外部条件，或者依法向人民法院提起诉讼必须要通过老年人自我保护这个内在驱动力才能实现。老年人不可消极地等待来自国家、社会、家庭的保护，也应主动地进行自我权益保护，提高自我维护意识。老年人要被尊重首先要自重；老年人要被爱首先要自爱；老年人还要自强不息。因此，依法自我保护是老年人维护自己合法权益的必要手段，老年人自我保护是国家保护和社会保护的前提。

四、老年人权益保障的意义

（一）老年人群体属于社会弱势群体，需要法律的特别保护

法学意义上的弱势群体是指由于社会条件和个人能力等方面存在障碍而无法实现其基本权利，需要国家帮助和社会支持以实现其基本权利的群体。[①] 弱势群体一般可分为生理性弱势群体和社会性弱势群体两类。生理性弱势群体是由于生理原因而形成的弱势，如儿童、老年人、残疾人；社会性弱势群体则

---

① 钱大军，王哲.法学意义上的社会弱势群体概念[J].当代法学，2004(3)：46—53.

是由于社会原因而形成的弱势,如下岗者、失业者。

随着年龄逐渐增大,老年人在生理上,身体各项机能都开始弱化,同时因为年龄的增大,也逐渐丧失劳动能力,只能依靠退休金、子女养老或社会救济生活,老年人不可避免地成为社会弱势群体。要实现保障社会弱势群体权益的目的,就不能不对老年人权益进行保障。

其中,权益保障最主要是对老年人基本权利的保护。所谓基本权利是指人的首要的基本的权利,最重要的是人的生存权,有学者认为生存权是人按其本质在一个社会和国家中享有的维持自己的生命的最起码的权利。[①] 其他的权利都可以看作是由生存权产生,并为生存权的充分实现而必须为人享有的权利。在基本权利中,生存权最为根本,它是人在法治状态下必然拥有的、非经司法程序不得剥夺的权利。而社会弱势群体的基本权利之所以不能得到充分的实现,是因为每个人都可以平等地享有权利,但是并不是每个人都可以实际地享有和实现权利。在一定程度上,个人权利的实现由个人的能力决定。在实际生活中,老年人因其生理和社会原因,在同等条件下无法平等地实现其个人权利,这时只能借助于国家和社会的帮助。对老年人来说,最基本的权利应该是受养权和就医权。只有在维持基本的生活保证、身体健康的情况下,才有可能实现其他权利。只有实现了对这些基本权利的保障,才有可能更好地实现老年人的参与权、受教育权和娱乐权。脱离了这个基础而考虑老年人的发展或享受等其他需求,对老年人来说不过是空想和奢谈。

(二)对老年人权益予以保障是现代人权观念的体现

在一个现代、民主、自由的社会中,每一个人均享有下列最基本的权利:生存权、工作权、健康权、教育权、居住权、休息权、参政权及享有社会福利与人道服务的权利;承认人与人之间的关系是一种相互依赖的关系。一个人帮助他人是一种责任,也是一种快乐。每一个人都是社会的一员,整个社会是由每一个成员组成的,个人与社会的关系是一种相互依赖的关系。因此,个人与社会彼此都有责任维护对方的生存和发展,承认人生而自由,人是社会文明的创造者与主人。人们组成社会,目的在于保护个人,关心个人。每个人在不侵犯他人自由的情况下,应该享有生活自由权利。人权是人作为人享有或应当享有的权利。在时间维度,人权强调其是人与生俱来的;在空间维度,人权强调人与人之间的平等。人权具有道德权利的性质,是一个应然性的概念,人权追求人作为人的尊严及人与人之间的抽象平等。因此,可以说,人权理念是保护老年人权益的价值基础。社会弱势群体的各个人群,作为特殊的法律上的立法主体从普遍主体中被抽象出来,是人权普遍化的需求,是当代人权进步的最直接、最明显的体现,因而也是当代人权最鲜明的时代特征。老年人群作为弱势群体,其人权状况也与我国人权的发展水平密切相关。因此,能否做好我国老年人的权益保障工作是衡量我国当代人权水平的重要标志之一。

---

① 矫波.可持续发展与生存权[J].政法论丛,2002(3):60—61.

(三)弘扬孝道传统文化的体现

孝道文化在我国具有悠久的历史,孝道文化使中华法系明显不同于其他法系。中华人民共和国成立初期,人们曾经排斥它,对它产生怀疑,将它片面化,但很快人们就认识到孝道文化所具有的价值,并最终接受了它。

历史上我们正是用"孝"的道德来规范人们对老年人的赡养义务的。这样的态度与当时的生产方式相关,农业社会中家族是很重要的生产单位,家族利益至上,而老年人的社会地位、财富及他们丰富的经验知识是一个家族能否持续兴旺的重要因素,因此,老年人有着较高的社会地位。孝的核心含义是子孙尊敬和赡养父母,主要是一种家庭伦理,是"仁"的体现。从这个角度来看,孝更多的是自然亲情的体现。

【任务完成】
通过小组调研,能够对老年人的权益保障需求进行有效的认知。

思考题

1. 我国社会养老服务的含义及特点有哪些?
2. 我国社会养老服务体系发展的功能定位是怎样的?
3. 居家养老服务的主要内容有哪些?
4. 社区养老服务如何发挥依托作用?
5. 我国养老机构的现状及发展趋势如何?
6. 判断一个人的年龄有哪些标准?
7. 老年群体有哪些特点?对老年人权益保障有哪些要求?
8. 老年人有哪些需求?
9. 老年人权益包括哪些方面?
10. 我国老年人权益保障的方式有哪些?

实训题

1. 课后调查

题目一:居家老人养老服务需求调查。
内容:以小组为单位对居家老人养老服务需求进行调查。
要求:
(1) 制定调查问卷;
(2) 调查 10~20 名不同类型的老人,对其养老服务现状、困难、需要进行调查;
(3) 形成调查报告。

题目二:社区养老服务现状调查。
内容:以小组为单位对社区养老服务机构或设施进行调查。
要求:

（1）制定访谈提纲；
（2）调查1或2家社区养老服务机构，对其发展、困境、需要进行调查；
（3）形成调查报告。

2. 课堂讨论

话题一：养老服务过程中应如何树立老年人权益保障的观念？

话题二：为老维权是否会与养老服务机构的利益产生冲突？工作中应如何协调两者的关系？

拓展阅读

全生命周期 全时段保护 民法典护航老年人美好生活期待

《中华人民共和国民法典》（以下简称民法典）于2021年1月1日起实施。人民权益高于一切。这部民众权利的"宣言书"，从全生命周期进行了全面规定，在1260条具体条款中，与老年人日常生活息息相关的条款随处可见，全时段保护着老年人的人身权利和财产权利，深刻影响着全国老年人的生活质量，充分回应了老年人对美好生活的期待。

直面问题提出"解题"良策

删除公证遗嘱效力优先的规定，体现了对老年人真实意愿的尊重；扩大抚养人范围，让社会化的家庭养老成为未来养老产业的新方向；居住权的设定，让老人"以房养老"获得了法律保障……

纵观民法典条文不难发现：不管是大到对老年人人身权、财产权、人格权的保护，还是小到再婚、赡养、制定遗嘱等问题，民法典均有直接回应。

"民法典在规定生命权时，内涵不仅包括生命安全，也包括生命尊严。"中国法学会民法典编纂项目领导小组副组长王利明解释道，"这为老年人临终关怀服务提供了法律支撑，是对生命尊严的充分体现。"

老年人权益保障还需常抓不懈

近年来，我国高度重视老年人权益保障工作，老年人以平等地位和均等机会充分参与社会生活，共享物质文明和精神文明成果，安全感、幸福感不断提升。1996年颁布的《中华人民共和国老年人权益保障法》，历经4次修订，为老年人安享晚年提供了法律依据，为老年人御风寒、保平安、护尊严。2018年新修正的《中华人民共和国老年人权益保障法》施行后，各省（自治区、直辖市）陆续修订老年人权益保障法地方性法规，上海、天津、北京、浙江、江苏等地制定出台了专项地方法规，丰富和完善了我国老龄法规政策体系，老年人优待政策、法律援助制度等不断完善，敬老爱老社会氛围日益浓厚。

（资料来源：张婷.全生命周期 全时段保护 民法典护航老年人美好生活期待[EB/OL].（2020-06-29）[2021-09-10]. http://www.mca.gov.cn/article/xw/mtbd/202006/20200600028435.shtml 有删减）

模块二
老年人获得赡养扶助的权利

知识目标

1. 掌握亲子关系的内容
2. 掌握赡养及赡养义务的内容
3. 掌握赡养义务人的范围
4. 掌握赡养纠纷解决的原则和途径
5. 了解赡养费的给付标准

能力目标

1. 能够协助老年人分析赡养扶助纠纷
2. 能够协助老年人解决赡养扶助纠纷

- ◆ 任务一 帮助老年人分析赡养扶助纠纷
- ◆ 任务二 协助老年人妥善解决赡养扶助纠纷

模块二 老年人获得赡养扶助的权利

【专业知识概览】

赡养是老年人养老面临的首要问题。赡养义务牵涉到父母子女的亲子关系。赡养义务人包括子女及子女以外的其他赡养义务人。赡养义务人必须从经济、生活及精神三方面履行赡养义务。赡养纠纷的解决应当本着依法处理、注重调解、加强精神赡养及各方利益衡量的原则,也可以通过赡养协议书的方式预防赡养纠纷的发生。

【核心概念】

赡养;赡养义务;赡养纠纷

【主要政策法规依据】

《中华人民共和国民法典》
《中华人民共和国老年人权益保障法》

导入材料

老人三种做法易惹赡养纠纷

近年来,赡养类纠纷明显增多。北京市顺义区法院日前对多起赡养类纠纷进行分析发现,在很多赡养纠纷中,老年人三种行为易引发老人与子女的矛盾。

一、纠纷探因

(一) 再婚前不跟儿女沟通

王大爷老伴去世时,儿子才12岁,儿子成年后,王大爷准备再婚,遭到儿子反对。王大爷便私下与再婚老伴领了结婚证。因不满父亲的一意孤行,儿子拒绝赡养老人。

顺义区人民法院牛栏山法庭史智军法官说,部分老年人为了更好地安度晚年,选择再婚。但有些子女思想过于封建或是担心财产外流,反对老人再婚。矛盾出现后,一些老人不与子女充分沟通,而是一意孤行地再婚,导致与子女关系紧张。

(二) 析产不均引子女不满

王老汉夫妇共有子女4人,均已独立生活。但在分配财产时,二老偏袒小儿子,导致长子不满,对二老不闻不问,也不支付医疗费和生活费。无奈二老起诉,要求长子支付赡养费。

史智军法官分析,因为偏心,部分老人在分配财产时析产不均,导致子女不满,他们认为谁多分财产谁应多尽赡养义务。虽然此种想法缺乏道德和法律依据,但却可能为家庭不睦埋下隐患。

(三) 二老由子女分别赡养

还有部分老人在分家时,往往会订立分家协议。特别是在多子女家庭,分家协议中往往将两位老人分而赡养,即父亲由几个子女赡养,母亲由另外几个子女赡养。

由此导致一方老人去世之后,负责该老人赡养的子女拒绝赡养另一位老人,认为那是其他子女的义务。

二、法官建议

史智军法官说,为了更好地安享晚年,减少与子女间的矛盾,让子女心甘情愿地尽赡养责任,老年人应从三方面入手,预防赡养纠纷。

一是再婚前应与子女充分沟通。老年人再婚是其权利,但为了避免与子女的关系恶化,能够安享晚年,应将有关的财产事宜及内心想法与子女交流,取得其理解与支持。

二是析产时应尽量协调子女关系,在适当考虑贡献的基础上,最大限度保持公平,并向子女说明缘由,避免子女因对老人不满拒绝赡养。

三是分家时,在订立赡养条款时,应避免将两位老人分别由不同子女赡养的情形。

法官提醒,应明确每个子女都有赡养的义务,避免一方老人去世时,负责赡养该老人的子女拒绝赡养另一位老人。

(资料来源:江红.老人三种做法易惹赡养纠纷[EB/OL].(2012-11-12)[2021-09-06]. http://www.fawan.com.cn/html/2012-11-12/content_397573.htm)

任务一　帮助老年人分析赡养扶助纠纷

【任务目标】

在养老服务过程中,你能够正确帮助老年人分析赡养扶助纠纷,确定赡养扶助人,明确赡养扶助义务。

【任务实例】

70多岁的王奶奶有一儿三女,均已成家立业。老两口上了年纪后,儿女们一直不定期地给他们赡养费,有时还会带他们到公园里散散心。可是最近几年,王奶奶的几个儿女都推说工作太忙,不肯再回家探望老人,就连今年春节、中秋节儿女们也都没有回家。

这变化让王奶奶老两口十分伤心。"要说不孝顺,儿女们并没少给我们赡养费,可他们就是不愿常回家看看。我们这心里空落啊!"王奶奶逢人便说。邻居劝她说:"给了钱就已经很不错了,其他的事不能强求。"王奶奶心里也认同邻居的说法,但长期见不到儿女的她,孤独感日益加重。

【任务描述】

如果你是一位社区养老服务人员,你将如何帮助王奶奶分析她面临的困境?

【背景知识】

尊敬老人是中华民族的优良传统。让每一个老人老有所养、老有所乐是构建社会主义和谐社会的重要组成部分。然而,现实生活中,子女不肯赡养老人,

导致老人生活窘迫的现象时有发生。实践中,赡养纠纷发生的家庭主要集中在多子女家庭、贫困家庭、农村家庭、文化程度低的家庭。在多子女家庭中,赡养义务人之间容易相互攀比、相互观望,以其他赡养人履行赡养义务的情况作为自身承担赡养责任的前提和限度,导致老年父母无人养老的情况发生。从实际情况看,赡养纠纷常常表现为以下几种形态。

表现形态一:家庭财产分配不均导致子女不赡养老人。

我国农村普遍存在父母在子女结婚后即分家生活的情况。在分家时,由于当时家庭的经济状况及父母对子女的观念(包括疼爱程度)差异等原因,在财产分割时确有不平均情况。有的子女认为在分家产时父母存在偏心,遂产生怨气,在父母年老需要赡养时,以家产分配不公为由,拒绝尽赡养义务。

案例 2-1

王老太共有两子一女,其子女均已成家立业独立生活。现在,王老太年事已高,没有劳动能力,生活出现困难。王老太的两个儿子履行了赡养义务,但是女儿李某不尽赡养义务。一怒之下,王老太将女儿告上法庭,要求女儿每月给付其生活费若干元,并负担1/3的医疗费。李某认为,当年在分家时,两个哥哥分得了家产,自己什么也没分到。因此,李某不同意给付母亲的生活费及负担医疗费用。

表现形态二:子女以不继承遗产为由拒绝赡养老人。

从法律的角度而言,当事人能够放弃的只能是自己享有的权利,但是对于自己应当承担的义务没有放弃的权利。子女有权利表示放弃遗产继承权,但是不能以此作为理由拒绝履行赡养义务。我国《老年人权益保障法》第十九条明确规定:赡养人不得以放弃继承权或者其他理由,拒绝履行赡养义务。该法第二十二条进一步规定:老年人对个人的财产,依法享有占有、使用、收益和处分的权利,子女或者其他亲属不得干涉,不得以窃取、骗取、强行索取等方式侵犯老年人的财产权益。由此可见,根据法律规定,任何附条件履行赡养义务的行为在法律上都是不允许的。

案例 2-2

年逾八旬的陈老太,生有两个儿子。老伴在6年前病故,陈老太一直随大儿子生活。大儿子夫妻俩都是企业职工,收入不多,近年来又要供两个孩子上大学,生活十分拮据。而陈老太的二儿子开出租车,月收入较高。为此,陈老太多次要求二儿子履行赡养义务,但二儿子却以放弃继承父母遗产为由予以拒绝。老人一气之下将二儿子告上法庭。

表现形态三：父母再婚子女拒绝履行赡养义务。

受封建思想的影响，或者担心父母再婚后自己未来在继承父母遗产时会受到影响，有的子女以父母再婚为理由拒绝赡养父母，以此来阻止父母再婚。阻止父母再婚本就侵犯了父母的婚姻自由权，以父母再婚作为理由拒绝履行赡养义务更是侵犯了父母获得赡养的权利。

案例 2-3

张大爷早年丧妻，他的两个儿子成家后，商议每人每月承担父亲的生活费500元（医疗费另计），张大爷独自生活。去年8月，张大爷认识了两年前丧夫的林大娘。65岁的林大娘也与前夫生有两个女儿。林大娘温柔贤惠，与张大爷很是投缘，两人决定再婚。因怕孩子反对，他们偷偷领了结婚证。果然，他们的孩子得知父母再婚后，觉得老人伤风败俗，不愿去看望老人。张大爷的儿子们更过分，拒绝支付父亲的生活费，张大爷的生活陷入了困境。

表现形态四：出嫁女、入赘男自认为不承担赡养义务。

在我国现行法律中，女儿与儿子在法律地位上是同等的，在赡养父母方面子女应当承担同样的义务。

案例 2-4

80岁的李老汉，膝下有两子一女，他们均已各自成家多年，原先李老汉与老伴两人靠微薄的退休金维持生活。去年年初，老伴突然因脑卒中住院，李老汉无奈，只好将全家人叫来一起照顾老伴。几个子女也算孝顺，轮流来医院看望老太太。不久老太太即回家养病，但却留下了数千元的医疗费用无人承担。老两口的工资本来就低，没有什么积蓄，七拼八凑还欠下6000元未还。于是一家人集中商量这笔钱该怎么还，两个儿子认为自己的经济能力有限，只愿意帮老人还4000元，其余的2000元应由妹妹还。而女儿则认为，自己在医院期间照顾老人最多，已算是尽了孝道，且出嫁多年，这些钱她没有义务出。双方争执不下。最终，李老汉只好将几个子女都告上了法院，请求法院主持公道。

表现形态五：精神赡养纠纷呈上升趋势。

随着社会保障制度的完善和深化，老年人在物质生活上得到了切实的保障，衣食无忧。但老年人心理上易滋生孤独、失落感，他们开始转而要求子女精神上给予安慰、言语上沟通、感情上交流、身体上关心、人格上尊重，对赡养的层次要求提高。但是，随着家庭从传统的大家庭模式向小家庭模式转变，老年人与子女面对面交流的时间减少，更多的时候是靠老年夫妻相依相靠来满足情感上的慰藉,老人在子女的情感世界中处于边缘化位置。无配偶的独居老人在这种家庭居住结构的影响下,精神情感需求不能满足的情况则更为严重。老年人对子女提出精神慰藉诉求的案件有增多的趋势。

案例 2-5

刘老太的老伴已经过世,儿子吴某曾经长期拖欠老人赡养费。后来经过居委会出面调解,儿子才勉强同意支付赡养费。但是,心中不快的吴某却再也没来看过老母亲,时有时无的赡养费也是通过银行转账。老人得到了微薄的赡养费,却陷入了深深的孤独中。有一次,老人生病在家躺了7天也没有人过问。过年的时候老人给吴某打电话,吴某却不耐烦地说:"不是给你钱了吗?还那么麻烦干什么?"老人伤心欲绝地说,同在一个城市生活,儿子过得很好,收入很高,但是整整10年都没有来看望过她了。因此,临近90岁的刘老太一纸诉状将自己的儿子告上了法庭。

【专业知识】

一、亲子关系与赡养

(一)亲子关系

所谓亲子关系,即父母子女关系,是家庭关系的重要组成部分,在法律上是指父母与子女之间的权利义务关系。我们在探讨老年人的赡养问题时,首先要明确哪些人属于父母子女,父母子女之间存在何种法律关系。

人们对亲子关系的认识有一个历史发展的过程,它是与特定社会、文化环境密不可分的。在以私有制为基础的社会中,亲子关系可以分为以家族为本位的父母子女关系和以个人为本位的父母子女关系两个阶段。早期的亲子关系以家族为本位。例如在古罗马社会,家父对子女有绝对的支配权;在我国封建社会,父母子女关系完全从属于宗法家族制度,父权、夫权和家长权是三位一体的,甚至在我国唐律以来的古代亲子法中,不孝被列为"十恶"之一,将"父为子纲"奉为天经地义。父母对子女有绝对的支配权,子女没有独立的人格,甚至被视为父母的私有财产,他们在人身和财产上都没有保障。进入资本主义社会后,亲子关系逐渐转换为以个人为本位,规定了父母子女之间的权利与义务。可以说,随着社会的不断发展,平等的观念逐渐深入到家庭关系中,反映在亲子关系上则是父母与子女之间平等地位的确认。

在我国现行法律制度中,父母子女关系主要应当包括以下几方面内容。

1. 父母对未成年子女有抚养教育的义务

抚养是指父母从物质上、经济上对子女的养育,支付必要的抚养费,这种抚养义务是无条件的,即使父母离婚,双方对未成年的子女也应当履行抚养的义务。当然,父母的抚养义务主要是对未成年子女的,对于成年的子女,父母的抚养义务是有条件的,即只有当成年子女丧失劳动能力或者尚在校读书或者其他

原因不能独立生活的,父母才有抚养义务。一般而言,子女成年并有劳动能力的,父母在法律上不再有抚养的义务。父母不履行抚养义务,未成年或无劳动能力的子女有权向父母追索抚养费。

父母对子女的教育义务是指父母应当从品德、思想、学业等方面关心子女的健康成长。一方面父母有义务让未成年子女接受义务教育。《中华人民共和国义务教育法》规定,父母或者其他监护人必须保证适龄儿童、少年按时入学并接受义务教育。另一方面父母应当在行为或品德等方面为子女做出良好的表率,采取合理的方式教育子女使其健康成长。

2. 父母对未成年子女有保护和管教的权利和义务

父母是未成年子女的法定监护人,对未成年子女的保护和教育既是父母的权利也是义务。《中华人民共和国民法典》(以下简称《民法典》)第一千零六十八条规定,父母有教育、保护未成年子女的权利和义务。未成年子女造成他人损害的,父母应当依法承担民事责任。所谓保护,是指父母应当防止和排除来自外界的自然损害或者他人的非法侵害,当未成年子女的人身或财产权益受到损害时,父母作为法定代理人有权提起诉讼。所谓管教,是指父母按照法律和道德的要求,采取适当的方法对未成年子女进行管理和教育,对其行为进行必要的约束。当然这种管教应当在合法合理的范畴内进行,不得采取伤害、虐待等方式侵犯子女的人身财产权利。父母的这种权利主要源于未成年子女往往缺乏对事物的全面理解和判断,为保障子女的安全和健康,也为了防止未成年人对他人或社会造成侵害,父母的这种权利是必要的。

3. 成年子女对父母有赡养扶助的义务

《民法典》第一千零六十七条规定,成年子女不履行赡养义务的,缺乏劳动能力或者生活困难的父母,有要求成年子女给付赡养费的权利。一般而言,赡养扶助的义务主体一般是成年子女。在父母年老生活困难时,子女应当对父母进行经济上的供养和生活上的关心。对拒不履行赡养义务的,父母可以直接向子女索要,也可以提起诉讼追索赡养费。

在赡养和抚养的关系上,我们需要明确赡养义务的履行是否以抚养义务的履行为前提。当父母没有履行抚养未成年子女的义务时,成年后的子女是否应当履行赡养扶助年老父母的义务?这种情况需要区别对待。由于客观原因致使父母没能履行或无力履行抚养子女的义务时,子女成年后仍然应当赡养父母。如果父母有抚养能力但是基于主观原因对子女有故意伤害、杀人、虐待、遗弃、强奸等犯罪行为,子女成年后可以拒绝赡养父母。

4. 父母子女有相互继承遗产的权利

《民法典》第一千零七十条规定,父母和子女有相互继承遗产的权利。父母子女之间的继承权是基于其特定的身份关系产生的,任何一方死亡,对方都有权利作为继承人参与遗产的分配。

(二)赡养

我国自古以来有尊老敬老的优秀传统,在主要依靠家庭养老的社会环境下,家庭成员对老年人的赡养扶助义务是否切实履行将极大地影响老年人的晚

年生活。

赡养,主要是指赡养义务人对老年人在经济上提供必需的生活用品和费用,并在生活上和精神上关心、扶助和照料老年人的行为。赡养义务的履行不仅是义务人对老年人的基本义务,更是对国家和社会的责任。

一方面,赡养义务的法律规定源于我国的历史文化传统。一个国家关于家庭成员之间法律关系的认定受到历史、文化、经济社会发展等多方面因素的影响。尊重老人、孝敬父母是各国普遍认可的社会公德,部分国家将此规范上升为法定义务,但是有些国家只是将其作为一种道德义务。我国的历史文化中,一直都有尊老爱老的传统,老年人在政治生活和家庭生活中有极高的地位。在我国,子女对父母属于"反哺式"的赡养模式,法定的赡养义务既有利于老年人的生活保证,也符合我国的传统观念。

另一方面,赡养义务的法律规定符合国际人权的要求。2002年在西班牙首都马德里召开的第二次老龄问题世界大会上,通过了《2002年马德里老龄问题国际行动计划》,以应对21世纪人口老龄化所带来的机会和挑战,并促进发展一个不分年龄、人人共享的社会。《2002年马德里老龄问题国际行动计划》的中心主题之一就是保证老年人的生活安全无虞。在国际社会普遍面临人口老龄化的困境时,推动老年人与家庭、社会、国家的和谐关系是必然的趋势。

二、赡养义务人

赡养义务人,是指对老年人负有赡养义务的人。一般来说,赡养义务人是老年人的家庭成员,主要包括以下几类人。

(一)子女

《宪法》规定,成年子女有赡养扶助父母的义务。《民法典》也明文规定成年子女对父母的赡养扶助义务。有经济负担能力的成年子女,不分男女、已婚未婚,在父母需要赡养时,都应依法尽力履行这一义务直至父母死亡。子女对父母的赡养义务,不仅发生在婚生子女与父母间,而且也发生在非婚生子女与父母间,养子女与养父母间,继子女与履行了抚养教育义务的继父母之间。

父母子女关系是家庭中的重要法律关系。在我国法律体制下,法律所认可的父母子女主要有两大类,即自然血亲的父母子女和拟制血亲的父母子女。

1. 自然血亲的父母子女

自然血亲的父母子女关系是基于子女出生的事实而在子女与父母亲之间形成的权利义务关系。自然血亲的父母子女关系是因自然意义上的血缘联系而存在,不能人为解除。除非一方死亡而自然终止,其法律上的权利义务关系,在一般条件下,只能因父母合法的送养行为而终止。

依出生事实发生时间不同,自然血亲又分为婚生和非婚生的亲子关系。所谓婚生子女,是指在婚姻关系存续期间妻子生育的子女。所谓非婚生子女,是指在依法确立婚姻关系前或婚外行为所生的子女,如同居、婚前性行为、姘居、通奸及至被强奸后所生的子女。婚生子女与非婚生子女,在子女对父母的法律关系上是相同的。

2. 拟制血亲的父母子女

拟制血亲的父母子女是指本无自然意义上的血缘关系，而由法律确认其与自然血亲具有同等权利义务的父母子女。此种血亲由于不是自然形成的，而是法律设定的，故又称"准血亲"。我国《民法典》确认的拟制血亲的父母子女有两类。

（1）养父母与养子女。基于合法有效的收养行为，会使得本无自然血缘关系的当事人之间产生拟制血亲关系。

（2）事实上形成了抚养教育关系的继父母与继子女。继父母和继子女的关系，是因子女的生父或生母再婚而形成的。对于继父母和继子女而言，并不必然形成拟制血亲关系，只有存在事实上的抚养教育关系，两者之间才产生超出继父母子女关系之外的拟制血亲关系。为更加清晰地认识继父母子女之间的关系，我们需要明确以下两点：

第一，生父母与继父母离婚后，受继父母抚养教育的继子女应当履行赡养义务。《民法典》第一千零七十二条规定，继父或者继母和受其抚养教育的继子女间的权利义务关系，适用本法关于父母子女关系的规定。当生父母与继父母离婚后，虽然继父母子女关系不再存在，但是继子女受继父母抚养教育的事实不能消失，继父母与继子女之间已形成的权利义务关系不能自然终止。因此，当生父母与继父母离婚后，受继父母抚养教育长大成人且有负担能力的继子女，对年老体弱、生活困难的继父母应尽赡养扶助的义务。

第二，继子女对未对其抚养教育的继父母是否有赡养义务？继父母子女关系是由于生父或生母再行结婚，子女与继母或继父之间形成的关系。根据法律规定，继父母和未受其抚养教育的继子女之间，形成的是姻亲关系，相互间并无权利义务关系。因此，未受继父母抚养教育的继子女，没有赡养继父母的法定义务。但是，对于继子女主动承担赡养扶助义务的行为应当予以鼓励和支持。

（二）子女以外的其他赡养义务人

这里所称的其他赡养义务人是指孙子女、外孙子女。一般情况下，孙子女、外孙子女对于祖父母、外祖父母没有直接的赡养义务，但《民法典》第一千零七十四条规定，有负担能力的孙子女、外孙子女，对于子女已经死亡或者子女无力赡养的祖父母、外祖父母，有赡养的义务。

1. 祖父母、外祖父母的子女已经死亡或者子女无力赡养

如何理解"子女已经死亡"？这里所指的"子女已经死亡"并不是指祖父母、外祖父母的子女都死亡，而是指孙子女、外孙子女的父亲或者母亲死亡，无法履行对祖父母、外祖父母的赡养义务，这时孙子女、外孙子女就应当履行对祖父母、外祖父母的赡养义务。

2. 孙子女、外孙子女有负担能力

所谓负担能力，是指孙子女、外孙子女应当有履行赡养义务的可能性，这种负担能力一方面要求孙子女、外孙子女应当成年，另一方面指孙子女、外孙子女具有赡养老人的现实可能性和能力。

在以上两个条件满足的情况下,孙子女、外孙子女就应当承担起对祖父母、外祖父母的赡养义务。

案例2-6

王某今年已经85岁了,前几年,他一直随儿子、儿媳一起生活。今年春,王某儿子因病去世,儿媳也年近60岁,体弱多病,自己的生活都很困难,无能力赡养王某。为此,王某要求已成家且家庭生活较好的孙子小宝赡养,可小宝却说他只有赡养父母的责任,没有赡养祖父母的义务。为此,双方诉至法院。

在本案例中,王某的儿子因病去世,无法履行对父亲的赡养义务,有负担能力的孙子小宝,应当履行对王某的赡养义务。

三、赡养义务的内容

赡养义务人必须从经济上、生活上及精神上三个方面履行赡养义务。

(一) 对老年人的经济供养

经济需求是老年人维持基本生活的保障,由于老年人生理机能的衰退和社会参与能力的下降,很多老年人极易陷入经济困境。成年子女不履行赡养义务的,老年人可以通过诉讼解决,情节恶劣构成犯罪者,依法追究其刑事责任。赡养费的支付是赡养义务人经济供养义务履行的集中体现。当然,经济供养的表现形式可以是多样的,既可以以现金的方式表现,也可以以实物的方式表现,具体包括:对无经济收入或收入较低的老年人,赡养人要支付必要的生活费,保证老年人的基本生活需要;对患病的老年人应当提供医疗费用和护理费用;对缺乏或者丧失劳动能力的农村老年人的承包田,赡养人有义务耕种,并照顾老年人的林木和牲畜等,收益归老年人所有。

(二) 对老年人生活上的照料

生活上的照料是指赡养义务人应当通过有效的途径和方式照料老年人的基本生活,降低老年人生活中面临的风险,保护老年人的人身、财产权益不受侵害。具体包括:当老年人因患病卧床,行动不便或患病等原因,致使生活不能自理时,赡养人要照顾老年人日常的饮食起居;赡养人应当妥善安排老年人的住房,不得强迫老年人迁居条件低劣的房屋;老年人自有的或者承租的住房,子女或者其他亲属不得侵占,不得擅自改变产权关系或者租赁关系;老年人自有的住房,赡养人有维修的义务,等等。

(三) 对老年人精神上的慰藉

精神慰藉是指赡养义务人应当经常看望或者问候老年人,尽力使老年人的晚年生活过得愉快、舒畅。精神慰藉是赡养义务的重要内容,然而很多赡养义务人往往忽略了对老人的精神赡养,误以为单纯地支付赡养费就是履行了赡养义务。然而,从根本上说,怎样的精神慰藉算完全、恰当地履行了赡养

义是一个很难准确界定的问题,几乎没有一个泾渭分明的标准。一般认为,精神赡养涉及人们的伦理道德,能不能满足老年人的精神需求,更多地要靠子女的主动性和积极性,同时也取决于家庭的实际情况。除了面对面的交流外,多样的通信方式为赡养义务人提供了更多与老人沟通的渠道。只要赡养义务人能够做到让老年人精神舒畅、愉悦,就应当算作履行了赡养义务。《老年人权益保障法》第十八条特别规定:家庭成员应当关心老年人的精神需求,不得忽视、冷落老年人。与老年人分开居住的家庭成员,应当经常看望或问候老年人。

为保证精神赡养义务的履行,我国部分地方探索制定"独生子女护理假"制度。所谓"独生子女护理假",是指独生子女父母患病住院期间,用人单位应给予的假,且不得扣减陪护期间的工资、津贴与奖金等福利。比如《福建省老年人权益保障条例》第二十七条明确规定:独生子女的父母年满60周岁,患病住院治疗期间,用人单位应当支持其子女进行护理照料,并给予每年累计不超过10天的护理时间,护理期间工资福利待遇不变。《河南省老年人权益保障条例》也有类似规定:领取独生子女父母光荣证的老年人住院治疗期间,其子女所在单位应当给予每年累计不少于20日的护理假,护理假期间视为出勤。

【任务完成】

作为一名养老服务人员,你应为老年人得出如下结论。

(1) 老年人的子女是第一赡养义务人,子女包括亲子女、养子女、形成抚养教育关系的继子女。但子女死亡或无力赡养的,孙子女、外孙子女在有负担能力的情况下,应当履行对祖父母、外祖父母的赡养义务。

(2) 赡养义务不仅包括经济上的供养,还包括生活上的照料和精神上的慰藉。子女不能以支付赡养费为理由逃避其他赡养义务的履行。赡养义务任何一个方面履行不适当,老年人都可以要求子女完整、妥善履行义务。

任务二 协助老年人妥善解决赡养扶助纠纷

【任务目标】

养老服务过程中,你能够协助老年人妥善解决赡养扶助纠纷,维护老年人的合法权益。

【任务实例】

2018年5月,83岁的陈某被3名子女送入某养老机构生活。按照入住协议约定,由于陈某属于老年痴呆病人,需要护理人员的24小时护理,陈某的子女需每月交纳约3000元的费用。老人入住之初,其子女能够按时将养老服务费用交付养老机构。但是,自2018年10月起,陈某的3名子女对服务费用的负担比例产生争议,从而开始不支付服务费用。发展到后来,3名子女不仅不支付费用,甚至也不再探望老人。养老机构与陈某的3名子女无法取得联系,也

处于两难的境地,一方面要照顾老人的日常起居,另一方面却无法获得正当的服务费用。而陈某虽然患有老年痴呆,但仍然有希望子女看望的意愿,由于长期看不到子女,陈某病情恶化,甚至拒绝与护理人员合作。

【任务描述】
如果你是陈某的护理人员,应该如何帮助老人解决问题?

【背景知识】
赡养纠纷发生于老人与其家庭成员主要是其子女之间。实践中,赡养纠纷的解决存在一定的困难。

第一,赡养纠纷的隐蔽性导致老年人获得来自外界的帮助较少。有的老年人受"家丑不可外扬"心理的影响,即使家庭中存在赡养问题,也不愿对外提及,外人更加无法知晓。有的老年人存在一定程度的心理、生理、人体结构上某种组织、功能上的丧失或者不正常,其社会参与能力较弱,甚至有的老年人长期卧床不起,无法与外界接触,子女对他们不赡养,甚至是虐待、遗弃,他们也无力向有关机关或社会组织表达,外界根本不知晓,这些老年人往往成为维权的"孤岛"。

第二,子女的赡养能力与老年人的特殊需求之间存在冲突。子女既要考虑到老人的赡养问题,又要考虑到自身的生活负担,这无疑给经济能力较差的子女带来了困扰。如果老年人出现疾病或者有照料需要的话,对子女更是雪上加霜。即使子女有心,也无力养老。

第三,多子女赡养能力的差异与处理方式均等化的矛盾。如前所述,多子女家庭中,子女相互推诿赡养义务是赡养纠纷发生的原因之一。在处理多子女家庭的赡养问题时,既要考虑到各赡养义务人在赡养能力上的差异,又需要体现出共同赡养的基本原则,处理过程中需要更多的技巧。

第四,当地风俗与法律规范之间的冲突。在我国部分地区,仍然存在着"养儿防老"的思想,儿子在家庭中获得父母的关注更多,甚至父母的财产也是"分男不分女",而赡养老人自然也是儿子的责任,女儿并没有给父母养老送终的义务。这种观念的存在给赡养义务的履行,尤其是女儿对父母的赡养义务履行带来了极大的困难。

【专业知识】

一、赡养纠纷处理的原则

在处理赡养纠纷时,应当遵循以下基本原则。

(一) 依法处理的原则

赡养义务在我国是一项法定义务,赡养义务人必须全面履行赡养义务,否则应当承担法律责任。这是解决赡养纠纷应当遵循的基本原则。

《宪法》第四十九条规定:成年子女有赡养扶助父母的义务。《民法典》第一千零六十七条规定:成年子女不履行赡养义务的,缺乏劳动能力或者生活困难

的父母,有要求成年子女给付赡养费的权利。《老年人权益保障法》第十四条规定:赡养人应当履行对老年人经济上供养、生活上照料和精神上慰藉的义务,照顾老年人的特殊需要。《中华人民共和国刑法》(以下简称《刑法》)第二百六十条规定:虐待家庭成员,情节恶劣的,处二年以下有期徒刑、拘役或者管制。犯前款罪,致使被害人重伤、死亡的,处二年以上七年以下有期徒刑。第二百六十条之一规定:对未成年人、老年人、患病的人、残疾人等负有监护、看护职责的人虐待被监护、看护的人,情节恶劣的,处三年以下有期徒刑或者拘役。单位犯前款罪的,对单位判处罚金,并对其直接负责的主管人员和其他直接责任人员,依照前款的规定处罚。

关心、呵护和帮助老年人,不仅是我国人民长期以来形成的优良传统,也是法律赋予每个子女的责任。处理赡养问题虽然存在一定的困难,但是本着依法处理的原则办事是基本的要求。上述一系列法律条款,为人们正确及时地处理赡养纠纷提供了法律上的依据。

(二) 注重调解的原则

人们常说"清官难断家务事"。多数情况下,赡养纠纷只是表面问题,深层次的原因在于老年人的赡养大多牵扯到日积月累的家庭矛盾,在调解赡养纠纷的同时不可避免地会触碰到这些家庭矛盾。另外,赡养纠纷属于家庭内部矛盾,当事人之间存在着特殊的身份、血缘等关系,争议的内容不仅仅是法律上的权利义务关系,而且涉及更深层的情感、心理等复杂因素。当事人内心更多的是希望既能解决纠纷保护自己的权利,又不伤感情,在这种情况下,调解的效果往往比较好。这就对纠纷解决的方式有较高的要求。调解是解决赡养纠纷更好的途径。

所谓调解,是指双方当事人以外的第三者,以国家法律、法规和政策及社会公德为依据,对纠纷双方进行疏导、劝说,促使他们相互谅解,进行协商,自愿达成协议,解决纠纷的活动。在我国,调解的种类很多。因调解的主体不同,调解有人民调解、法院调解、行政调解、仲裁调解及律师调解等。不管是谁进行调解,都应当注重调解过程中对双方进行劝说,而不是武断地裁决,调解的目标是双方相互谅解自愿达成协议。在调解过程中,要结合中华民族养老敬老的优良传统及有关法律法规,耐心细致地做好当事人的思想工作,及时有效地解决纠纷。

强调调解的原则主要是考虑到赡养纠纷并不是一份判决书所能解决的,子女对老人的照料甚至精神慰藉都需要子女发自内心地对老人关爱。如果不是建立在谅解和自愿基础上去解决纠纷,对老年人的晚年生活没有任何的实质帮助。

(三) 加强精神赡养的原则

如前所述,赡养并不是单纯的经济供养,还包括精神慰藉。随着生活水平的提高,许多老年人衣食无忧,他们最大的愿望就是自己的子女能多和他们聊聊天、叙叙家常,沟通交流一下思想感情,享受天伦之乐。但由于现代生活节奏的加快,子女和老人谈心交流的时间较少,老人的孤独感增强。这就要求子女

不仅在物质上对老年人予以帮助,而且还要给老年人精神上的慰藉。子女可以定期或不定期探视老人,给予生活精神上的关心帮助,在老人生病时给予医治并适当陪护,不虐待遗弃老人,不能限制老人的生活及人身自由,不侮辱、伤害老人等,否则要承担相应的法律责任。

(四) 各方利益衡量的原则

子女对父母赡养义务的履行并不是以父母对子女的抚养义务的履行为前提的,虽然两者存在不可分割的联系。《民法典》在规定子女对父母有赡养义务规定的同时,也规定了父母对子女有抚养教育的义务。另外,如果父母对子女进行过其他犯罪行为,成年子女对父母也无须履行赡养的义务,这体现了权利、义务相一致的原则。

另外,在处理赡养纠纷时,既要保证老年人的生活,也要适当考虑子女的赡养能力,不能片面地只考虑单方面的利益。我们需要考虑老年人的诉求是否合理,如果老人有自我照料的能力而提出的诉求会使子女陷入较大困难,这种诉求就不应当得到支持。比如,如果父母有较高的退休金,但是子女下岗在家,这时父母要求子女给予赡养费就是不合理的要求。

二、赡养纠纷的防范——赡养协议书

赡养协议书是由赡养人(指老年人的子女及其他负有赡养义务的人)与被赡养人(指年满60周岁以上的老年人)或赡养人之间就履行赡养义务签订的合同。赡养协议书能够有效地防范赡养纠纷的发生。

首先,赡养协议书的签署能够有效地防范赡养义务人在赡养老人问题上相互推诿的情况发生。赡养协议书一般由赡养人、被赡养人在自愿协商的基础上订立。赡养协议书的内容得到了各方的认同,能够极大地降低后续出现赡养纠纷的概率。

其次,赡养协议书的签署能够明确赡养义务的内容和履行方式,督促赡养义务人切实履行赡养义务。一般而言,赡养协议书一式多份,由赡养人、被赡养人签字后生效,确保赡养协议书的严肃性和实效性。用协议书的形式将赡养人的义务和被赡养人的权益进行明确、细化和固化,为进一步巩固家庭养老功能,确保老年人晚年生活无忧发挥了积极作用。

最后,签署了赡养协议书,能够有效地解决赡养纠纷,为纠纷的解决提供明确的依据。一旦发生赡养纠纷,到底赡养义务人是否切实履行赡养义务,以及不履行义务应当承担何种责任,都可以依据赡养协议书的内容进行处理。

推广签订赡养协议书是现阶段贯彻落实老年人法律法规、解决家庭赡养中存在的问题、更好地发挥家庭养老功能的有效措施。它使老年人的合法权益和子女应尽的义务具体化和公开化,把老年人法律法规等原则性的法律条文变成便于执行、便于监督的明确标准。它有利于进一步巩固和发挥家庭养老功能,保证老年人的基本生活质量和水平,确保老年人老有所养;有利于增强家庭成员的法制和道德观念,规范子女的养老行为,避免和解决赡养纠纷,维护老年人合法权益;有利于优化社会风气,促进社会和谐、社会稳定。

老年人及其家庭成员可以根据被赡养人的实际需要和赡养人的赡养能力,参照当地生活水平和赡养标准,协商签订赡养协议书。赡养协议书一式多份,一般由被赡养人、赡养人、村民委员会见证签字(盖章)生效后,分别留存。赡养协议书根据被赡养人、赡养人情况变动和当地生活水平的变化情况及时修订和续签,续签周期一般为3~5年。

赡养协议书一般可包括以下内容:① 规定老人生活费的负担份额、给付方式,也就是对老人吃、穿、住、医、用等物质供应的承担份额、承担方式。② 保证老人的生活水平不低于家庭成员的平均水平。③ 老人生病时,及时求医,赡养人之间对老人所花医疗费的承担份额、承担方式。④ 赡养人对农村老年人所承包田地耕种责任的分担方法等。⑤ 尊重老人的财产所有权。不侵吞强占老人的财产,不向老人提出经济方面的不正当要求。⑥ 尊重老人的婚姻自由,不干涉其离婚、再婚自由和婚后的生活。⑦ 保证老人的休息和娱乐,不要求其承担力不能及的劳动。⑧ 赡养人协商的其他内容。

协议书的供养项目和供养标准,要从每个地区、每个家庭的实际情况出发,在既保证老年人的晚年生活,又考虑子女的承受能力的同时,由乡镇或村根据家庭生活水平,确定最低赡养指导标准,按照指导标准,规范确定各户供养项目、供养标准。供养项目具体包括经济供养、生活照料、疾病医护、精神慰藉,含衣、食、住、行、医、寿、礼、葬等有关方面的内容。供养标准对粮、煤、柴、油、零用钱、被褥、衣服等生活必需物品及费用的供养数量和付给时间作具体规定。

原则上由村老年工作委员会或老年人协会会同民政、司法、妇联等基层组织,负责家庭赡养协议书的签订兑现及管理监督。要建立老年人基本情况、家庭赡养协议书签订和兑现等有关情况的资料和档案,根据实际情况,指导协议签订双方及时修订赡养协议书的内容或进行续签。村民委员会每年对家庭赡养协议书的履行情况进行普遍检查,并将结果公开。乡镇政府及老龄工作委员会办公室定期对家庭赡养协议书的履行情况进行抽查。

案例 2-7

陈大爷和妻子共育有两子,陈大和陈二。两个儿子成年后,分别成了家。两位老人年纪越来越大,身体每况愈下。陈大和陈二商量着,凡事应该讲究公平,为避免赡养老人产生纠纷,由陈大负责赡养父亲、陈二负责赡养母亲。为此,两个儿子还签订了书面的赡养协议书。这件事情也征得了两位老人的同意。

之后,陈大和陈二按照协议分别赡养父亲和母亲。后母亲去世,陈大爷因为生病,医药费支出日益增多。此时,陈大认为,父亲的医药费太高,陈二也需要承担。但陈二则认为,按照赡养协议书的约定,自己承担了赡养母亲的责任,父亲的赡养是陈大的责任,自己不应当分担医药费。两个儿子因为此事争吵不休。陈大爷也陷入深深的痛苦中。

《老年人权益保障法》规定,赡养人不得以放弃继承权或者其他理由拒绝履行赡养义务。此案例中，陈大和陈二虽然签署了分别赡养父母的协议，但陈二不能因为对母亲尽到赡养义务而拒绝对父亲尽赡养义务。陈二应当与陈大一起承担对父亲的赡养义务。

三、赡养费的给付标准

赡养费是指子女在经济上为父母提供必需的生活费用，即承担一定的经济责任，提供必要的经济帮助，给予物质上的费用帮助。

子女向老人支付赡养费是履行经济供养义务的主要表现。在赡养费的给付问题上，不宜搞"一刀切"政策。赡养费计算的基本标准应当是保证老年人的生活水平不低于其家庭成员的生活水平，即老年人的赡养费标准主要取决于他（她）所在家庭的生活水平。在司法实践中，一般应综合考虑当地的经济水平、被赡养人的实际需求、赡养人的经济能力等因素。

赡养费具体包括以下几个方面。

（1）老年人的基本赡养费：老年人生活必要的衣、食费用及日常开支。在司法实践中，赡养费的给付标准一般结合赡养人收入的20%进行计算，最低不能低于低保补助，最高一般不高于居民人均消费支出。可以设各地居民人均消费支出及各地低保补助为上、下限，结合赡养人收入 M 的比例（如20%左右）进行计算。即按赡养人收入一定比例所得数额（如 $M \times 20\%$）对照前述上、下限，如该数额在此区间内的则以该数额确定赡养费标准，如该数额高于或低于上、下限的，则以上限或下限确定为赡养费标准。

（2）老年人的生病治疗费用：老年人生病发生的医疗费，除保险理赔外，其余费用应按医疗部门的票据额计入赡养费中。

（3）生活不能自理的老年人的护理费用：因生病或年老体弱生活不能自理而子女无法照料的，应将护理费用计算在赡养费内，而这一费用将根据有关养老机构证明或当地一般雇佣人员标准计算。

（4）老年人的住房费用：赡养人有义务妥善安置老年人的住房，老年人有多个子女的，为公平起见，应按住房情况相应减、免提供住房一方子女的赡养费支出份额，如子女无房可供居住的，则将房租费用一并计算在赡养费内。

（5）必要的精神消费支出：对老年人的精神赡养已成为不争的法律原则，精神慰藉作为义务固然难以判决执行，但对老年人最基本的精神享受物化支出（如有线电视、收音机、书报等费用）是完全可以作为赡养费给付内容确定，由义务人承担。

（6）必要的保险金费用：除了社会保险外，老年人必要的医疗等保险金的支出亦应为赡养费用。保险不仅为老年人提供了最大限度的保护，也为子女分担了很大的风险，值得提倡。

对前述（4）、（5）、（6）项赡养内容也应以相应支出发票为据计算赡养费用。当然，无论是赡养费的给付内容还是其计算标准都是相对而言，并非绝对。在确定赡养费给付内容及计算标准时既要考虑权利人需求的必要性，又要考虑义务人承受力的可能性,在充分保护老年人合法权益的前提下,综合平衡各方利益。

四、赡养纠纷的解决途径

(一)调解

1. 调解的方式和意义

所谓调解,是指当事人就可处分的纠纷,在第三方的主持或参与下,以合意的方式解决权利义务争议的纠纷解决方式。在我国法律实践中,根据主持调解的第三方的不同,可以将调解分为法院调解、仲裁调解和人民调解。对于赡养纠纷案件来说,主要采用法院调解和人民调解两种方式。

法院调解又称诉讼中调解,包括调解活动、调解的原则、调解的程序、调解书和调解协议的效力等,是当事人用于协商解决纠纷、结束诉讼、维护自己的合法权益,审结民事案件、经济纠纷案件的制度。《中华人民共和国民事诉讼法》(以下简称《民事诉讼法》)规定,人民法院审理民事案件,应当根据自愿和合法的原则进行调解;调解不成,应及时判决。法院调解,可以由当事人的申请开始,也可以由人民法院依职权主动开始。调解案件时,当事人应当出庭;如果当事人不出庭,可以由经过特别授权的委托代理人到场协商。

人民调解又称诉讼外调解,是指在人民调解委员会主持下进行的调解活动。人民调解委员会是村民委员会和居民委员会下设的调解民间纠纷的群众性自治组织,在基层人民政府和基层人民法院指导下进行工作。

调解对于赡养纠纷的解决具有特别重要的意义。一方面,赡养纠纷案件的当事人之间存在紧密的亲缘关系,通过调解的方式解决纠纷,有助于双方良性关系的重构,防止情感的破裂。另一方面,赡养义务的履行具有很强的人身依附性,在义务人拒绝履行赡养义务时难以通过强制手段进行干预,即使强制干预,对老人而言意义也不大。通过调解方式解决赡养问题,能够促使义务人自愿履行调解协议,维护老年人的合法权益。

2. 赡养纠纷调解工作的开展

在调解赡养纠纷时,应从以下几方面开展工作。

第一,赡养费往往不是双方争议的焦点,其他家庭矛盾才是矛盾的根源。在调解过程中,应全面了解当事人的家庭背景和矛盾产生的来龙去脉,找准家庭矛盾的核心关键点,有的放矢,在此基础上进行调解往往事半功倍。

第二,注重亲情的维系。调解过程中,调解人员应当以当事人亲情关系的维系为重点开展工作。当事人往往对双方之间的亲缘关系难以割舍,构建在亲情关系下的赡养才具有实质意义,调解工作也较为容易开展。调解人员应当充分利用道德规范的约束作用,调解结果既要合法,又要合情理,真正从赡养义务人的思想道德上做工作。

第三,争议的标的额一般不大,对于当事人一般不存在困难。赡养纠纷案件的争议标的额一般不大,调解人员可在维系亲情关系的基础上,利用赡养费数额一定程度的浮动引导调解的进行。

第四,利用舆论促进调解。由于我国社会公众普遍持有赡养老人的观念,调解人员可以利用社会舆论,包括当地民众舆论给当事人尤其是赡养义务人形成无形的压力,促进赡养义务的履行。

第五,调解人员应当有足够的耐心、爱心和细心。赡养纠纷调解的当事人具有一定的特殊性,老年人年龄大、行动不便,接受新观念、新事物的能力较弱,这对调解人员的职业素养提出了挑战。调解人员应当倾听当事人的陈述,耐心做好说服教育工作。赡养纠纷往往需要多次调解方能达成双方满意的结果。

(二) 诉讼

赡养纠纷的诉讼解决方式是指老年人可以就赡养纠纷向人民法院提起诉讼,请求赡养义务人切实履行赡养义务。

1. 诉讼的特点

诉讼作为纠纷解决的最后机制,具有中立性、强制性和终局性等特征。相较于调解而言,诉讼具有自身的特点。

第一,诉讼是一种"公力救济"的方式。诉讼由人民法院主持开展,代表着国家权力和国家意志,属于具有强制性和权威性的公力救济。这也使得诉讼成为社会纠纷最合法、最有效也是最终的解决手段。

第二,诉讼按照特定的法律程序开展。赡养纠纷属于典型的民事纠纷,应纳入民事诉讼的范畴。当事人向法院提起赡养纠纷诉讼,应当按照我国《民事诉讼法》及其相关规定开展活动,包括申请、提交证据、法庭辩论等。违反诉讼程序规则的行为,将引起不利的法律后果。

第三,诉讼是以"三方结构"为模式的制度体系。在诉讼中,居于中立位置的是审判人员,原告和被告处于平等地位,均享有法律规定的诉讼权利,承担法律规定的诉讼义务。

2. 赡养纠纷诉讼解决方式中的特别内容

鉴于篇幅原因,我们在此重点就与赡养纠纷相关的诉讼制度予以介绍。

(1) 管辖法院。

管辖是指各级人民法院之间及同级人民法院之间受理第一审民事案件的权限和分工。对于当事人而言,它主要是指纠纷应当在哪个法院进行起诉、应诉、审理的问题。

《民事诉讼法》规定:基层人民法院管辖第一审民事案件;对公民提起的民事诉讼,由被告住所地人民法院管辖。因此,原则上来说,老年人若想起诉子女履行赡养义务,应当在被告(即子女方)住所地的基层人民法院提起诉讼。

《最高人民法院关于适用〈中华人民共和国民事诉讼法〉的解释》中,又特别指出:追索赡养费、扶养费、抚养费案件的几个被告住所地不在同一辖区的,可以由原告住所地人民法院管辖。因此,老人向多个住所地不在同一辖区的子女追索赡养费的,也可以向老人住所地的基层人民法院提起诉讼。

(2) 赡养纠纷符合一定条件可以先予执行。

先予执行是指人民法院对一定范围内的给付之诉,在作出判决前,裁定一方当事人履行一定的义务,并立即执行的措施。按照《民事诉讼法》规定,"追索

赡养费"的案件中,根据当事人(主要为原告方)申请,人民法院可以裁定先予执行。

先予执行的条件包括:

第一,当事人之间权利义务关系明确,不先予执行将严重影响申请人的生活或者生产经营。

第二,被申请人有履行能力。

第三,先予执行应当限于当事人诉讼请求的范围,并以当事人的生活、生产经营的急需为限。

【任务完成】

作为一名养老服务人员,你应当为老人提供以下维权服务:

(1) 积极与赡养义务人沟通,强调道德对赡养义务履行的约束作用,通过亲情的纽带引导赡养义务人主动履行赡养义务。

(2) 在通过协调机制无法解决的情况下,做通老人思想工作,向管辖法院提起赡养诉讼。

(3) 协助老人参与诉讼或委托代理人参与诉讼。

(4) 对于养老服务费用的支付问题,应当另行提起诉讼。

思考题

1. 亲子关系包括的内容主要有哪些?
2. 赡养义务在现代社会与我国古代社会有哪些区别?
3. 赡养义务人包括哪几类人?
4. 赡养义务人应当从哪些方面切实履行赡养义务?
5. 赡养纠纷处理的原则是什么?
6. 赡养纠纷的预防方法有哪些?

实训题

1. 情景模拟:养老机构赡养纠纷的处理机制

题目:根据本模块任务二的任务实例进行情景模拟演示。

要求:以小组为单位进行角色扮演,角色包括陈某、护理员、三个子女、养老机构院长,通过情景模拟和角色扮演,锻炼养老护理员处理老人赡养纠纷的能力。

考察:护理员解决问题的能力、沟通能力、维权意识等。

2. 课堂讨论

话题一:如何正确理解赡养义务的履行?

话题二:赡养义务应更多地以法律规范还是道德规范进行约束?

拓展阅读

最高法发布老年人权益保护第二批典型案例
案例三 庞某某诉张某某等二人赡养费纠纷案

关键词：老年人婚姻自由、赡养义务

一、基本案情

原告庞某某,女,现年78岁,先后有两次婚姻,共育有被告张某某等六名子女,其中一名已故。子女中除张某外均已成家。庞某某诉称其现居住于地瓜中学宿舍,一人独居生活,基本生活来源于拾荒及领取低保金,现年老多病、无经济来源,请求人民法院判令被告张某某等二人每月支付赡养费。

二、裁判结果

贵州省普安县人民法院认为,成年子女应履行对父母的赡养义务,赡养包括经济上的供养、生活上的照料和精神上的慰藉。原、被告之间系母子(女)关系,被告应在日常生活中多关心、照顾老人,考虑老人的情感需求,善待老人。考虑到原告共有五个成年子女、部分子女还需赡养原告前夫等现实状况,结合被告张某某等二人的年龄、收入情况及原告实际生活需求,判决张某某等二人于判决生效之日起每月向原告庞某某支付赡养费。

三、典型意义

百善孝为先,赡养父母是中华民族的传统美德,也是子女对父母应尽的义务。《民法典》第一千零六十九条规定,子女应当尊重父母的婚姻权利,不得干涉父母离婚、再婚以及婚后的生活,子女对父母的赡养义务,不因父母的婚姻关系变化而终止。近年来,再婚老人的赡养问题引起社会广泛关注。当前,父母干涉子女婚姻自由现象越来越少,而子女干涉父母婚姻自由的现象却屡见不鲜,许多子女在父母再婚时设置重重障碍,无情干涉,迫使许多父母牺牲了自己的婚姻自由。有的子女以父母再婚为由,拒绝履行赡养义务。但是,赡养人的赡养义务不因老年人的婚姻关系变化而消除。经过法院的多次调解工作,子女能按时支付老年人的赡养费用,多年的母子情得以重续。

(资料来源：最高人民法院. 最高法发布老年人权益保护第二批典型案例[EB/OL]. (2022-04-09)[2022-06-12]. https://www.court.gov.cn/zixun-xiangqing-354121.html)

模块三
老年人婚姻关系

知识目标

1. 了解老年人婚姻关系的现状
2. 掌握我国婚姻制度的基本原则
3. 掌握结婚的要件和法律后果
4. 掌握老年人再婚的法律后果
5. 掌握离婚的方式和财产分割的原则、方式等

能力目标

1. 能够协助老年人处理结婚的问题
2. 能够协助老年人处理离婚的问题

◆ 任务一　协助老年人分析并处理结婚问题
◆ 任务二　协助老年人分析并解决离婚问题

模块三 老年人婚姻关系

【专业知识概览】

老年人结婚、离婚应当按照《民法典》的基本要求维护自身权益,实现家庭和谐。对于想再婚的老年人,为避免日后财产纠纷影响夫妻感情和代际和谐,他们可以通过财产协议或者公证的方式事先约定。对于有离婚打算的老年人,他们需要了解离婚的方式和途径,以及离婚的法律后果、共同财产如何分割。

【核心概念】

婚姻关系;结婚;离婚

【主要政策法规依据】

《中华人民共和国民法典》

《婚姻登记条例》

《婚姻登记工作规范》

《民政部关于贯彻落实〈中华人民共和国民法典〉中有关婚姻登记规定的通知》

导入材料

"不是我的菜,我就这么坦率!""不靠谱的大爷不比不靠谱的小伙少""你必须伺候我"……这些话不是出自网络段子或搞笑语录,而是出自中老年相亲节目里的大爷大妈。几个月以来,一批中老年相亲节目火爆全网,有些甚至成了年轻网友热议的话题。

夕阳无限好,人间重晚晴。渴望获得情感依偎、寻找另一半共度余生是人之常情,单身的中老年人同样拥有追求幸福的权利。大爷大妈们在相亲节目中耿直不扭怩、言语坦率犀利,使许多观众印象深刻,也为人们提供了另一个认知老龄化社会的视角。

第七次全国人口普查结果显示,我国60岁及以上人口已超过2.64亿。另据有关机构估算,我国有婚恋需求的中老年人在5000万人以上。电视台纷纷推出中老年相亲节目,无疑是迎合这一庞大需求。网络视频加速扩散传播,更使相关节目火爆"出圈"。大爷大妈"硬核相亲"应运而生,并非偶然。中老年人物质生活稳定,渴望获得心灵慰藉。社会对中老年人再婚也非常包容,一些成年子女主动为老人再婚牵线搭桥。毫不夸张地说,种种变化是社会人文进步的细节体现,也侧面反映了中老年人的权益得到了更好的保障。

当今社会不少老年人物质生活丰富,但情感上的需求很容易被忽视,尤其是儿女不在身边的老年人,内心的孤独感非常强烈。其实,老年人在丧偶或离异后,也盼望能够找到知心的另一半,携手度过余生。

(资料来源:蒋萌,曲源.人民来论:中老年相亲节目为啥火爆"出圈"?[EB/OL].(2021-12-07)[2022-07-06]. http://opinion.people.com.cn/n1/2021/1207/c431649-32301880.html 有删改)

任务一 协助老年人分析并处理结婚问题

【任务目标】

在养老服务中,你能够协助老年人分析并处理结婚过程中遇到的问题,维护老年人的婚姻自主权。

【任务实例】

宋大妈 28 岁时丈夫因意外事故身亡,留下女儿小丽。宋大妈年轻守寡,为了女儿一直没有改嫁。多年来,母女相依为命,宋大妈含辛茹苦地把女儿抚养成人。现在年纪已老,宋大妈希望找到一个可以相互照顾的对象。经人介绍,她认识了退休工人郭大爷。相处一年后,两位老人决定结婚。郭大爷的家人都鼓励他再找一个老伴,同意他们的婚事。可是宋大妈这边却遭到了女儿的强烈反对。只要一提起宋大妈和郭大爷的婚事,女儿小丽就十分生气,还扔家里的东西,并让宋大妈自重。第二年,两位老人办了结婚登记手续。小丽得知后,觉得很没面子,一气之下跑到郭大爷家,对两位老人进行谩骂和殴打,并烧掉被子,砸烂家具,致使两位老人受伤住院。

【任务描述】

如果你是社区养老服务工作人员,你会如何帮助老人解决再婚中遇到的困难?

【背景知识】

婚姻是男女两性结合关系的社会形式。不同的社会制度和历史时期,有着不同的婚姻关系和家庭构成。同一历史阶段中,不同年龄的人群婚姻关系和家庭结构的特征也不相同。老年人的婚姻关系及家庭结构对老年人晚年的生活质量有着重大的影响。从根本上来说,老年人的婚姻关系与其他群体的婚姻关系性质相同,同样受我国婚姻法律制度的保护。

一、我国婚姻立法及基本原则

我国古代的婚姻家庭立法早在汉代《九章律》中的《户律》中就有系统规定,以后历代的立法都规定于户律中。除了明文规定于律例中,我国封建社会的婚姻制度还以维护宗法制度的"礼"作为补充,其中以"婚礼"和"家礼"为集中表现形式。封建的婚姻家庭制度根植于封建经济和封建政治,具有包办强迫婚姻、男尊女卑、家长专制等特点。

1931 年 12 月 1 日,中华苏维埃共和国临时中央政府颁布了《中华苏维埃共和国婚姻条例》,后经过修改于 1934 年 4 月 8 日颁布了《中华苏维埃共和国婚姻法》,适用于当时革命根据地。它确立了婚姻自由、男女平等、一夫一妻、保护妇女和子女利益等婚姻制度。中华人民共和国成立后,1950 年 4 月 13 日,中央人民政府委员会第七次会议通过了《中华人民共和国婚姻法》(以下简称《婚姻法》),这是中华人民共和国成立后颁布的第一部婚姻法。1980 年 9 月 10 日,第

五届全国人民代表大会第三次会议通过了修改的《婚姻法》,共有5章37条。1980年《婚姻法》的颁布实施,对于建立平等、和睦、文明的婚姻家庭关系发挥了积极作用。2001年4月28日,《婚姻法》根据第九届全国人民代表大会常务委员会第二十一次会议《关于修改〈中华人民共和国婚姻法〉的决定》修正。2020年5月28日《民法典》颁布,第五编为婚姻家庭编,其中第二章为结婚,第四章为离婚。2021年1月1日《民法典》施行后,《婚姻法》同时废止。

我国的婚姻制度确立了以下基本原则。

(一) 婚姻自由原则

婚姻自由是我国婚姻制度的首要原则。所谓婚姻自由,是指婚姻当事人有权根据法律的规定,自主自愿地决定自己的婚姻问题,不受任何人的强制和非法干涉。具体可以从以下几个方面理解婚姻自由:① 婚姻自由是法律赋予婚姻当事人的一项基本权利;② 婚姻自由体现的是婚姻当事人的完全的、自由的、真实的意思;③ 法律为婚姻自由的实现提供各种保障,任何人不得以任何方式干涉婚姻当事人的婚姻自由;④ 婚姻自由是一种相对的自由,是以符合法律规定为前提的自由。

《宪法》第四十九条规定"禁止破坏婚姻自由";《民法典》第一千零四十六条规定,结婚应当男女双方完全自愿,禁止任何一方对另一方加以强迫,禁止任何组织或者个人加以干涉。可见,婚姻自由是由法律所规定并受法律所保护的一种权利。任何人包括当事人父母,都不得侵犯这种权利,否则就是违法行为。使用暴力,构成犯罪的,要依照《刑法》暴力干涉婚姻自由罪承担刑事责任。

婚姻自由和公民的其他任何权利一样,不是绝对自由,而是相对自由。行使婚姻自由权,必须在法律规定的范围内进行,《民法典》明确规定了结婚的条件与程序、离婚的条件与程序,这些规定划清了婚姻问题上合法与违法的界限。凡符合法律规定的,即为合法行为,受法律保护;不符合法律规定的,即为违法行为,不受法律保护。因此,婚姻自由的权利,既不允许任何人侵犯,也不允许当事人滥用。

婚姻自由包括两个方面,即结婚自由和离婚自由。结婚自由是指婚姻当事人有依法缔结婚姻关系的自由。当事人是否结婚,与谁结婚,是其本人的权利,任何人无权非法干涉。离婚自由是指夫妻有依法解除婚姻关系的自由。在保障离婚自由的同时,我们反对轻率离婚。因为离婚意味着婚姻关系的解除,将会引发一系列的法律后果,对当事人双方及家庭、社会都会造成一定影响,所以任何人不能滥用离婚自由。

(二) 一夫一妻制原则

一夫一妻制是一男一女结为夫妻的婚姻制度。我国对一夫一妻制的要求较为严格,它包含了三层含义。

第一,任何人无论性别、地位高低、财产多少,都不得同时有两个或两个以上的配偶。

第二,已有合法婚姻关系的男女,在配偶死亡或离婚前,不得再行结婚。

第三,一切公开的、隐蔽的一夫多妻或者一妻多夫都是违法的。

我国的一夫一妻制要求夫妻之间履行忠实的义务,即夫妻不应有婚外性行为,以维持婚姻的稳定性。同时,我国法律禁止重婚。所谓重婚,是指有配偶者与他人结婚的违法行为。

(三)男女平等原则

我国封建社会长期存在的夫权意味着男子在家庭中占有绝对的主导地位,控制着财产及其他家庭大权,女性只能成为男性的附属品,这种社会现象在当时的法律中有明显的体现。当时的法律公开主张男尊女卑,男女处于不平等的地位。随着资产阶级革命的开展,人人平等也意味着男女平等。社会主义制度的建立,铲除了女性受压迫的阶级根源和经济根源,提出了真正意义上的男女平等,女性在经济、政治、文化和社会地位上与男性平等,在家庭生活中也要求男女平等。这种男女平等表现在夫妻在人身关系和财产关系上具有平等的权利与义务,在结婚、离婚的问题上有同等的权利;女性有按照自己的意愿选择是否结婚、结婚的对象及与配偶协商确定婚姻关系的权利。这种男女平等得到法律的切实保护。

二、老年人婚姻关系的现状和问题

从法律层面来看,老年人的婚姻关系与其他群体的婚姻关系没有本质的差异,法律的保护具有同一性。但是老年人婚姻有一定的现实特殊性,值得特别关注。

(一)老年人的婚姻观

在传统观念中,老年人结婚就是找一个同伴而已。而现在,老年人的婚姻观开始与年轻人趋同,追求爱与性、注重婚姻的质量和活力成为老年人对婚姻的新要求。

老年人除了老有所养、老有所医等生存需求外,追求精神满足成为越来越多老年人关注的内容。老年人有正常的情感需求,这种情感需求不仅体现在对子女和后代的情感需求上,还体现在对异性的情感需求上,包括老年人正常的性需求在内的各种需求都应当得到家庭成员和社会的认可与理解。

(二)老年人再婚遇到阻力较大

由于各种原因,老年人的情感生活不尽如人意,一些老年人为避免家庭冲突,常常隐忍自己的感情,一个人过着孤独寂寞的生活,虽子孙满堂,但晚景凄凉。老年人寻求再婚的幸福道路并不是一帆风顺的,可能面临来自家庭、社会等各方面的阻力,导致再婚权利无法实现。

案例 3-1

许先生中年丧偶,自己一个人含辛茹苦地将两个子女抚养成人,并将他们都送到国外留学。如今,子女们都生活在国外,许先生面对空荡荡的房子,十分寂寞。后来,他通过婚姻介绍所,结识了离异的李阿姨。通过接触,两人相处得很融洽,许先生决定再婚。本以为子女都在国外,思想必定开放,没承想,他们得到许先生要再婚的消息后,全部急飞回国,要求许先生立下遗嘱,身后的财产及房子要全部留给他们,李阿姨不得染指。许先生听后伤心欲绝。

(三) 老年人离婚数量呈上升趋势

近年来,我国老年人离婚率呈现上升趋势。"感情不和""感情破裂"成了老年人离婚的主因。老年人离婚率增加,更深层次的原因在于中老年人对婚姻观念的改变。他们不再像他们的上一代那样对离婚三缄其口,而是将追求幸福放在生活的首位,一旦双方感情出现无法弥补的裂痕,就渴望自由并给自己一个重新选择的机会。他们比较注重婚姻的实质内容,不愿再像上一辈一样在不幸的婚姻中凑合一生。在老年人离婚案件中,再婚后又离婚的概率持续走高。

案例 3-2

80岁的李先生将和自己再婚不满四个月的妻子、67岁的刘女士诉至法院,要求判决双方离婚。李先生在起诉书中称,其与刘女士原在同一单位工作,但不在一个部门,虽然认识但是相互了解较少。今年年初,李先生和前妻协议离婚。刘女士听到这个消息后,主动提出要和李先生结成夫妻,并表示要悉心照顾李先生。李先生当时考虑到自己年事已高,需要人照顾,虽然对刘女士不甚了解,但是知道她身体好,为人热情,可以成为可靠的伴侣,便草率与刘女士结婚。结果,两人结婚后,刘女士独断专行,发号施令,毫不顾及李先生的意见和感受,一切自己做主,经常因家庭琐事挑起矛盾,而且在外人面前也毫不尊重李先生,在生活上也不关心、照顾李先生。

【专业知识】

一、结婚的含义及要件

(一) 结婚的含义

结婚,又称婚姻的成立,是指男女双方按照法律规定的条件和程序,建立夫妻关系的民事法律行为。历史上合法的婚姻形式有多种,包括仪式婚、登记婚、登记与仪式结合婚等。我国《民法典》认可的合法的婚姻形式只有一种,即登记结婚。男女双方应当到婚姻登记机关即县级以上人民政府民政部门进行结婚登记,才能成为合法的夫妻。在我国,普遍存在的结婚仪式不能成为合法的结婚形式。

(二) 结婚的要件

按照《民法典》的规定,男女双方结婚必须符合以下要件。

1. 必备要件

男女双方应当符合以下条件方可缔结婚姻关系。

(1) 男女双方必须完全自愿。

《民法典》第一千零四十六条规定,结婚应当男女双方完全自愿,禁止任何一方对另一方加以强迫,禁止任何组织或者个人加以干涉。男女双方完全自愿的表示又叫作"结婚合意"。结婚双方完全自愿是现代社会以个人为本位的婚姻制度的基本要求,这意味着反对包办婚姻、买卖婚姻及其他违背当事人意愿的婚姻。

首先,这种自愿应当是双方自愿,而非一厢情愿。结婚是双方的行为,要求双方的自愿,禁止一方采取欺诈、胁迫、乘人之危等手段违背对方意愿缔结婚姻。

其次,自愿是本人的自愿,而非父母或者其他第三方的意愿。禁止任何一方对另一方加以强迫,禁止任何组织或者个人加以干涉。

最后,自愿要求当事人完全同意,而非勉强同意。屈于外界压力同意而缔结的婚姻,并不能受到法律的保护。

(2) 必须达到法定婚龄。

法定婚龄是指法律规定的最低结婚年龄。《民法典》第一千零四十七条规定,结婚年龄,男不得早于22周岁,女不得早于20周岁。

法律对结婚年龄的规定是许多国家的通例。立法对法定婚龄的确定主要受到两个因素的影响。一是自然因素,即人们生理和心理发育状况和成熟程度;二是社会因素,即一个国家经济、社会、文化、宗教、风俗习惯等因素。一般而言,不同历史时期、不同国家对法定婚龄的规定有一定差异。例如,我国明、清时代多规定男16岁、女14岁以上可以嫁娶。我国现行法律关于法定婚龄的规定主要是考虑到破除早婚的习俗。法定婚龄要求男女双方应当同时满足关于婚龄的要求,只有一方满足而另一方不足婚龄,双方不能结婚。

(3) 必须符合一夫一妻制。

作为我国婚姻制度的基本原则,一夫一妻制应当在结婚环节加以贯彻,只有双方都是无配偶的人,才能结婚。

2. 禁止要件

所谓禁止要件,是指法律规定了哪些人不能够结婚的情形。《民法典》第一千零四十八条规定,直系血亲或者三代以内的旁系血亲禁止结婚。

禁止一定范围的血亲结婚是自古以来就有的通例,当然在禁止结婚的亲属关系的范围上有不同的要求。禁止结婚的亲属关系又称禁婚亲。法律对禁婚亲的规定主要考虑到以下几方面的因素。第一,基于优生学的考虑。长期的婚姻关系实践和现代医学、生物学研究表明,亲缘过近的两个人结婚,容易使双方体内的病态基因在后代中集中体现,导致后代的缺陷或疾病。为保证人类繁衍的需要,一般法律禁止近亲结婚。第二,基于社会伦理道德的考虑。一定范围内的亲属结婚,如果这种亲属范围在人们普遍的伦理道德中认为难以接受,则可能会体现在该国的法律规定中。

按照我国的《民法典》,这种一定范围的血亲是指直系血亲和三代以内的旁系血亲。直系血亲就是有直接血缘联系的亲属,如父母与子女,祖父母、外祖母与孙子女、外孙子女等。直系血亲之间无论代际相隔多远,都禁止结婚。所谓旁系血亲,是指直系血亲以外的具有血缘关系的亲属。由于旁系血亲的范围极其广泛,我国只对三代以内的旁系血亲间的结婚予以禁止,三代以外的旁系血亲一般可以结婚。所谓三代以内的旁系血亲,是指从祖父母、外祖父母同源而出者,皆不得通婚。

男女双方只有在符合结婚的必备要件并不违背禁止要件的情况下,才可能申请结婚,在办理好有关的登记手续后即成为合法的夫妻。

二、结婚的法律后果

男女双方在符合法定的结婚要件时,经过合法的登记程序缔结有效的婚姻。结婚的法律后果是在男女双方之间产生夫妻关系。法律上的夫妻关系包括夫妻的人身关系和财产关系两个方面。人身关系是夫妻关系的主要方面,财产关系从属于人身关系,是人身关系引起的后果。

(一) 夫妻的人身关系

夫妻的人身关系是指夫妻双方与人身不可分离并没有直接财产内容的关于夫妻人格、身份方面的权利义务关系。具体而言,夫妻之间在人身上会产生以下几方面关系。

(1) 夫妻双方都有各用自己姓名的权利。
(2) 夫妻双方都有参加生产、工作、学习和社会活动的自由。
(3) 夫妻双方有平等的婚姻住所决定权。
(4) 夫妻双方有相互忠诚的义务。

(二) 夫妻的财产关系

夫妻的财产关系是指夫妻之间发生的具有财产内容的权利义务关系,具体而言,包括以下几方面。

1. 夫妻之间有相互扶养的义务

夫妻之间的相互扶养是指在对方生活陷入困境时,夫或妻应当给予帮扶的义务。这既体现在夫对妻的关系上,又体现在妻对夫的关系上。

2. 夫妻之间有相互继承遗产的权利

按照《民法典》对遗产继承顺序的规定,配偶是第一顺序的继承人,当夫妻一方死亡时,配偶有继承对方遗产的权利。

3. 夫妻财产制

夫妻财产制又称婚姻财产制,是指关于夫妻婚前财产和婚后所得财产的归属、管理、使用、收益、处分,以及债务清偿、婚姻解除时财产清算的根据等方面的法律制度。我国现行的夫妻财产制分为法定财产制和约定财产制两种形式。

(1) 法定财产制。

夫妻婚后所得在没有做出有效约定的情况下,共同制是我国的夫妻法定财产制。

《民法典》第一千零六十二条规定,夫妻在婚姻关系存续期间所得的下列财产,为夫妻的共同财产,归夫妻共同所有:① 工资、奖金、劳务报酬;② 生产、经营、投资的收益;③ 知识产权的收益;④ 继承或者受赠的财产,但是《民法典》第一千零六十三条第三项规定的除外;⑤ 其他应当归共同所有的财产。夫妻对共同财产,有平等的处理权。前述"知识产权的收益",是指婚姻关系存续期间,实际取得或者已经明确可以取得的财产性收益。所谓"其他应当归共同所有的财产"主要是指以下财产:一方以个人财产投资取得的收益;男女双方实际取得或者应当取得的住房补贴、住房公积金;男女双方实际取得或者应当取得的养老保险金、破产安置补偿费。

《民法典》第一千零六十三条规定,下列财产为夫妻一方的个人财产:① 一方的婚前财产;② 一方因受到人身损害获得的赔偿或者补偿;③ 遗嘱或者赠与合同中确定只归一方的财产;④ 一方专用的生活用品;⑤ 其他应当归一方的财产。

一般而言,在婚姻关系存续期间,夫妻一方不得请求分割夫妻共同财产,但是《民法典》规定,以下情形除外:① 一方有隐藏、转移、变卖、毁损、挥霍夫妻共同财产或者伪造夫妻共同债务等严重损害夫妻共同财产利益的行为;② 一方负有法定扶养义务的人患重大疾病需要医治,另一方不同意支付相关医疗费用。

(2)约定财产制。

约定财产制是指夫妻用协议的方式,对夫妻在婚姻关系存续期间所得财产及婚前财产所有权的归属、管理、使用、收益、处分、债务的清偿、婚姻解除时财产的清算等事项作出的约定,以排除夫妻共同财产制的适用。

《民法典》第一千零六十五条规定,男女双方可以约定婚姻关系存续期间所得的财产以及婚前财产归各自所有、共同所有或者部分各自所有、部分共同所有。约定应当采用书面形式。没有约定或者约定不明确的,适用《民法典》第一千零六十二条、第一千零六十三条的规定。夫妻对婚姻关系存续期间所得的财产以及婚前财产的约定,对双方具有法律约束力。夫妻对婚姻关系存续期间所得的财产约定归各自所有,夫或者妻一方对外所负的债务,相对人知道该约定的,以夫或者妻一方的个人财产清偿。

4. 夫妻共同债务的认定

在司法实践中,夫妻常常因共同债务的认定发生纠纷。《民法典》第一千零六十四条对夫妻共同债务的认定做出了规定:夫妻双方共同签名或者夫妻一方事后追认等共同意思表示所负的债务,以及夫妻一方在婚姻关系存续期间以个人名义为家庭日常生活需要所负的债务,属于夫妻共同债务。夫妻一方在婚姻关系存续期间以个人名义超出家庭日常生活需要所负的债务,不属于夫妻共同债务;但是,债权人能够证明该债务用于夫妻共同生活、共同生产经营或者基于夫妻双方共同意思表示的除外。

三、结婚登记

《婚姻登记条例》对结婚登记的程序和要求作出了规定。

（一）婚姻登记机关

婚姻登记包括结婚登记和离婚登记两种。婚姻登记机关是具有依法办理婚姻登记行政职能的行政机关。婚姻登记机关的职责包括：办理婚姻登记；补发婚姻证；出具婚姻登记记录证明；宣传婚姻法律法规，倡导文明婚俗。

婚姻登记机关的管辖权按照行政区域和职能划分。

1. 负责内地居民之间婚姻登记的机关

《婚姻登记条例》第二条规定：内地居民办理婚姻登记的机关是县级人民政府民政部门或者乡（镇）人民政府，省、自治区、直辖市人民政府可以按照便民原则确定农村居民办理婚姻登记的具体机关。具体而言：

（1）县、不设区的市、市辖区人民政府民政部门办理双方或者一方常住户口在本行政区域内的内地居民之间的婚姻登记。

（2）省级人民政府可以根据实际情况，规定乡（镇）人民政府办理双方或者一方常住户口在本乡（镇）的内地居民之间的婚姻登记。

2. 负责涉外、涉港澳台，以及与居住在国外的中国公民的婚姻登记机关

《婚姻登记条例》第二条规定：中国公民同外国人，内地（大陆）居民同香港特别行政区居民（以下简称香港居民）、澳门特别行政区居民（以下简称澳门居民）、台湾地区居民（以下简称台湾居民）、华侨办理婚姻登记的机关是省、自治区、直辖市人民政府民政部门或者省、自治区、直辖市人民政府民政部门确定的机关。具体而言：

（1）省级人民政府民政部门或者其确定的民政部门，办理一方常住户口在辖区内的涉外和涉香港、澳门、台湾居民及华侨、出国人员的婚姻登记。

（2）办理经济技术开发区、高新技术开发区等特别区域内居民婚姻登记的机关由省级人民政府民政部门提出意见报同级人民政府确定。

（二）结婚登记流程

结婚登记是指男女双方到婚姻登记机关依照法律规定的条件和程序，确立夫妻关系的民事法律行为。结婚登记应当符合前述关于结婚条件的要求。

结婚登记应当按照初审—受理—审查—登记（发证）的程序办理。

1. 结婚登记机关

内地居民结婚，男女双方应当共同到一方当事人常住户口所在地的婚姻登记机关办理结婚登记。中国公民同外国人在中国内地结婚的，内地（大陆）居民同香港居民、澳门居民、台湾居民、华侨在中国内地（大陆）结婚的，男女双方应当共同到内地（大陆）居民常住户口所在地的婚姻登记机关办理结婚登记。

办理现役军人婚姻登记的机关可以是现役军人部队驻地所在地或入伍前常住户口所在地的婚姻登记机关，也可以是非现役军人一方常住户口所在地的婚姻登记机关。

一方为外国人，另一方为港澳台居民或华侨，或者双方均为港澳台居民或华侨，要求在内地（大陆）办理结婚登记的，如果当事人能够出具《婚姻登记条例》规定的相应证件和证明材料，当事人工作或生活所在地具有相应办理婚姻登记权限的登记机关应予受理。

一方为出国人员,另一方为外国人、港澳台居民或华侨,或双方均为出国人员,要求在内地(大陆)办理结婚登记的,如果当事人能够出具《婚姻登记条例》规定的相应证件和证明材料,出国人员出国前户口所在地具有相应办理婚姻登记权限的登记机关应予受理。

2. 结婚登记申请

(1) 受理结婚登记申请的条件。

① 婚姻登记处具有管辖权;② 要求结婚的男女双方共同到婚姻登记处提出申请;③ 当事人男年满22周岁,女年满20周岁;④ 当事人双方均无配偶(未婚、离婚、丧偶);⑤ 当事人双方没有直系血亲和三代以内旁系血亲关系;⑥ 双方自愿结婚;⑦ 当事人提交3张大2寸双方近期半身免冠合影照片;⑧ 当事人持有相关规定要求提交的证件。

(2) 当事人需要提交的材料。

① 办理结婚登记的内地居民应当出具下列证件和证明材料。

本人的户口簿、身份证:居民身份证与常住户口簿上的姓名、性别、出生日期应当一致;不一致的,当事人应当先到有关部门更正。居民身份证或者常住户口簿丢失,当事人应当先到公安户籍管理部门补办证件。

② 香港居民办理结婚登记应当提交:港澳居民来往内地通行证或者港澳同胞回乡证;香港居民身份证;经香港委托公证人公证的本人无配偶及与对方当事人没有直系血亲和三代以内旁系血亲关系的声明。

澳门居民办理结婚登记应当提交:港澳居民来往内地通行证或者港澳同胞回乡证;澳门居民身份证;经澳门公证机构公证的本人无配偶及与对方当事人没有直系血亲和三代以内旁系血亲关系的声明。

台湾居民办理结婚登记应当提交:台湾居民来往大陆通行证或者其他有效旅行证件;本人在台湾地区居住的有效身份证件;台湾公证机构公证的本人无配偶及与对方当事人没有直系血亲和三代以内旁系血亲关系的声明。

出国人员、华侨办理结婚登记应当提交:本人的有效护照;居住国公证机构或者有权机关出具的、经中华人民共和国驻该国使(领)馆认证的本人无配偶及与对方当事人没有直系血亲和三代以内旁系血亲关系的证明,或者中华人民共和国驻该国使(领)馆出具的本人无配偶及与对方当事人没有直系血亲和三代以内旁系血亲关系的证明。与中国无外交关系的国家出具的有关证明,应当经与该国及中国均有外交关系的第三国驻该国使(领)馆和中国驻第三国使(领)馆认证,或者经第三国驻华使(领)馆认证。

外国人办理结婚登记应当提交:本人的有效护照或者其他有效的国际旅行证件;所在国公证机构或者有权机关出具的、经中华人民共和国驻该国使(领)馆认证或者该国驻华使(领)馆认证的本人无配偶的证明;或者所在国驻华使(领)馆出具的本人无配偶证明。与中国无外交关系的国家出具的有关证明,应当经与该国及中国均有外交关系的第三国驻该国使(领)馆和中国驻第三国使(领)馆认证,或者经第三国驻华使(领)馆认证。

3. 结婚登记的具体程序

婚姻登记员受理结婚登记申请,应当按照下列程序进行。

(1) 询问当事人的结婚意愿。

(2) 查验规范要求提交的相应证件和证明材料。

(3) 自愿结婚的双方各填写一份《申请结婚登记声明书》。《申请结婚登记声明书》中"声明人"一栏的签名必须由声明人在监誓人面前完成并按指纹。

(4) 当事人现场复述声明书内容,婚姻登记员作监誓人并在监誓人一栏签名。

4. 颁发结婚证

颁发结婚证,应当在当事人双方均在场时按照下列步骤进行。

(1) 向当事人双方核实姓名、结婚意愿。

(2) 告知当事人双方领取结婚证后的法律关系及夫妻权利、义务。

(3) 见证当事人本人亲自在《结婚登记审查处理表》上的"当事人领证签名并按指纹"一栏中签名并按指纹;"当事人领证签名并按指纹"一栏不得空白,不得由他人代为填写、代按指纹。

(4) 将结婚证分别颁发给结婚登记当事人双方,向双方当事人宣布:取得结婚证,确立夫妻关系。

(5) 祝贺新人。

5. 补办结婚登记

补办结婚登记是指对已具备法定结婚实质要件、未经结婚登记即以夫妻名义同居生活的男女双方,通过到婚姻登记机关补办结婚登记手续,使其婚姻关系具有法律认可效力的一项婚姻登记制度。

申请补办结婚登记的,当事人填写《申请补办结婚登记声明书》,婚姻登记机关按照结婚登记程序办理。

当事人办理结婚登记时未达法定婚龄,申请补领时仍未达法定婚龄的,婚姻登记机关不得补发结婚证。当事人办理结婚登记时未达法定婚龄,申请补领时已达法定婚龄的,当事人应对结婚登记情况作出书面说明;婚姻登记机关补发的结婚证登记日期应为当事人达到法定婚龄之日。

案例 3-3

李老太早年丧夫,后经人介绍与吴老结为夫妻。两老均是退休干部,双方认为已经年老,没有必要去办理婚姻登记。李老太退掉了自己租住的公房,带着 3 万元存款,于 1995 年 10 月与吴老同居生活了。1998 年 1 月,吴老因脑卒中,抢救无效死亡。办完丧事后,吴老的儿子对李老太说:"现在你应离开这里,父亲留给我的房产我结婚要用,与你无关。"李老太气愤地说:"我与你父亲夫妻一场,这房子我应有份,我还带了 3 万元存款,一起存在你父亲的存折里。"吴老的儿子说道:"我父亲的存款,理应由我继承。"然后把房子一锁,回单位上班去了。李老太来到

人民法院,请求保护其权益。

四、老年人婚姻关系中的主要问题及对策

(一)"搭伴养老"现象

老年男性与女性搭伴生活的方式——"非婚同居",即指老年男女双方均有感情基础,且均表示了结合的愿望,但由于种种原因,未能进行合法的婚姻登记,只得以"夫妻"的名义过着同居的生活,由此引发各类纠纷的案例与日俱增。

1. 搭伴养老的特点

在现实的社会中,搭伴养老是一把双刃剑。

(1) 在社会支持体系不完备的情况下,搭伴养老作为一种准婚姻模式和养老模式,可以解决一部分孤寡老人的实际问题。

① 老年人"再婚"的养老意义大于婚姻意义。搭伴养老满足了丧偶老人的需要,帮助老年人消解孤独和寂寞,从生理和心理上使得老年人享受到晚年生活的乐趣。

② 可以减轻子女对父母在精神上、生活上甚至经济上的负担,提高老年生活质量。

(2) 老年人同居未遵守婚姻登记制度,缺乏法律保障,一旦出现问题,易造成经济损失和精神伤害而无处投诉。

① 双方的经济条件、生活背景、性格及对"搭伴"的目的存在着差异,"合就过、不合则分"的心态,不利于双方在生活上积极磨合。

② 对一些老年人,尤其是老年妇女而言,可能往往达不到真正"养老"的目的,在"同居"关系结束后,生活可能更加困难,使她们的老年生活陷入孤苦、贫困的境地。

③ 同居的老人关系不稳定,两位老人通过这一形式结合得快,一遇到问题分手也快,在这样的情形下男女双方很难保持平等地位。

④ 老年同居的易变性也会波及双方与自己子女关系,对老年人保持良好、稳定的代际关系不利。

2. 老年人选择搭伴养老的原因

(1) 财产问题。许多老年人为了求得生活上的彼此照顾和精神上的慰藉,双方走到一起,但又害怕将来一方去世后,在财产的归属和继承问题上产生纠纷。老年人在长期生活中一般都有一定的财产积累,再婚前财产是分属于双方的,但由于我国目前家庭财产制度是夫妻共同财产制和遗产继承制,所以父母和子女的财产继承关系,存在着难以克服的矛盾。所以老年人只好委曲求全,以同居来回避矛盾。

(2) 子女反对。老人再婚一般都会涉及赡养和财产继承问题,子女不愿父母的财产通过"再婚"让外人继承,也有的基于其他原因反对老人再婚。

(3) 受传统思想困扰,亲朋好友不理解。婚姻从一而终的思想在我国比

较普遍,子女及周围的亲朋好友对老人孤独无伴缺乏理解,曲解老人的正当再婚要求,使得老人非常寒心。另外,许多老人,特别是老年妇女没有认识到婚姻自由是他们的权利,担心自己再婚的举动会遭到家人和周围邻居的不理解甚至嘲笑。为回避这种难堪,老人索性不进行结婚登记而搭伴生活在一起。

3. **法律建议**

老年人再婚难的症结在于,婚姻关系的变化引起一系列人身财产关系的变化,直接影响到再婚双方及其子女的切身利益。但再婚作为广大老年人的合法权益和客观需求,不应该也不可能被"杜绝"。实际上,依据现有法律可以提供一套相对合理有效的解决办法。

(1) 婚前及婚后财产公证。通过书面协议约定夫妻双方婚前及婚后财产的归属,这样就不会改变再婚双方的财产所有权,并可以到公证处进行财产公证,以免婚后因财产归属不清产生纠纷。

(2) 遗嘱公证。以立遗嘱的方式约定各方的婚前财产由各方子女继承。即男方子女只继承男方婚前的财产,女方子女只继承女方婚前的财产。对于再婚夫妻婚后所形成的财产,夫妻之间有相互继承的权利,而对方子女只能依遗嘱继承。或者是老两口在身体好的时候就立遗嘱把财产留给对方或者跟子女先协商,等两位老人均去世后,再继承老人的全部遗产。这样,对活着的老人来说,生活会有更大的保障。有的时候,出于某种考虑,如果不希望再婚配偶享有自己财产的继承权,在不侵害他人权利的情况下,老人可以依自己的意愿立遗嘱对全部遗产进行分配。

(3) 签订双方赡养协议。签订双方赡养协议,可以约定父母再婚后,子女只赡养自己的父母,只为自己的父母养老送终,妥善处理后事。

(二) 事实婚姻的保护

在我国老年人群中,大多老年夫妻结婚时间较早,虽然按照当时的法律和地方习俗举行过相关仪式,但是按照我国现行婚姻制度,未经登记的婚姻不受法律保护,这是不是意味着法律对这些老年人的婚姻关系不予保护呢?答案是否定的,按照法律不溯及既往的原则,这些老年人的婚姻关系需要得到保护。

1. **事实婚姻的认定**

所谓事实婚姻,是指没有配偶的男女未经合法登记,却以夫妻名义生活在一起,他人也认为他们是夫妻的,这就构成了事实婚姻。事实婚姻往往易同同居关系相混淆。两者的共同点都是未经过登记程序,即以夫妻名义共同生活。但是事实婚姻与同居关系有着本质的差异,事实婚姻虽未登记但是我国法律按照夫妻关系保护双方当事人,但是同居关系的当事人并不能被认定为夫妻。具体而言,认定事实婚姻还是同居关系应参照以下标准。

(1) 1994年2月1日民政部《婚姻登记管理条例》公布实施以前,男女双方已经符合结婚实质要件的,按事实婚姻处理。

(2) 1994年2月1日民政部《婚姻登记管理条例》公布实施以后,男女双方符合结婚实质要件的,双方应当补办结婚登记;未补办结婚登记的按同居关系处理。

2. 对事实婚姻进行保护的相关规定

男女双方属于事实婚姻关系的,我国法律对其按照合法婚姻进行保护,而对同居关系则保护程度较低。1994年2月1日后,不管当事人是否符合结婚的法定条件,只要双方未经结婚登记,只能认定为同居关系。

如果双方被认定为同居关系,则同居生活期间一方死亡,可根据相互扶助的具体情况处理。解除同居关系时,同居生活期间双方共同所得的收入和购置的财产,按一般共有财产处理。

3. 老年人再婚后需要注意的问题

在越来越多早年丧偶的老年人选择在晚年再婚以求得生活和精神上的互助时,我们需要关注到再婚的老年人可能遇到的法律问题,尤其是财产方面的问题。现在,很多再婚的老年人在财产方面存在两个观念:① 一方婚前的个人财产与"后老伴"无关;② 将财产凭证交子女保管可防"后老伴"。那这种想法对吗?我们可以通过案例3-4和案例3-5来找到答案。

案例 3-4

张大爷与王老太均早年丧偶,步入晚年后二人结为夫妻。婚前张大爷有子女,结婚后不久张大爷就去世了,死后未留有遗嘱。张大爷的子女认为,王老太作为张大爷的"后老伴",无权继承张大爷婚前的个人财产。这种观点是否正确?

按照《民法典》的规定,在双方没有约定的情况下,一方婚前的财产属于个人财产,不能成为婚姻中的共同财产。但是,按照《民法典》继承编的规定,配偶是第一顺序的继承人,配偶有继承被继承人遗产的权利。因此,对于再婚后的"后老伴"来说,与死者是合法的夫妻关系,就有权利继承其遗产。这种继承权并不取决于其是否是"原配",也不取决于其晚年婚姻关系存续的时间。

案例 3-5

刘大爷中年丧偶,晚年和孙老太结婚,双方结婚时并未进行财产约定。刘大爷婚前有一个女儿。刘大爷患重病住院后,将自己的身份证、银行卡、有价证券账户及房产证等凭证均交给了自己的女儿。不久后,刘大爷去世,刘大爷的女儿偷偷将上述财产通过挂失等各种方式取出并进行了消费、隐匿。后来,孙老太将刘大爷的女儿诉至法院,要求依法分割刘大爷的上述遗产。

这是实践中经常出现的一种情况,即老人晚年再婚后由于感情基础薄

弱,双方缺乏相互信任,经常会把自己的银行卡、工资卡、存折及其他凭证交由各自的子女保管。待去世后,其子女便将相应的遗产通过各种渠道取出,防止对方继承。

继承从被继承人死亡时开始。被继承人死亡时,其个人财产已经转化为遗产。若被继承人未留有遗嘱及相关协议,各个继承人又无法就遗产达成一致意见,任何继承人均无权将遗产擅自进行处分,而应由双方协商解决或请求法院依法进行分割。

从以上两则案例不难发现,很多再婚的夫妻由于涉及子女问题、双方信任问题,很可能在财产上存在需要处理的问题。有几种方法可以预防此类纠纷的发生。

第一,进行财产约定。即老年人可以通过书面协议的方式约定各自财产的归属。例如,各自婚前财产及各自婚后个人财产,在自己死亡后,均归各自子女继承,双方均不继承对方财产等。采取此类办法时,应注意在协议中明确各自名下的财产种类、范围和归属,财产的名称应当确保准确,避免将来执行协议时产生歧义。

第二,通过立遗嘱的方式合法处分个人遗产。遗嘱的方式有公证遗嘱、自书遗嘱、打印遗嘱、代书遗嘱、录音录像遗嘱等多种形式,各个形式的遗嘱均有其相应的法律要件,所以立遗嘱时须符合我国《民法典》继承编的相关规定,避免所立的遗嘱因不符合法律规定而无效。

【任务完成】

作为养老服务人员,你应当根据老年人在婚姻中遇到的不同问题提出具体的建议。

问题一:老年人再婚受到子女的不当干涉。

养老服务人员应开展以下工作。

(1) 摸清子女或其他家庭成员反对老人再婚的动机。

家庭成员反对老人再婚的动机大多可以分为以下几种。

① 受到传统观念影响,认为老年人再婚是不道德的,是"为老不尊"。

② 受到情感干扰而反对老人结婚。例如,在父母一方死亡的情况下,另一方的再婚可能会受到子女的反对。

③ 担心财产利益受到损害而反对老人结婚。例如,有的子女担心老人再婚后,财产可能被对方获取,或者父/母一旦死亡遗产将被对方继承,使得自己的期待利益或既得利益减少。

(2) 区分不同动机采取不同策略。

如果子女受传统观念影响而反对老人结婚,则应当积极做老人子女的思想工作,向其阐明"结婚自由"是老年人享有的不可剥夺的权利,任何人都无权加以干涉。

如果子女是因为情感上难以接受,则同样应该积极做通子女思想工作,让

子女认识到婚姻生活是父母晚年生活的重要组成部分,这种夫妻感情是其他情感无法替代的。老年人再婚有助于提高老人晚年生活的质量。

如果子女担心老人死亡后遗产继承或者既得利益损失等涉及财产利益的考虑而反对老人结婚,则应当进一步区分子女对财产利益的期待是否具有合理性和合法性。如果财产所有人为老人,则老人对自己享有的财产有处分的权利,任何人包括子女都无权干涉。在这个过程中,对于财产的甄别和分类较为重要。应当从家庭财产中明确老人自有财产的范围。很多情况下,老年人的再婚发生在丧偶之后,这时应当按照《民法典》继承编的相关规定将死亡一方老人的遗产进行合法分割后,明确生存老人一方的自有财产,在这个财产范围内老年人有自由处分的权利,子女的继承权应当得到保护。

问题二:老年人担心再婚后双方因为财产问题产生矛盾。

养老服务人员应开展以下工作。

(1)明确老人的婚前财产。

婚前财产属于个人财产。但是在老人再婚时,应当提醒老人明确个人财产的范围,防止再婚后就婚前财产的范围产生争议,影响夫妻感情。

明确老年人婚前财产的方法:在夫妻双方或者在其他亲属在场的情况下,就夫妻各自的婚前财产列明清单,由双方签字确认;或者通过婚前财产公证的方式明晰财产。

(2)向老人解释结婚后财产归属的基本规则,由老人双方协商决定是采取法定财产制还是约定财产制。如果夫妻选择约定财产制,则应当指导老人订立完整有效的财产协议。

任务二 协助老年人分析并解决离婚问题

【任务目标】

养老服务过程中,你能协助老年人分析并解决离婚中遇到的问题,维护老年人的婚姻自主权。

【任务实例】

老黄、老秦夫妇已年近70,生有3子,均不在身边。因老两口退休在家无所事事,大儿子去年给老黄安装了一台电脑,并教会了他上网。身为知识分子的老黄很快就学会了上网。今年3月,老黄忽然离家出走,其老伴秦大妈和3个儿子到处寻找,仍不知其下落。7月,秦大妈忽然收到了法院的传票,相伴近50年的老伴将自己告上了法庭,要求离婚。

秦大妈立即赶到法院,向法官诉说了其中原因。原来自从老黄学会上网以后,就迷上了网络聊天,并在网上认识了一个网名为"网络玫瑰"的女子,两人经常聊到深夜,因秦大妈不识字,并不知道他们聊天的内容,后来老黄失踪后,其儿子通过查看老黄的聊天记录后,才知道了事情的经过,原来老黄是和"网络玫瑰"见面去了。

秦大妈认为:他们夫妻双方的感情一直都很好,她向来都听老黄的安排,为

他生儿育女、洗衣做饭,但万万没想到,老黄会提出离婚。

(资料来源:韩景玮,刘启路.老翁因网恋闹离婚法官用豫剧打动老人心[EB/OL].(2011-09-06)[2021-09-10].http://roll.sohu.com/20110906/n318454550.shtml 有删改)

【任务描述】

如果你是社区养老服务人员,你会如何帮助秦大妈解决离婚问题?

【背景知识】

老年人离婚案件数量在我国处于上升的趋势,随着老年人对婚姻生活的要求越来越高,"少年夫妻老来伴"的传统定式正在悄然转变。老年人离婚的原因多种多样,归纳起来主要有以下几种主要原因。

(一)老年人婚姻观念的变化

随着老年人文化水平的提高和对自我价值实现的需求不断提高,老年人的婚姻观念正在发生潜移默化的改变。传统观念上有"少年夫妻老来伴"的说法,也有人认为老年人还要离婚太"丢人"。这些观念在现代婚姻观念的冲击下,正在逐渐弱化。老年人在婚姻中不仅仅寻求一种安稳,更寻求情感的满足和自我价值的实现。当这种需求不能得到满足时,老年人会对婚姻存在的必要性提出疑问。

案例 3-6

邓阿姨在儿子结婚当天的晚上向丈夫提出了离婚,理由是孩子都长大成人,她已经没有牵挂了,该尽的义务都尽完了,自己无须再为了孩子的健康成长而维系一段没有爱情、没有宽容的婚姻。原来,早在儿子上小学的时候,邓阿姨就觉得自己和丈夫的性格不合,但是为了孩子能有一个完整的家,她一直委曲求全。现在儿子已经成家立业,邓阿姨不想再委屈自己,她想开始自己自由的生活。

(二)双方感情出现裂痕

老年人在夫妻感情和性生活上有正常的需求,无论是年轻人还是老年人都需要经营双方的感情。但是大多数老年人,尤其是女性老年人对丈夫情感的需求较为忽视,导致双方在步入晚年生活后感情出现裂痕,进而出现婚外情的情况发生,婚姻出现危机。

案例 3-7

75 岁的李大爷是退休教师,退休后他经常到公园跳舞,锻炼身体。去年夏天,他在公园认识了 52 岁的邓女士,李大爷觉得和她非常谈得来,而自己和老伴一天也说不上一句话,心理距离越来越远。与此同时,中年丧偶的邓女士也被李大爷的学者风度深深吸引。两人的感情迅速升温。李

大爷72岁的老伴徐大娘发现他近来精神很好,每天都去公园,就悄悄地跟在他后面。徐大娘发现丈夫每天都和同一个女伴跳舞,而且两人有说有笑。在徐大娘的逼问下,李大爷坦白了自己的"婚外情",并照样每天都去公园与邓女士约会。见丈夫没有回心转意的可能,徐大娘就在孙子的陪同下,到法院提出与李大爷离婚。

(三)感情基础薄弱是再婚后离婚的主要原因

老年人再婚又离婚案例,存在"短、频、快"的特点。所谓"短"是指恋爱时间短,"频"是指更换伴侣频繁,"快"则是指离婚快。再婚后的老年人,伴随着年龄增大,在性情和生理上都会发生变化,双方因琐事引发的冲突加剧。老年人再婚的目的是追求人生的和谐美满,拥有可以依靠、扶持的另一半,但现实情况往往事与愿违。一些老年人婚前只抱着找一个老伴养老的想法,在感情基础不牢靠的情况下就草率结婚,婚后才发现性格不合,互不容忍,只好选择离婚。

案例 3-8

丧偶多年的吴大爷结识了王大娘,两人很聊得来。结婚后,王大娘搬到了吴大爷的房子与其共同生活。但吴大爷的子女担心父亲过世后这套房子被王大娘及其子女分割和继承,就提出将房子产权过户到他们名下,而王大娘以房子是婚后财产为由拒不同意,两位老人因此发生争吵,彼此的信任感急剧下降,到法院起诉离婚。法院在审理中查明,这套房子确实是吴大爷婚前个人出钱购买的,不能算作婚后财产。房产纠纷解决了,这对好不容易才结合的夫妻却各奔东西。

(四)生活环境的变化影响夫妻感情

退休前,夫妻二人都在外忙碌,在家的时间很短。退休后,两人一下子整天厮守在一起,反而出现了摩擦。这种生活环境上的变化容易使老人产生一定的忧虑感,如果不能妥善消除这种忧虑感,老人会将这种情绪带进婚姻关系中,进而影响双方感情。

案例 3-9

王女士几十年来把所有的时间和精力都给了工作和家庭,十分忙碌辛苦。前年退休后,她终于有了属于自己的时间,她参加了老年大学的瑜伽班,现在又学跳舞,生活过得非常充实。去年,老伴退休了,每天在家无所事事,也不做家务,两人在家里四目相对,无话可说。王女士越来越看不惯老伴"大爷"的样子,两人经常因生活琐事吵架,最后终于离婚。

【专业知识】

按照我国婚姻法律制度,离婚的方式有两种,即协议离婚和诉讼离婚。

一、协议离婚

(一)协议离婚的概念和特点

协议离婚又称登记离婚,它是指自愿离婚的夫妻,在对子女抚养、财产及债务等事项处理协商一致的情况下,双方通过行政程序解除婚姻关系的行为。

协议离婚是当事人解除夫妻关系的主要方式,绝大多数的当事人选择协议离婚。这主要源于协议离婚具有诉讼离婚没有的优势。

第一,协议离婚注重当事人的主观意愿,是婚姻自由原则的体现。协议离婚要求当事人对于离婚与否、财产分割、子女抚养等问题达成一致意见后到婚姻登记机关进行离婚登记。这种方式以双方当事人的离婚意愿为基础,充分尊重当事人的协商结果。

第二,协议离婚有利于消除夫妻的对立情绪,解决矛盾。协议离婚需要当事人达成离婚协议,这种达成协议的过程就是双方消除对立情绪的过程。同时,在当事人到婚姻登记机关进行离婚登记申请时,婚姻登记员也会适当调解双方矛盾,避免矛盾激化。

第三,协议离婚有助于充分保护当事人的个人隐私。双方离婚原因多种多样,其中会牵涉到当事人的个人隐私。协议离婚具有更多的隐蔽性,不易为外人所知。

(二)协议离婚应符合的条件

当事人选择协议离婚的方式,应当符合下列条件。

第一,双方具有合法的夫妻身份。离婚以双方有夫妻身份为前提。经过合法的结婚登记程序的夫妻才可以选择离婚。非婚同居关系不得申请离婚。在双方提出离婚登记申请时,应当向婚姻登记机关出具结婚证。

第二,双方当事人是完全民事行为能力人。协议离婚要求当事人充分表达其离婚的意愿,双方必须是完全民事行为能力人,双方或其中一方属于无民事行为能力人或者限制民事行为能力人的,不能协议离婚。

第三,双方就子女抚养、财产分割问题已达成书面协议。在离婚登记申请时,当事人应当提交双方当事人共同签署的离婚协议书。离婚协议书应当载明双方当事人自愿离婚的意思表示及对子女抚养、财产及债务处理等事项协商一致的意见。

第四,双方的结婚登记是在中国内地办理的。未在中国内地办理结婚登记的,目前不能在中国内地办理离婚登记。

第五,双方亲自到场。离婚登记要求双方当事人亲自到场,不得委托他人办理离婚登记。

内地居民自愿离婚的,男女双方应当共同到一方当事人常住户口所在地的婚姻登记机关办理离婚登记。中国公民同外国人在中国内地自愿离婚的,内地(大陆)居民同香港居民、澳门居民、台湾居民、华侨在中国内地(大陆)自愿离婚

的,男女双方应当到内地(大陆)居民常住户口所在地的婚姻登记机关办理离婚登记。

(三)离婚冷静期的规定

所谓"离婚冷静期"是指夫妻协议离婚时,法律设定的、强制双方当事人在特定期限内冷静思考离婚问题的法定期限。《民法典》第一千零七十七条规定:自婚姻登记机关收到离婚登记申请之日起 30 日内,任何一方不愿意离婚的,可以向婚姻登记机关撤回离婚登记申请。前款规定期限届满后 30 日内,双方应当亲自到婚姻登记机关申请发给离婚证;未申请的,视为撤回离婚登记申请。

离婚冷静期规则在适用过程中需要注意以下问题:

第一,离婚冷静期仅在协议离婚中适用,诉讼离婚不适用离婚冷静期制度。

第二,离婚冷静期的期限为 30 日,自婚姻登记机关收到离婚登记申请之日的次日开始计算。

第三,在离婚冷静期的 30 日内,任何一方不愿意离婚的,可以向婚姻登记机关撤回离婚登记申请。

第四,离婚冷静期满后,双方当事人需在 30 日内再次亲自到婚姻登记机关申请发给离婚证。在此期限内没有提交申请的,视为撤回离婚登记申请。

离婚冷静期制度对于避免夫妻双方因琐事"冲动离婚""轻率离婚"具有一定的抑制作用,避免冲动离婚给夫妻双方及家庭其他成员带来的不必要影响。当然,《民法典》规定的离婚冷静期制度在一定程度上是对当事人离婚自由的限制。

(四)离婚登记程序

离婚登记是指男女双方自愿到婚姻登记机关申请离婚并对子女和财产问题达成协议,依照法律规定的程序解除婚姻关系的一种方式。

根据《婚姻登记工作规范》和《民政部关于贯彻落实〈中华人民共和国民法典〉中有关婚姻登记规定的通知》的规定,离婚登记按照"申请—受理—冷静期—审查—登记(发证)"的程序办理。

1. 申请

夫妻双方自愿离婚的,应当签订书面离婚协议,共同到有管辖权的婚姻登记机关提出申请,并提供以下证件和证明材料:

第一,内地婚姻登记机关或者中国驻外使(领)馆颁发的结婚证;

第二,符合《婚姻登记工作规范》第二十九条至第三十五条规定的有效身份证件;

第三,在婚姻登记机关现场填写的《离婚登记申请书》。

2. 受理

婚姻登记员按照《婚姻登记工作规范》有关规定对当事人提交的上述材料进行初审。

申请办理离婚登记的当事人有一本结婚证丢失的,当事人应当书面声明遗失,婚姻登记员可以根据另一本结婚证受理离婚登记申请;申请办理离婚登记的当事人两本结婚证都丢失的,当事人应当书面声明结婚证遗失并提供加盖查

档专用章的结婚登记档案复印件,婚姻登记员可根据当事人提供的上述材料受理离婚登记申请。

婚姻登记员对当事人提交的证件和证明材料初审无误后,发给《离婚登记申请受理回执单》。不符合离婚登记申请条件的,不予受理。当事人要求出具《不予受理离婚登记申请告知书》的,应当出具。

3. 冷静期

自婚姻登记机关收到离婚登记申请并向当事人发放《离婚登记申请受理回执单》之日起30日内(自婚姻登记机关收到离婚登记申请之日的次日开始计算期间,期间的最后一日是法定休假日的,以法定休假日结束的次日为期间的最后一日),任何一方不愿意离婚的,可以持本人有效身份证件和《离婚登记申请受理回执单》(遗失的可不提供,但需书面说明情况),向受理离婚登记申请的婚姻登记机关撤回离婚登记申请,并亲自填写《撤回离婚登记申请书》。经婚姻登记机关核实无误后,发给《撤回离婚登记申请确认单》,并将《离婚登记申请书》《撤回离婚登记申请书》与《撤回离婚登记申请确认单(存根联)》一并存档。

自离婚冷静期届满后30日内(自冷静期届满日的次日开始计算期间,期间的最后一日是法定休假日的,以法定休假日结束的次日为期间的最后一日),双方未共同到婚姻登记机关申请发给离婚证的,视为撤回离婚登记申请。

4. 审查

自离婚冷静期届满后30日内,双方当事人应当持《婚姻登记工作规范》第五十五条第(四)项至第(七)项规定的证件和材料,共同到婚姻登记机关申请发给离婚证。

婚姻登记机关按照《婚姻登记工作规范》第五十六条和第五十七条规定的程序和条件执行和审查。婚姻登记机关对不符合离婚登记条件的,不予办理。当事人要求出具《不予办理离婚登记告知书》的,应当出具。

5. 登记(发证)

婚姻登记机关按照《婚姻登记工作规范》第五十八条至第六十条规定,予以登记,发给离婚证。

离婚协议书一式三份,男女双方各一份并自行保存,婚姻登记机关存档一份。婚姻登记员在当事人持有的两份离婚协议书上加盖"此件与存档件一致,涂改无效。××××婚姻登记处××××年××月××日"的长方形红色印章并填写日期。多页离婚协议书同时在骑缝处加盖此印章,骑缝处不填写日期。当事人亲自签订的离婚协议书原件存档。婚姻登记机关在存档的离婚协议书加盖"××××婚姻登记处存档件××××年××月××日"的长方形红色印章并填写日期。

二、诉讼离婚

(一)诉讼离婚的含义和适用情形

1. 诉讼离婚的含义

诉讼离婚是指婚姻当事人向人民法院提出离婚请求,由人民法院调解或判决而解除其婚姻关系的一种离婚制度。诉讼离婚适用于一方要求离婚另一方

不同意离婚,或者双方虽然同意离婚,但对子女抚养或财产分割不能达成一致意见、作出适当处理的情况。

2．诉讼离婚的适用情形

诉讼离婚应当在以下情形下适用：

（1）夫妻一方要求离婚,另一方不同意离婚的。

（2）夫妻双方都愿意离婚,但在子女抚养、财产分割等问题上不能达成协议的。

（3）未依法办理结婚登记而以夫妻名义共同生活且为法律承认的事实婚姻。

（4）对于符合登记离婚条件的合意离婚,如果当事人基于某种原因不愿意进行离婚登记的,也可以适用诉讼离婚。

(二) 准予判决离婚的情形和诉讼离婚的限制条件

1．准予判决离婚的情形

人民法院审理离婚案件,应当进行调解;如果感情确已破裂,调解无效的,应当准予离婚。

有下列情形之一,调解无效的,应当准予离婚：

（1）重婚或者与他人同居；

（2）实施家庭暴力或者虐待、遗弃家庭成员；

（3）有赌博、吸毒等恶习屡教不改的；

（4）因感情不和分居满二年；

（5）其他导致夫妻感情破裂的情形。

一方被宣告失踪,另一方提起离婚诉讼的,应当准予离婚。

经人民法院判决不准离婚后,双方又分居满一年,一方再次提起离婚诉讼的,应当准予离婚。

2．诉讼离婚的限制条件

（1）现役军人的配偶要求离婚,须得军人同意,但军人一方有重大过错的除外。

现役军人是指在中国人民解放军服现役、具有军籍的干部与战士,包括中国人民武装警察部队的干部与战士。在军队工作未取得军籍的职工和其他人员及退役、复员和转业人员均不属于现役军人的范围。

现役军人的配偶要求离婚,是指非军人配偶向现役军人提出离婚的情况而言。如果双方均为现役军人,或现役军人向非军人配偶一方提出离婚,不适用本条规定。

现役军人配偶提出离婚后,现役军人本人不同意的,人民法院应与有关部门配合,对军人配偶进行一定的说服教育,积极改善夫妻关系,判决不准离婚。军人有重大过错的不适用这一规定。需要强调的是,该规定是有前提的,不能将其理解为只要现役军人不同意离婚,法院无论如何就不能判决离婚。在军人有重大过错时,该规定不适用。

（2）女方在怀孕期间、分娩后1年内或者终止妊娠后6个月内,男方不得提出离婚;但是,女方提出离婚或者人民法院认为确有必要受理男方离婚请求的除外。

这一规定只是在一定时期剥夺男方提出离婚请求的权利,即仅在女方怀孕期间、分娩后1年以内或终止妊娠后6个月内。上述期间届满后,男方仍可依法行使其离婚请求权。

男女双方自愿离婚、女方提出离婚,则不受这一规定的限制。

"确有必要"在司法实践中一般被理解为男方有正当理由、女方有重大过错的情况下或有重大的紧迫事由时。

(三)诉讼离婚的基本程序

1. 管辖法院

诉讼离婚案件管辖的一般原则是"原告就被告",即原则上应由被告住所地人民法院管辖。

被告离开住所地超过1年的,由原告住所地人民法院管辖;双方离开住所地超过1年的,由被告经常居住地人民法院管辖,没有经常居住地的,由原告起诉时被告居住地人民法院管辖;在国内登记结婚并定居国外的华侨,如定居国法院以离婚诉讼须由婚姻缔结地法院管辖为由不予受理,当事人向人民法院提出离婚诉讼的,由婚姻缔结地或者一方在国内的最后居住地人民法院管辖。中国公民一方居住在国外,一方居住在国内,不论哪一方向人民法院提起离婚诉讼,国内一方住所地人民法院都有权管辖。国外一方在居住国法院起诉,国内一方向人民法院起诉的,受诉人民法院有权管辖。

2. 调解

调解是人民法院审理离婚案件的必经程序。

人民法院在调解时必须坚持自愿、合法的原则。同时在查清事实的基础上进行,要分清双方的是非责任。必要时可与当地的基层组织、有关单位密切合作,共同进行说服教育工作,以促进当事人互谅互让,促成和好或达成离婚协议。

调解有三种结果:第一,调解后双方当事人和好,原告撤诉,诉讼结束;第二,双方当事人达成离婚协议,人民法院按协议制作离婚调解书,调解书送达后,即发生法律效力,婚姻关系自此解除;第三,调解无效,应立即进入下一诉讼程序。

3. 审理与判决

人民法院审理离婚案件,当事人除不能表达意志的以外,都应出庭。确因特殊情况无法出庭的,必须向人民法院提交书面意见。

由于离婚案件不同程度地涉及当事人的隐私,如当事人申请不公开审理的,可以不公开审理,但宣告判决公开。

离婚案件一方当事人在诉讼过程中死亡的,双方当事人的关系即自然消灭,离婚诉讼已没有实际意义,人民法院应当终结诉讼。

对于调解无效的离婚案件,人民法院应以事实为根据,以法律为准绳,作出涉及离婚与否及财产分割、子女抚养等问题的判决。凡判决不准离婚和调解和好的离婚案件,没有新情况、新理由,原告在6个月内不得重新起诉离婚,被告则不受上述期间的限制。

三、离婚后的财产分割

(一)离婚财产分割的原则

《民法典》第一千零八十七条规定:离婚时,夫妻的共同财产由双方协议处理;协议不成的,由人民法院根据财产的具体情况,按照照顾子女、女方和无过错方权益的原则判决。

第一,尊重当事人意愿的原则:离婚协议中关于财产分割的条款或者当事人因离婚就财产分割达成的协议,对男女双方具有法律约束力。

第二,照顾女方及子女利益的原则:从保护弱势和维护未成年子女利益的角度,在夫妻财产分割中可以适当照顾女方,并充分考虑子女利益。一般而言,抚养子女的一方可以在财产份额或者财产形式上予以照顾。

第三,照顾无过错方的原则:在婚姻中没有过错的一方在分割财产时可以比有过错方适当多分。财产分割的比例根据过错方过错程度的不同决定。

第四,有利生产、方便生活的原则:对于某些物质上无法分割或分割后将极大影响其利用的财产,可以本着方便生活、有利生产的原则分给其中一方,分得财产的一方应当给予对方经济补偿。

(二)部分特殊财产的分割方式

(1)当事人请求返还按照习俗给付的彩礼的。如果查明属于以下情形,人民法院应当予以支持:① 双方未办理结婚登记手续的;② 双方办理结婚登记手续但确未共同生活的;③ 婚前给付并导致给付人生活困难的。第②项、第③项应以双方离婚为条件。

(2)夫妻双方分割共同财产中的股票、债券、投资基金份额等有价证券及未上市股份有限公司股份时,协商不成或者按市价分配有困难的,人民法院可以根据数量按比例分配。

(3)涉及分割夫妻共同财产中以一方名义在有限责任公司的出资额,另一方不是该公司股东的,按以下情形分别处理:

① 夫妻双方协商一致将出资额部分或者全部转让给该股东的配偶,其他股东过半数同意,并且其他股东均明确表示放弃优先购买权的,该股东的配偶可以成为该公司股东。

② 夫妻双方就出资额转让份额和转让价格等事项协商一致后,其他股东半数以上不同意转让,但愿意以同等价格购买该出资额的,人民法院可以对转让出资所得财产进行分割。其他股东半数以上不同意转让,也不愿意以同等条件购买该出资额的,视为其同意转让,该股东的配偶可以成为该公司股东。

用于证明前款规定的股东同意的证据,可以是股东会材料,也可以是当事人通过其他合法途径取得的股东的书面声明材料。

(4)涉及分割夫妻共同财产中以一方名义在合伙企业中的出资,另一方不是该企业合伙人的,当夫妻双方协商一致,将其合伙企业中的财产份额全部或

者部分转让给对方时,按以下情形分别处理:

① 其他合伙人一致同意的,该配偶依法取得合伙人地位。

② 其他合伙人不同意转让,在同等条件下行使优先购买权的,可以对转让所得的财产进行分割。

③ 其他合伙人不同意转让,也不行使优先购买权,但同意该合伙人退伙或者削减部分财产份额的,可以对结算后的财产进行分割。

④ 其他合伙人既不同意转让,也不行使优先购买权,又不同意该合伙人退伙或者削减部分财产份额的,视为全体合伙人同意转让,该配偶依法取得合伙人地位。

(5) 夫妻以一方名义投资设立独资企业的,人民法院分割夫妻在该独资企业中的共同财产时,应当按照以下情形分别处理:

① 一方主张经营该企业的,对企业资产进行评估后,由取得企业资产所有权一方给予另一方相应的补偿。

② 双方均主张经营该企业的,在双方竞价基础上,由取得企业资产所有权的一方给予另一方相应的补偿。

③ 双方均不愿意经营该企业的,按照《中华人民共和国个人独资企业法》等有关规定办理。

(6) 双方对夫妻共同财产中的房屋价值及归属无法达成协议时,人民法院按以下情形分别处理:

① 双方均主张房屋所有权并且同意竞价取得的,应当准许。

② 一方主张房屋所有权的,由评估机构按市场价格对房屋作出评估,取得房屋所有权的一方应当给予另一方相应的补偿。

③ 双方均不主张房屋所有权的,根据当事人的申请拍卖、变卖房屋,就所得价款进行分割。

(7) 离婚时,夫妻共同债务应当共同偿还。共同财产不足清偿或者财产归各自所有的,由双方协议清偿;协议不成的,由人民法院判决。

(三) 离婚损害赔偿

离婚损害赔偿是指夫妻一方有过错致使婚姻家庭关系破裂,离婚时对无过错的一方所受的损失,有过错的一方应承担的民事赔偿责任。

《民法典》第一千零九十一条规定,有下列情形之一,导致离婚的,无过错方有权请求损害赔偿:

(1) 重婚;

(2) 与他人同居;

(3) 实施家庭暴力;

(4) 虐待、遗弃家庭成员;

(5) 有其他重大过错。

(四) 离婚经济补偿和离婚经济帮助

1. 离婚经济补偿

《民法典》第一千零八十八条规定:夫妻一方因抚育子女、照料老年人、协助

另一方工作等负担较多义务的,离婚时有权向另一方请求补偿,另一方应当给予补偿。具体办法由双方协议;协议不成的,由人民法院判决。

2. 离婚经济帮助

《民法典》第一千零九十条规定:离婚时,如果一方生活困难,有负担能力的另一方应当给予适当帮助。具体办法由双方协议;协议不成的,由人民法院判决。

经济帮助的适用条件:

第一,一方生活困难。

第二,认定一方是否生活困难以离婚时为依据。

第三,另一方有帮助的经济能力。

(五)财产分割的保障措施

夫妻一方隐藏、转移、变卖、毁损、挥霍夫妻共同财产,或者伪造夫妻共同债务企图侵占另一方财产的,在离婚分割夫妻共同财产时,对该方可以少分或者不分。离婚后,另一方发现有上述行为的,可以向人民法院提起诉讼,请求再次分割夫妻共同财产。

【任务完成】

作为养老服务人员,你应当根据老年人离婚过程中遇到的不同问题提出不同建议。

问题一:老年人离婚后财产分割存在困难。

老年人离婚后财产如何分割往往是很大的难题。例如,大多数老年夫妻只有一套住房,离婚后双方不可能同居一室,房屋只能判归一方所有。但是获得房产的一方一般经济能力有限,难以负担分割房产的对价,这将给另一方的晚年生活带来极大的影响。

另外,再婚老人再离婚的,在财产分割上更加复杂。财产可能包括前妻(前夫)及子女的财产,也包括双方再婚后的共同财产,双方子女也往往参与到财产分割事宜中,加大了财产分割的难度。

养老服务人员应开展以下工作:

第一,老年人离婚应当以调解为主,尤其对于长期共同生活的老年夫妻,应当建议双方冷静处理生活矛盾,告知老人离婚对其生活可能造成的影响,防止老年人因冲动而离婚。

第二,处理老年人离婚问题时,不能忽视子女的参与,但是应当引导子女合理、合法参与老人离婚事宜。尤其对于老人离婚后的居住问题、赡养问题,应当在子女参与的情况下处理,保证老年人离婚后有所居、有所养。

第三,老年人财产的分割应当在合法的基础上进行调解,在厘清财产归属的前提下分割财产,尤其注意分清婚前财产和婚后财产,分清老人所有的财产和他人所有的财产。

第四,诉讼离婚中应注意财产保全,防止一方侵吞、隐匿财产,损害对方当事人的合法权益。

第五,特别注意《民法典》施行之后,当事人协议离婚需要遵守冷静期的相

模块三 老年人婚姻关系

关规定。

问题二：老年人离婚后可能面临生活困难。

有的老年人基本没有生活来源，加之年老多病，离婚后可能存在较大的生活困难。

养老服务人员应开展以下工作：

第一，提醒老人慎重离婚，建议双方冷静处理生活矛盾。

第二，根据《民法典》的相关规定，离婚时，一方生活困难，另一方应当从其个人财产中给予适当帮助。当事人可以就帮助的方式和数额进行协商，协商不成的，一方可以提请人民法院判决。

第三，加强子女对老年人赡养义务的履行，通过赡养协议书的方式保障困难老人的基本生活。

第四，对于生活特别困难，符合国家社会救助标准的老年人，协助其向当地的相关部门申请社会救助。

思考题

1. 我国婚姻制度的历史发展是怎样的？
2. 老年人再婚需要注意哪些环节以避免发生纠纷？
3. 分析老年人离婚的原因。
4. 老年人离婚后财产如何分割？
5. 老年人如何调解好婚姻关系与子女关系？

实训题

1. 情景模拟：老年人婚姻自由的保障

题目：根据本章任务一的任务实例进行情景模拟演示。

要求：

以小组为单位进行角色扮演，角色包括宋大妈、郭大爷、小丽、社区养老服务人员。

通过情景模拟和角色扮演，锻炼养老服务人员协助老人实现再婚自由的能力。

考察：养老服务人员解决问题的能力、沟通能力、维权意识等。

2. 课堂讨论

话题一：老年人再婚后离婚率高的根源在哪？如何避免这一现象的发生？

话题二：老年人离婚后财产权益如何保障？

拓展阅读

如何正确看待"离婚冷静期"的立法深意

一提到离婚，很多人都无法冷静。

近日,民政部对婚姻登记程序进行调整,自 2021 年 1 月 1 日起施行。调整后的离婚登记程序为"申请—受理—冷静期—审查—登记(发证)"五个步骤。与此前相比,离婚程序中新增了"冷静期"。

民政部的这份文件让"离婚冷静期"话题又一次冲上热搜。在不少网友看来,"离婚冷静期"意味着离婚的难度加大了,会给未来离婚当事人造成负担。甚至还有人担心,30 天的冷静期内如果发生家暴怎么办?

"离婚冷静期"是否真的会对离婚造成根本性影响?《民法典》中为何要规定这个制度?该如何正确看待"离婚冷静期"?这一制度能否在实践中发挥其所承载的功能?《法治日报》记者近日采访了相关业内人士。

防止轻率离婚"离婚冷静期"正式入法

《民法典》第一千零七十七条规定的 30 天时限,即社会热议的"离婚冷静期"。所谓"离婚冷静期",就是指夫妻协议离婚时,给要求离婚的双方当事人一段时间,强制当事人暂时搁置离婚纠纷,在法定期限内冷静思考离婚问题,考虑清楚后再行决定是否离婚。这个法律规定当事人冷静思考离婚问题的期限为"离婚冷静期"。

据了解,世界上很多国家都有"离婚冷静期"的规定,只是名称有所不同。比如,英国叫离婚反省期、法国叫离婚考虑期、韩国叫离婚熟虑期、美国叫离婚等候期等。其目的是对离婚进行干预,降低离婚率,对婚姻的瓦解起到一个缓冲作用。

那我国《民法典》为何要规定"离婚冷静期"?该条款的目的何在呢?"这一规定,主要针对的是目前社会上经常发生的所谓'闪婚闪离',尤其是'冲动离婚'现象。比如,有的夫妻早上打架,下午就去离婚。为了减少这种现象,《民法典》就从制度上进行了设计。"全国人大常委会法工委民法典编纂工作专班成员、清华大学法学院教授龙俊说。

据介绍,在《民法典》编纂过程中,有意见认为,自 2001 年《婚姻法》修正以来,我国的协议离婚中出现了很多突出问题。比如,离婚率呈持续上升趋势,协议离婚比例逐渐提高,尤其是离婚当事人婚龄短、冲动型、轻率型离婚屡见不鲜,数量增加。而 2003 年《婚姻登记条例》进一步简化了当事人在民政部门办理离婚登记的条件和审查程序。与此同时,婚姻登记部门缺乏必要的限制措施,导致冲动型、轻率型离婚的数量进一步增加,由此出现中华人民共和国成立以来的第三次离婚高峰。

为防止轻率离婚,一些全国人大代表、全国政协委员纷纷提出议案、建议或提案,建议修改法律,对此问题予以解决。社会各界呼声也很高。对此,全国人大立法部门十分重视,进行了深入调查,开展了广泛的论证研究。在形成《民法典》婚姻家庭编征求意见稿时,就增加了"离婚冷静期"的规定。而这一规定在征求意见中也得到了多数赞成。最终,这一内容经过几次修改也更加完善。

不必过度解读,应正确看待冷静期

细心观察不难发现,在《民法典》编纂过程中,有关"离婚冷静期"的规定一直存在较大争议。在龙俊看来,问题背后折射出对我国离婚制度到底应当过宽还是过严的争议。

"婚姻自由和家庭至上这两种价值观,一直有碰撞。"龙俊告诉记者,学界对此也有两种不同的观点。一种观点认为,由于举证难度大,我国诉讼离婚太难,希望立法能对我国离婚制度进行宽松化调整,使离婚更加便捷。另一种观点则认为离婚太容易,感情破裂就可以离婚的规定太宽松,应加以限制,希望能够在一定程度上限制婚姻自由,包括结婚自由、离婚自由,从而增强家庭的稳定性。

如何正确解读《民法典》对离婚的态度?"《民法典》对离婚问题所秉持的态度就是,通过设立'离婚冷静期'给有挽救可能性的婚姻多一次挽救的机会。虽然这个限制可能会稍微增加一些理性人离婚的成本,但是对于挽救不理性的离婚可能多少会有些作用。与此同时,对于真正已经丧失挽救可能性的婚姻,该判离的时候就应果断判离。"龙俊说。

在龙俊看来,单纯认为《民法典》出台之后离婚难度增加,是一种过度的解读。"总体上来说,《民法典》实际上对离婚采取的是非常温和的态度,还是坚持了婚姻自由,仅仅只是对冲动离婚增加了一个程序性的小限制而已。如果夫妻双方都是理智地想离婚,即使有了'离婚冷静期'的规定,除了稍微麻烦点要跑两次婚姻登记机关以外,基本不会有真正实质性的影响,无非也就是需要再等一等,并没有像网络热炒的威力那么大。"

龙俊同时解释说,"离婚冷静期"仅适用于协议离婚的情形。因为只有在这种情况下,夫妻双方才会一起到民政机关登记离婚,如果有一方想离一方不想离,只能到法院诉讼离婚。至于担心冷静期期间会发生家暴,实际上绝大多数的情形下,协议离婚中很少会出现家暴。

值得一提的是,针对公众关注的"冷静期规定是否不利于保护受家暴当事人"问题,民政部相关负责人近日也作出回应称:"对于有家暴情形的,当事人可向法院起诉离婚。起诉离婚不适用离婚冷静期制度。因此,冷静期的规定不存在不利于保护遭受家暴当事人的问题。"

(资料来源:朱宁宁.如何正确看待"离婚冷静期"的立法深意[EB/OL].(2020-12-15)[2021-09-10].http://www.xinhuanet.com/2020-12/15/c_1126860322.htm)

模块四

老年人遗产继承

知识目标

1. 了解财产继承对老年人晚年生活的重要意义
2. 掌握遗产继承的方式
3. 掌握法定继承人的范围和顺序
4. 掌握遗嘱的要件
5. 掌握遗赠扶养协议的基本要求和效力
6. 掌握遗产的范围和遗产分配的原则

能力目标

1. 能够协助老年人分析继承关系
2. 能够协助老年人订立遗嘱
3. 能够协助保管和处理老年人的遗产

- 任务一　协助老年人分析继承关系
- 任务二　协助老年人订立遗嘱
- 任务三　妥善保管及处理老年人的遗产

模块四　老年人遗产继承

【专业知识概览】

继承是公民死亡后依法或依其生前所立的合法遗嘱,将其遗留的个人合法财产和其他合法权益转移给他人所有的一种法律制度。老年人的晚年生活与财产继承问题密不可分。继承包括法定继承和遗嘱继承两种方式。公民死亡后,其遗产应当按照遗嘱或者法律的规定在继承人和受遗赠人之间进行分配。

【核心概念】

遗产;法定继承;遗嘱继承;遗赠扶养协议

【主要政策法规依据】

《中华人民共和国民法典》

导入材料

《民法典》继承编之新变化盘点

新增打印、录像两种遗嘱法定形式,订立遗嘱更加便捷自由

案例:小强与小红决定各自订立遗嘱处分自己的财产。小强平时惯用电脑写作和处理事务,小红则习惯用手机视频记录生活中的点滴日常。某日,小强、小红分别找来了两位见证人在场见证,小强通过电脑输入了遗嘱内容并打印纸质文件,由小强和两位见证人在打印遗嘱的每一页签名,注明年月日。小红则通过手机录音录像的方式订立了遗嘱,同时两位见证人在录像中记录了他们的姓名、肖像及年月日。

《民法典》继承编保留了《继承法》原有的五种遗嘱方式:自书遗嘱、代书遗嘱、录音遗嘱、口头遗嘱和公证遗嘱,新增两种法定遗嘱形式,打印遗嘱和录像遗嘱,并对两种遗嘱的法定形式要件予以了明确规定。

随着科技设备的大众化和流行化,越来越多的人选择通过打印或录像的方式来订立遗嘱。以打印遗嘱为例,由于《继承法》尚未规定,审判实践中一般按照代书遗嘱的法定形式予以审查。由于代书遗嘱与打印遗嘱还存在很多不同之处,有的打印遗嘱确属立遗嘱人亲自输入打印,有的则是由子女输入打印,其他见证人在场见证。各种情形并非代书遗嘱能够涵盖,以代书遗嘱形式审查,往往会造成遗嘱不符合形式要件,导致其无效,使立遗嘱人的真实意愿难以实现。因此,此次《民法典》继承编新增两种遗嘱法定形式,不仅紧跟时代潮流,同时也符合现今民众的行为习惯,使权利人选择订立遗嘱的方式更加多样、便捷、自由,也能使遗产分配符合立遗嘱人的真实意愿,保护继承人的相关权利不受损害。

(资料来源:吴扬新.民法典继承编之新变化盘点[EB/OL].(2020-09-04)[2021-09-10]. https://www.chinacourt.org/article/detail/2020/09/id/5437263.shtml)

任务一 协助老年人分析继承关系

【任务目标】

在养老服务过程中,老年人若有遗产继承的疑虑,作为养老服务人员,你能够为老年人提供合理合法的分析意见。

【任务实例】

住在某养老机构中的王老太和老伴张大爷育有大儿子张甲和小儿子张乙。两个儿子均已成家。两位老人曾经长期在大儿子家居住,后由于大儿子夫妻俩工作忙,加之两位老人年老体弱,家中无人照料,大儿子只好将两位老人送到养老机构中生活并承担大部分的养老服务费用。相较而言,小儿子夫妻俩很少探望老人,也基本不支付养老机构的费用。某天,小儿子张乙突遇车祸死亡,老两口还没有从丧子之痛中走出,就发现小儿媳孙某已经将全部财产都收归自己名下,不再与老人联系。老人认为,儿子死亡,自己应当继承儿子的财产,但是到底能够继承多少、如何继承,老人并不清楚。

【任务描述】

如果你是该养老机构的服务人员,你会给老人提供怎样的法律意见?

【背景知识】

《老年人权益保障法》第二十二条规定:老年人有依法继承父母、配偶、子女或者其他亲属遗产的权利,有接受赠与的权利。子女或者其他亲属不得侵占、抢夺、转移、隐匿或者损毁应当由老年人继承或者接受赠与的财产。老年人以遗嘱处分财产,应当依法为老年配偶保留必要的份额。随着年龄的不断增大,当死亡日益临近时,遗产如何处置成为老年人普遍关注的话题。

一、继承的含义

继承有广义和狭义之分。继承,古已有之,但在不同的历史时期,继承的基本内涵有一定的差异性。继承有财产继承、宗祧继承、户主继承等不同历史类型。在封建社会中,统治阶级是土地的所有者。他们从血缘关系、宗族关系出发,构成宝塔式的阶级统治体系。为了保护财产世代相承、不被分散,国王和贵族死后,其权位、土地及其他财产,由嫡长子继承。这种以嫡长子继承为中心的封建社会的继承制度被称为宗祧继承。而当代社会的继承只是财产继承,属于狭义的继承。

在当代,继承是指财产继承,即公民死亡后依法或依其生前所立的合法遗嘱,将其遗留的个人合法财产和其他合法权益转移给他人所有的一种法律制度。财产继承有以下基本含义。

(一) 财产继承的发生原因是公民的死亡

财产的继承因公民的死亡而发生,没有死亡不发生继承。按照我国民事法律规定,自然人死亡包括自然死亡和宣告死亡两种。无论哪种原因的死亡都会

发生死亡人遗产的继承问题。被继承人死亡或宣告死亡的时间是继承开始时间，自此继承权开始行使。继承开始后，需要确定继承人的范围，确定继承遗产的范围和价值。如果是遗嘱继承，需要认定遗嘱是否有效。关于继承权的时效也从此时开始计算。

（二）财产的继承主体具有限定性

继承制度的产生和存续与家族财产、地位等延续有着天然联系。关于哪些人可以继承死亡人的遗产的问题，不同历史时期和不同国家有不同的规定，但是一般都需要对继承人的范围加以限定。法律上对继承主体范围的规定主要源于当时的社会历史环境。例如，古代封建社会中女子没有继承遗产的权利，只有男子才有继承权，这就是当时社会环境在法律上的体现。一般来说，继承人范围的法律规定具有一定的社会现实的推论性，即立法者会推断在当时的社会中人们对自己死后遗产继承人的普遍认识，这种普遍认识可以成为立法的依据。当然，一般来说只有自然人才能成为继承权的主体。

（三）财产继承的效果是使得继承人获得财产权

自然人死亡后，其遗留的财产将面临无所有人管理的不利境地，从社会的安定性考虑，需要将这些财产置于新的所有权人的管理下，达到物权的相对稳定状态。这就意味着，当继承人或受遗赠人承受了被继承人遗产后，该财产的权利人就从被继承人转移为继承人或受遗赠人，财产关系会发生主体上的改变。

（四）可继承的财产范围具有限定性

一般来说，能够继承的遗产应当是死亡人生前遗留的合法财产，他人财产、国家或集体财产及非法财产不能成为继承的标的。

二、财产继承制度对老年人的特别意义

继承的发生以被继承人死亡为前提，任何人都会面临死亡，也无法预见何时死亡。继承可能发生在任何人身上。但是对于老年人来说，财产继承具有特别的意义，老年群体更关注继承问题。这种关注主要源于老年人本身的特殊性。老年阶段是人类生活的最后阶段，与死亡的时间距离也最近。当老年人意识到自己"时日无多"时，必然会考虑自己死后遗产如何处置的问题。按照自己的意愿处置遗产成为越来越多老年人关注的话题。

（一）财产继承制度有助于实现老年人死后遗产的妥善安置

财产继承制度的一个重要功能是及时、妥善安置死亡人遗产。老年人死亡后可能遗留大量的遗产，这些遗产能不能妥善安置也是很多老年人健在时非常担忧的问题。财产继承制度有助于让老年人在有生之年清楚地知道自己死后遗产将由谁继承。从另一个角度而言，一个国家的财产继承制度有助于鼓励人们努力创造社会价值，因为这些价值在财产继承制度的保护下不会因个人的死亡而受到损害，而是会由特定的继承人承受。

（二）财产继承制度有助于老年人自由处置遗产意愿的实现

按照我国《民法典》继承编的规定，遗产的承受分为法定继承、遗嘱继承和

遗赠几种方式。除法定继承外,遗嘱继承和遗赠充分尊重立遗嘱人意愿,也就是说老年人可以在有生之年提前按照自己的意愿选择继承人或受遗赠人及其承受遗产的份额。

(三) 财产继承制度是老年人晚年生活的重要保障

老年人因为生理健康的原因在晚年可能需要他人的照料,我国法律规定了子女赡养老年人的法定义务。但是赡养义务的履行很大程度上依赖于赡养义务人的自觉自愿。财产继承制度有助于约束赡养义务人的行为,督促其切实履行赡养义务。按照我国《民法典》的规定,继承人可能因"遗弃被继承人,或者虐待被继承人"而丧失继承权。同时规定,"对被继承人尽了主要扶养义务或者与被继承人共同生活的继承人,分配遗产时,可以多分。有扶养能力和有扶养条件的继承人,不尽扶养义务的,分配遗产时,应当不分或者少分。"虽然我们不能将老年人财产的多寡和子女赡养义务履行画上直接的等号,但是至少可以起到约束和督促的作用,保障老年人晚年的基本生活。

(四) 财产继承制度有助于维护健在老年人的合法权益

财产继承制度不仅对死亡的老年人有意义,对于健在的老年人同样有着重要的保障意义。一般而言,同一顺序继承人继承遗产的份额应当均等。但"对生活有特殊困难又缺乏劳动能力的继承人,分配遗产时,应当予以照顾"。在遗嘱继承中也强调"遗嘱应当对缺乏劳动能力又没有生活来源的继承人保留必要的遗产份额"。《老年人权益保障法》第二十二条第三款特别规定,老年人以遗嘱处分财产,应当依法为老年配偶保留必要的份额。

【专业知识】

一、我国继承法的基本原则

《民法典》继承编规定,继承的基本原则有以下几项。

(一) 保护公民私有财产继承权的原则

《宪法》第十三条规定:国家依照法律规定保护公民的私有财产权和继承权。《民法典》第一百二十四条规定:自然人依法享有继承权。自然人合法的私有财产,可以依法继承。《民法典》继承编明确"国家保护自然人的继承权"。可见,保护公民私有财产继承权是我国继承法的首要原则。

保护公民的私有财产继承权包括两个方面的含义。一方面,法律确认公民的私有财产继承权,保护其不受非法侵害。另一方面,在公民的继承权受到侵害时,法律给予救济,国家以其强制力予以保护。这一原则具体体现在以下几个方面。

(1) 凡公民死亡时遗留的个人合法财产,均为遗产,都由继承人依法继承。《民法典》第一千一百二十二条规定:遗产是自然人死亡时遗留的个人合法财产。依照法律规定或者根据其性质不得继承的遗产,不得继承。

(2) 被继承人的遗产一般不收归国家所有,尽可能由继承人或受遗赠人取得。只有无人继承又无人受遗赠的遗产,归国家所有,用于公益事业;死者生前

是集体所有制组织成员的,归所在集体所有制组织所有。

(3)公民的继承权不得非法剥夺。《民法典》第一千一百二十五条明确规定了继承人丧失继承权的法定事由,除法律规定的情形外,继承人的继承权不能丧失。继承开始后,继承人没有明确表示放弃继承权的,都视为接受继承,而不能作为放弃继承权处理。

(4)公民在继承权受到他人非法侵害时,可以于法律规定的时间内请求人民法院给予保护。按照《民法典》的规定,向人民法院请求保护民事权利的诉讼时效期间为三年。

(二)继承权平等原则

继承权平等是指同一顺序的继承人在继承遗产时的权利平等,这既包括男女平等,又包括婚生子女与非婚生子女平等、养子女与亲生子女平等等,凡同一顺序继承人,无论尊卑、男女、长幼,也无论职业、政治地位、经济状况,在继承遗产上一律平等。

当然,继承权平等的原则也有例外情况,考虑到继承人实际生活能力上的差异性,基于实质平等的考虑,《民法典》继承编对特殊困难继承人作出了特别保护的规定。

(三)养老育幼,照顾缺乏劳动能力又没有生活来源的人的利益原则

养老育幼既是一种道德规范,又是我国的法律规范。《民法典》在继承权平等原则之外,考虑到部分继承人的特殊情况作出了特别保护的规定。

《民法典》的特别保护原则主要考虑到特殊困难的继承人需要得到家庭成员的特别照顾和关爱,这些人与被继承人之间的关系非常紧密,被继承人生前扶养他们是法定义务,在被继承人死亡后,则不能继续履行扶养义务,让这样的继承人多分得遗产也是被继承人扶养义务的延续,有助于这些继承人得到基本生活保障。特别保护原则体现在现行规定上主要包括以下内容。

(1)对生活有特殊困难的缺乏劳动能力的继承人,分配遗产时,应当予以照顾。

(2)对被继承人尽了主要扶养义务或者与被继承人共同生活的继承人,分配遗产时,可以多分。

(3)对继承人以外的依靠被继承人扶养的缺乏劳动能力又没有生活来源的人,或者继承人以外的对被继承人扶养较多的人,可以分给他们适当的遗产。

(4)遗嘱应当对缺乏劳动能力又没有生活来源的继承人保留必要的遗产份额。

(5)遗产分割时,应当保留胎儿的继承份额。胎儿出生时是死体的,保留的份额按照法定继承办理。

(四)被继承人债务限定继承的原则

《民法典》第一千一百六十三条规定:既有法定继承又有遗嘱继承、遗赠的,由法定继承人清偿被继承人依法应当缴纳的税款和债务;超过法定继承遗产实际价值部分,由遗嘱继承人和受遗赠人按比例以所得遗产清偿。该规定贯彻了被继承人债务有限继承原则。

二、遗产继承的方式

根据继承人承受财产的方式不同,继承可以分为法定继承和遗嘱继承。法定继承是指在没有遗赠扶养协议和遗嘱或者遗嘱无效的情况下,继承人根据法律确定的继承人范围、继承顺序及遗产分配的原则,取得被继承人遗产的继承方式。遗嘱继承又称指定继承,是指被继承人死亡后,按其生前所立遗嘱内容,将其遗产由继承人中的一人或数人继承的一种继承方式。

法定继承和遗嘱继承在效力上有主次之分,表现在以下方面。

(1) 遗嘱继承优先于法定继承。

(2) 被继承人生前立有合法遗嘱的,应当首先按遗嘱进行继承。

(3) 在没有遗嘱或遗嘱被人民法院判决无效时,才按照法定继承方式办理。

三、法定继承

(一) 法定继承人的范围和顺序

相对于遗嘱继承而言,法定继承有其特殊性。其一,法定继承不直接体现被继承人的意志;其二,法定继承是遗嘱继承的限制和补充;其三,法定继承严格建立在人身关系的基础上;其四,法定继承中有关继承人、继承的顺序及遗产的分配原则的规定具有强制性。

1. 法定继承人的范围

法定继承人是指由法律直接规定的可以依法继承被继承人遗产的人。法定继承人的范围是指在适用法定继承时,哪些人可以成为法定继承人。

不同历史时期和不同国家的继承法关于法定继承人范围的规定,基本是以血缘关系和婚姻关系为基础,同时参照各时代和各国的具体情况而制定。按照我国《民法典》的规定,继承人的范围限定在家庭关系范围内,而且仅限于近亲属,具体而言包括配偶、子女、父母、兄弟姐妹、祖父母、外祖父母、对公婆或岳父母尽了主要赡养义务的丧偶儿媳或女婿。

(1) 配偶。

配偶是处于合法婚姻关系中的夫妻相互之间的称谓。夫妻一方死亡,生存一方有对死者财产的继承权。法律之所以赋予夫妻相互之间有遗产继承的权利,主要考虑到夫妻之间特殊的人身和财产关系。双方在共同生活过程中互相扶持,奠定了家庭关系的基础并成为家庭关系的核心,当夫妻一方死亡时,由生存一方依法取得死者遗产继续用于家庭生活,具有积极的意义。

配偶必须在被继承人死亡时与其存在合法的婚姻关系。原来与被继承人有婚姻关系,但是在被继承人死亡时已经解除婚姻关系的,或者仅是同居关系的,不能被称为配偶。这里要注意,婚姻关系的解除必须经过法定的程序,未经法定程序办理离婚手续或者未被法院判决或调解离婚的,即使双方感情破裂或者处于分居状态,都不影响配偶的继承权。

(2) 子女。

如前所述,我们对"子女"应当作宽泛界定,包括婚生子女、非婚生子女、养

子女和形成抚养教育关系的继子女,而且各子女作为继承人的法律地位是相同的。子女作为法定继承人,不分性别、长幼,无论婚生、非婚生,无论自然血亲还是拟制血亲,都有继承父母遗产的权利。

在养子女的继承权问题上还存在养孙子女的问题。现实中,有的收养关系中的当事人年龄相差悬殊,生活中并不是以父母子女相称而是以祖父母孙子女相称,这种情形应认定为双方因收养而成立养父母子女关系。

(3) 父母。

父母是子女血缘关系最近的尊亲属。父母有抚养教育未成年子女的义务,子女有赡养年老父母的义务,双方互为继承人。

父母,包括生父母、养父母和形成抚养教育关系的继父母。他们都有继承子女遗产的权利。生父母对其亲生子女的遗产有继承权,包括婚生子女和非婚生子女。但是亲生子女已经被他人收养的,父母对其遗产无继承权。养父母对养子女的遗产有继承权,这种权利因收养关系的成立而发生,也可以因收养关系的解除而消灭。继父母在与继子女形成抚养教育关系的前提下,对继子女的遗产有继承权。

(4) 兄弟姐妹。

兄弟姐妹是最亲近的旁系血亲。兄弟姐妹有全血缘、半血缘及拟制血缘等不同情况。

全血缘是指兄弟姐妹的血缘来自于同父同母,半血缘是指同父异母或者同母异父的兄弟姐妹,拟制血缘则是指在收养或者继兄弟姐妹之间形成扶养关系的前提下,所形成的拟制的兄弟姐妹关系。按照我国法律规定,兄弟姐妹之间无论是全血缘、半血缘还是拟制血缘,都是法定继承人,包括同父母的兄弟姐妹、同父异母或者同母异父的兄弟姐妹、养兄弟姐妹、有扶养关系的继兄弟姐妹。

(5) 祖父母、外祖父母。

祖父母、外祖父母包括亲祖父母、外祖父母,也包括养祖父母、养外祖父母,有扶养关系的继祖父母、继外祖父母。

(6) 对公婆或岳父母尽了主要赡养义务的丧偶儿媳或女婿。

对被继承人生活提供了主要经济来源,或在劳务等方面给予了主要扶助的,应当认定其尽了主要赡养义务或主要扶养义务。

一般而言,儿媳或女婿没有继承公婆或岳父母遗产的权利,但对公婆或岳父母尽了主要赡养义务的丧偶儿媳或丧偶女婿有继承公婆或岳父母遗产的权利,而且是第一顺序的法定继承人。至于其在丧偶后是否再婚不影响其继承权。而且,他们作为第一顺序的继承人继承遗产,也不影响其子女的代位继承权。

2. 法定继承人的顺序

按照我国《民法典》的规定,继承应当按照顺序进行。第一顺序继承人包括配偶、子女、父母,对公婆或岳父母尽了主要赡养义务的丧偶儿媳或丧偶女婿;第二顺序继承人包括兄弟姐妹、祖父母、外祖父母。

法定继承人的顺序有重要的意义,在适用时应当遵守以下规则。

(1)继承开始后,先由第一顺序继承人继承,第二顺序继承人不继承。

(2)没有第一顺序继承人或第一顺序继承人放弃继承或继承权被剥夺的,由第二顺序继承人继承。

(二)代位继承

代位继承在现代各国法律中一般都有规定,但是在概念和范围上有所不同。我国《民法典》第一千一百二十八条对代位继承做出了规定。代位继承有以下含义。

第一,代位继承是法定继承中的制度,在遗嘱继承和遗赠中不适用。

第二,代位继承在两种情形下发生:一是被继承人的子女先于被继承人死亡的,由被继承人的子女的直系晚辈血亲代位继承;二是被继承人的兄弟姐妹先于被继承人死亡的,由被继承人的兄弟姐妹的子女代位继承。

第三,代位继承是代位继承人代位继承被代位继承人应继承份额的制度。

代位继承是代位继承人代替被代位继承人继承被继承人的遗产,因此,无论代位继承人是一人还是数人,都只能继承被代位继承人本应继承的份额。被继承人的孙子女、外孙子女、曾孙子女、外曾孙子女都可以代位继承,代位继承人不受辈数的限制。

被继承人的养子女、已形成扶养关系的继子女的生子女可代位继承;被继承人亲生子女的养子女可代位继承;被继承人养子女的养子女可代位继承;与被继承人已形成扶养关系的继子女的养子女也可以代位继承。

案例 4-1

被继承人甲有一子一女,子女均于甲死亡前死亡,甲的配偶、父母也先于甲死亡,甲有一弟弟乙健在。甲的儿子留有子女 A、B、C,女儿留有一子 D,甲的儿媳 E 对其尽了主要赡养义务。此时,甲死亡时遗产应当由谁继承?

(三)继承权的丧失及宽宥制度

《民法典》第一千一百二十五条,规定了继承人丧失继承权的情形,具体包括:

(1)故意杀害被继承人;

(2)为争夺遗产而杀害其他继承人;

(3)遗弃被继承人,或者虐待被继承人情节严重;

(4)伪造、篡改、隐匿或者销毁遗嘱,情节严重;

(5)以欺诈、胁迫手段迫使或者妨碍被继承人设立、变更或者撤回遗嘱,情节严重。

继承人有前述第(3)项至第(5)项行为,确有悔改表现,被继承人表示宽恕

或者事后在遗嘱中将其列为继承人的,该继承人不丧失继承权。

受遗赠人有以上规定行为的,丧失受遗赠权。

四、法定继承人的应继份

《民法典》第一千一百三十条规定:同一顺序继承人继承遗产的份额,一般应当均等。对生活有特殊困难又缺乏劳动能力的继承人,分配遗产时,应当予以照顾。对被继承人尽了主要扶养义务或者与被继承人共同生活的继承人,分配遗产时,可以多分。有扶养能力和有扶养条件的继承人,不尽扶养义务的,分配遗产时,应当不分或者少分。继承人协商同意的,也可以不均等。

(一) 法定继承份额的基本原则

同一顺序的继承人对于应当继承的遗产份额,应当遵循以下基本原则。

1. 平等协商原则

继承人应当本着互谅互让、和睦团结的精神,协商处理继承问题。遗产分割的时间、办法和份额,由继承人协商确定。协商不成的,可以由人民调解委员会调解或者向人民法院提起诉讼。

2. 均等原则

只要继承人不存在特殊的情形,同一顺序继承人继承遗产的份额,一般应当均等。当然,继承人协商同意的,也可以不均等。

3. 特殊情况下的不均等原则

对被继承人尽了主要扶养义务或者与被继承人共同生活的继承人,分配遗产时,可以多分。有扶养能力和扶养条件的继承人,不尽扶养义务,分配遗产时,应当不分或者少分。

继承人有扶养能力和扶养条件,愿意尽扶养义务,但被继承人因有固定收入和劳动能力,明确表示不要求扶养的,分配遗产时,一般不应因此而影响其继承份额。有扶养能力和扶养条件的继承人虽然与被继承人共同生活,但对需要扶养的被继承人不尽扶养义务,分配遗产时,可以少分或者不分。

4. 特别照顾原则

对生活有特殊困难的缺乏劳动能力的继承人,分配遗产时,应当予以照顾。

(二) 法定继承的特别规则

1. 收养关系中的法定继承问题

(1) 被收养人对养父母尽了赡养义务,同时又对生父母扶养较多的,除可继承养父母的遗产外,还可分得生父母的适当的遗产。

(2) 收养他人为养孙子女,视为养父母与养子女关系的,可互为第一顺序继承人。

(3) 养子女与生子女之间、养子女与养子女之间,系养兄弟姐妹,可互为第二顺序继承人。被收养人与其亲兄弟姐妹之间的权利义务关系,因收养关系的成立而消除,不能互为第二顺序继承人。

2. 继父母子女关系中的法定继承问题

（1）在旧社会形成的一夫多妻家庭中，子女与生母以外的父亲的其他配偶之间形成扶养关系的，互有继承权。

（2）继子女继承了继父母遗产的，不影响其继承生父母的遗产。继父母继承了继子女遗产的，不影响其继承生子女的遗产。

（3）继兄弟姐妹之间的继承权，因继兄弟姐妹之间的扶养关系而发生。没有扶养关系的，不能互为第二顺序继承人。继兄弟姐妹之间相互继承了遗产的，不影响其继承亲兄弟姐妹的遗产。

（4）被继承人的养子女、已形成扶养关系的继子女的生子女可代位继承；被继承人亲生子女的养子女可代位继承；被继承人养子女的养子女可代位继承；与被继承人已形成扶养关系的继子女的养子女也可以代位继承。

3. 继承人以外的人分得适当遗产的权利

对继承人以外的依靠被继承人扶养的缺乏劳动能力又没有生活来源的人，或者继承人以外的对被继承人扶养较多的人，可以分给他们适当的遗产。

可以分给适当遗产的人，分给他们遗产时，按具体情况可多于或少于继承人。

可以分给适当遗产的人，在其依法取得被继承人遗产的权利受到侵犯时，本人有权以独立的诉讼主体的资格向人民法院提起诉讼。

4. 代位继承的问题

（1）继承人丧失继承权的，其晚辈直系血亲不得代位继承。如该代位继承人缺乏劳动能力又没有生活来源，或对被继承人尽赡养义务较多的，可适当分给遗产。

（2）丧偶儿媳对公婆，丧偶女婿对岳父、岳母，无论其是否再婚，依照《民法典》第一千一百二十九条规定作为第一顺序继承人时，不影响其子女代位继承。

【任务完成】

就任务一的任务实例，作为养老服务人员，你可以为老人提供如下法律建议。

（1）老人作为张乙的父母，是第一顺序继承人，有继承张乙遗产的权利，张乙妻子孙某的行为侵犯了老人的合法继承权。

（2）张乙的第一顺序继承人包括王老太、张大爷和孙某，三人作为同一顺序继承人继承的份额一般应当均等。但是如果两位老人生活困难又丧失劳动能力，则应当在遗产份额上适当多分。

（3）孙某的行为侵犯了两位老人的合法继承权，老人可以向孙某要求返还其应当继承的财产份额。如果孙某拒绝返还，老人有权向人民法院提起诉讼。

模块四 老年人遗产继承

任务二 协助老年人订立遗嘱

【任务目标】

在养老服务过程中,你能够协助老年人订立合法有效的遗嘱,实现老年人按照个人意愿处分死后遗产的权利。

【任务实例】

刘阿姨,文盲,早年丧夫,两个儿子都由刘阿姨拉扯长大。谁知两个儿子长大后,将年老体弱的母亲送到养老院后就不再来探望,只是每月支付养老院的基本费用。刘阿姨对两个儿子的行为非常失望。在养老院生活期间,刘阿姨得到了护理员小张的精心照料,与小张的感情也好像亲母女一样。近期刘阿姨听闻,老人死后遗产都由子女继承,其他人没有继承的权利。这让刘阿姨身陷苦恼。她觉得两个儿子对自己并不好,而小张像亲人一样照料自己,她想死后把财产留给小张。

【任务描述】

如果你是养老服务人员,你如何帮助老人实现处分死后遗产的权利?

【背景知识】

随着老年人文化水平的提高和处理个人财产意愿的增强,老年人通过遗嘱处置死后财产的行为越来越普遍,但是老年人在订立遗嘱时往往会陷入一些误区,导致老人死亡后遗嘱被认定无效或部分无效。这将极大地影响老人个人意愿的实现。

误区一:订立遗嘱"不吉利"。

很多老年人一听到"订立遗嘱",就认为这是不吉利的事情,似乎意味着老年人的生命已经走到了尽头,因此对订立遗嘱一事非常忌讳。其实,遗嘱是反映老年人自主意愿的重要法律文件。虽然我国法律对遗产的继承有基本的规定,但是法定继承毕竟是对一般公民遗产分配意愿的法律推定,并不能反映每一个被继承人对死后遗产处置的真实意愿。老年人如果对遗产分配有特别的想法和意愿,必须通过订立遗嘱的方式加以确定,否则老人死后的遗产只能按照法定继承的方式在继承人之间分配。另外,老年人订立遗嘱也有助于减少继承人对遗产分配的争议,减少家庭矛盾的发生。

误区二:遗嘱可以随时订立。

有的老年人认为遗嘱可以随时订立,"只要在自己有生之年订立就可以了"。持有这样观点的老年人一般对自己的身体状况抱有信心,认为自己不急于订立遗嘱。按照我国继承法律制度要求,订立遗嘱时,立遗嘱人必须具有完全的民事行为能力,否则遗嘱即使订立也可能被认定无效。老年人的身体状况变化较快,也比较突然,一旦老年人因为各种原因丧失民事行为能力,则无法为自己订立有效的遗嘱。同时,老年人在身体状况出现问题的情况下订立的遗嘱,其行为能力的有无往往成为继承人争议的焦点,导致家庭矛盾的发生。因

此,建议老年人应当在身体状态良好的时候,及时订立遗嘱,防止对遗嘱有效性的争议。

误区三:遗嘱可以随意订立。

由于法律意识的欠缺,有的老年人在订立遗嘱时随意性较大,误认为只要自己留下字据,就可以作为遗嘱使用。根据相关要求,遗嘱应当以法定的形式表现。由于遗嘱是在立遗嘱人死亡后才发生效力,对于遗嘱形式要件的要求更加严格,不符合法定的遗嘱形式,遗嘱可能被认定为无效。

误区四:遗嘱内容不必很明确、很详尽。

有的老年人遗嘱内容过于简单,对特定的遗产指代不明,导致老人死亡后遗嘱没有执行的效力。老年人应当在遗嘱中对遗产有明确的指定,避免歧义和误解。遗产指向不明主要是指对特定物的指向不明,如对于老年人房产的分配。如果老年人有多处房产,则应当具体指明某一处或某几处房产由谁继承。对于一般物的表述并不需要特殊的指向,如老年人在遗嘱中对存款的分配,并不需要特别指定哪个银行账户的存款如何分配,而只需要对存款的数额有明确的表示即可。

误区五:随意处置他人财产。

老年人订立遗嘱时,可能在无意间处置了他人财产,尤其是对夫妻共同财产的处置最为常见。老年人由于传统观念的影响和法律意识的欠缺,常常把夫妻共同财产视为自己个人财产对待而在遗嘱中进行分配。遗嘱应当是立遗嘱人对个人所有的财产的处置,禁止在遗嘱中对他人所有的财产进行处置,遗嘱中这样的条款应当被认定为无效。因此,老年人应当注意在订立遗嘱时将夫妻共同财产进行分割,明确所有权后对自己个人享有所有权的那部分财产进行处置。

误区六:随意泄露遗嘱内容,影响家庭关系。

老年人订立遗嘱后,应注意处理好家庭关系,防止因为遗嘱内容泄露影响家庭关系。老年人订立遗嘱后,应当将遗嘱妥善保管,最好将遗嘱交由无利害关系的第三人进行保管,如交由可信赖的律师、朋友,或者交存银行保管。订立遗嘱前,老年人应尽量避免向继承人或其他有关人员泄露遗产处置的意向,订立遗嘱后,也应当避免随意泄露遗嘱内容。泄露遗嘱内容的行为既可能影响家庭关系,严重的还可能给老人的人身安全带来隐患。

【专业知识】

老年人通过遗嘱处置自己死后财产,方式有两种:遗嘱继承和遗赠。

一、遗嘱

(一)遗嘱的含义和法律特征

遗嘱是公民生前按照法律规定的方式对个人财产和其他事务预先作出处分并于其死亡时发生法律效力的一种法律行为。哪些人能参与遗嘱继承、遗嘱继承人能取得多少或哪些遗产,全由遗嘱决定。

遗嘱具有以下法律特征。

第一,遗嘱是单方法律行为。所谓单方法律行为,是指只要有行为人一方的意思表示就可以成立,无须他方认可。遗嘱是一种单方法律行为,因此在遗嘱生效前,立遗嘱人可以根据自己的意愿变更或撤销已订立的遗嘱。

第二,遗嘱是遗嘱人独立的法律行为。这意味着,遗嘱应当是立遗嘱人在独立自主的意志下订立的,不能由他人代理,也无须征得他人的同意。通过任何违背立遗嘱人意志的方式如欺诈、胁迫、乘人之危等所订立的遗嘱都是无效的。

第三,遗嘱于立遗嘱人死亡后发生法律效力。遗嘱人可以在死亡前随时变更或撤销遗嘱。

第四,遗嘱是要式法律行为。所谓要式法律行为,是指遗嘱应当符合法律规定的形式,否则遗嘱不能发生法律效力。遗嘱的形式是否符合法律规定的形式,以遗嘱设立时的情形确定。

第五,遗嘱必须依法作出。遗嘱不得违反法律的规定,立遗嘱人处分财产的权利受到法律的限制,不得违反法律和社会公德。

(二)遗嘱的生效要件

遗嘱应当符合以下要件才能生效。

1. 遗嘱人有遗嘱能力

所谓遗嘱能力,是指公民依法享有的设立遗嘱、依法自由处分自己财产的资格。

在我国,只有完全民事行为能力人才能立遗嘱。按照《民法典》的规定,18周岁以上精神健全的成年人才有订立遗嘱的能力,16周岁以上的未成年人、以自己的劳动收入为主要生活来源的也具有订立遗嘱的能力。

对于遗嘱能力的判断,应当以其立遗嘱时的情况为准。立遗嘱时无行为能力,立遗嘱后获得行为能力的不能认定之前订立的遗嘱的效力。同样,遗嘱人立遗嘱时有民事行为能力,立遗嘱后变成无民事行为能力或限制民事行为能力人,不影响先前订立的遗嘱的效力。

在生活中,老年人常常随着年龄的增大而记忆力减退,甚至患有阿尔茨海默病。那么如何判断老年人所立遗嘱是否有效呢?

案例 4-2

年逾80的刘老太去世后,她的子女们却对簿公堂。儿子拿出刘老太的自书遗嘱,要求继承全部遗产。但老人的3个女儿质疑:"我母亲患有阿尔茨海默病,后又突发脑梗,不可能书写遗嘱!"

刘老太生前育有三女一子。刘老太的丈夫已于2012年去世,去世后子女曾表示放弃继承权,全部财产由刘老太继承。而2020年刘老太去世后,她的4个子女却因遗产分割问题发生争执,且官司打上了法庭。庭审中,儿子拿出了刘老太于2018年自己书写的一份遗嘱。内容是,"我死后

将全部遗产均留给儿子,3个女儿不享受遗产份额。"然而,刘老太的3个女儿对遗嘱的真实性产生争议。她们称,刘老太自从老伴去世后精神抑郁,从2017年开始就经常精神恍惚,出现了阿尔茨海默病的症状。2018年,刘老太还突发脑梗住进了医院,2020年在医院里去世了。"在住院治疗期间,无论是从智力上还是意识上,我母亲都不可能书写遗嘱。"

最终,法院判定该遗嘱无效。

判断老人所立遗嘱是否有效,首先应当考察老人立遗嘱时是否具有行为能力,而非死亡时是否有行为能力。其次,要确认订立遗嘱时老人精神状态问题的严重程度,如果老人立遗嘱时患有精神病、老年期痴呆或较重心理疾病,应当认定其不具有遗嘱能力;如果老人虽有一定程度的记忆力减退、精神衰弱等问题,但仍然能够正常辨别自己的行为,知晓事情的性质,则订立的遗嘱仍然有效。

老年人为避免死后继承人对遗嘱效力产生争议,可以在订立遗嘱时通过权威机构作出民事行为能力的鉴定,或通过专业的医疗机构作出医学检查。

2. 遗嘱必须是遗嘱人真实意思的表示

遗嘱必须表示遗嘱人的真实意思,受胁迫、欺骗所立的遗嘱无效。伪造的遗嘱无效。遗嘱被篡改的,篡改的内容无效。

3. 遗嘱的内容合法

遗嘱的内容应当合法,一般来说,遗嘱的内容应当包括以下几方面。

(1) 指定继承人和受遗赠人。

《民法典》第一千一百三十三条规定:自然人可以依照本法规定立遗嘱处分个人财产,并可以指定遗嘱执行人。自然人可以立遗嘱将个人财产指定由法定继承人中的一人或者数人继承。自然人可以立遗嘱将个人财产赠与国家、集体或者法定继承人以外的组织、个人。自然人可以依法设立遗嘱信托。

(2) 指定遗产的分配办法或份额。

遗嘱人应当在遗嘱中列明遗产的清单及其分配办法,说明财产的名称、数量及存放地点等信息。同时说明每个指定的继承人继承的具体财产或份额。

(3) 对遗嘱继承人或受遗赠人附加的义务。

遗嘱可以对遗嘱继承人或受遗赠人附加义务。附义务的遗嘱继承或遗赠,如义务能够履行,而继承人、受遗赠人无正当理由不履行,经受益人或其他继承人请求,人民法院可以取消他接受附义务那部分遗产的权利,由继承人或受益人负责按遗嘱人的意愿履行义务,接受遗产。

(4) 指定候补继承人或候补受遗赠人。

当遗嘱继承人或受遗赠人因死亡或其他原因无法获得遗产时,遗嘱人可以在遗嘱中指定候补继承人或者候补受遗赠人。

(5) 指定遗嘱执行人。

遗嘱执行人是继承开始后执行遗嘱的人。遗嘱执行人可以指定,也可以不指定。

遗嘱在内容订立上应当遵循以下要求。

① 遗嘱只能处分遗嘱人的个人财产。

② 遗嘱不得取消或减少缺乏劳动能力又没有生活来源的继承人及未出生的胎儿对遗产应继承的份额。

4. 遗嘱的形式合法

遗嘱的法定形式以立遗嘱时的法律为准。

(三) 遗嘱的法定形式

按照我国法律规定,遗嘱可以采用公证遗嘱、自书遗嘱、代书遗嘱、打印遗嘱、录音录像遗嘱和口头遗嘱六种形式,每一种遗嘱都有严格的形式要求。

1. 公证遗嘱

公证遗嘱是指依据公证程序和方式所订立的遗嘱。公证遗嘱由遗嘱人经公证机关办理。

遗嘱公证的办理程序大致如下。

(1) 申请。

遗嘱人亲自申请办理公证。遗嘱人亲自到公证处有困难的,可以书面或者口头形式请求有管辖权的公证处指派公证人员到其住所或者临时处所办理。

遗嘱公证由遗嘱人住所地或者遗嘱行为发生地公证处管辖。

申办遗嘱公证,遗嘱人应当填写公证申请表,并提交下列证件和材料:居民身份证或者其他身份证件;遗嘱涉及的不动产、交通工具或者其他有产权凭证的财产的产权证明;公证人员认为应当提交的其他材料。遗嘱人填写申请表确有困难的,可由公证人员代为填写,遗嘱人应当在申请表上签名。

(2) 受理及审查。

对于属于本公证处管辖,并符合规定的申请,公证处应当受理。对于不符合规定的申请,公证处应当在 3 日内作出不予受理的决定,并通知申请人。

公证处应当按照《公证程序规则》第十九条的规定进行审查,并着重审查遗嘱人的身份及意思表示是否真实、有无受胁迫或者受欺骗等情况。

公证人员询问遗嘱人,除见证人、翻译人员外,其他人员一般不得在场。公证人员应当按照《公证程序规则》第二十九条的规定制作询问笔录。询问笔录应当着重记录下列内容:① 遗嘱人的身体状况、精神状况;遗嘱人是老年人、间歇性精神病人、危重伤病人的,还应当记录其对事物的识别、反应能力。② 遗嘱人家庭成员情况,包括其配偶、子女、父母及与其共同生活人员的基本情况。③ 遗嘱所处分财产的情况,是否属于遗嘱人个人所有,以前是否曾以遗嘱或者遗赠扶养协议等方式进行过处分,有无已设立担保、已被查封、扣押等限制所有权的情况。④ 遗嘱人所提供的遗嘱或者遗嘱草稿的形成时间、地点和过程,是自书还是代书,是否本人的真实意愿,有无修改、补充,对遗产的处分是否附有条件;代书人的情况,遗嘱或者遗嘱草稿上的签名、盖章或者手印是否本人所为。⑤ 遗嘱人未提供遗嘱或者遗嘱草稿的,应当详细记录其处分遗产的意思表示。⑥ 是否指定遗嘱执行人及遗嘱执行人的基本

情况。⑦公证人员认为应当询问的其他内容。询问笔录应当当场向遗嘱人宣读或者由遗嘱人阅读,遗嘱人无异议后,遗嘱人、公证人员、见证人应当在笔录上签名。

遗嘱应当包括以下内容:①遗嘱人的姓名、性别、出生日期、住址;②遗嘱处分的财产状况(名称、数量、所在地点及是否共有、抵押等);③对财产和其他事务的具体处理意见;④有遗嘱执行人的,应当写明执行人的姓名、性别、年龄、住址等;⑤遗嘱制作的日期及遗嘱人的签名。遗嘱中一般不得包括与处分财产及处理死亡后事宜无关的其他内容。

公证人员发现有下列情形之一的,公证人员在与遗嘱人谈话时应当录音或者录像:①遗嘱人年老体弱;②遗嘱人为危重伤病人;③遗嘱人为聋、哑、盲人;④遗嘱人为间歇性精神病人、弱智者。

(3)出具公证书。

对于符合下列条件的,公证处应当出具公证书:①遗嘱人身份属实,具有完全民事行为能力;②遗嘱人意思表示真实;③遗嘱人证明或者保证所处分的财产是其个人财产;④遗嘱内容不违反法律规定和社会公共利益,内容完备,文字表述准确,签名、制作日期齐全;⑤办证程序符合规定。

(4)签字或盖章。

公证遗嘱采用打印形式。遗嘱人根据遗嘱原稿核对后,应当在打印的公证遗嘱上签名。遗嘱人不会签名或者签名有困难的,可以盖章方式代替在申请表、笔录和遗嘱上的签名;遗嘱人既不能签字又无印章的,应当以按手印方式代替签名或者盖章。有前款规定情形的,公证人员应当在笔录中注明。以按手印代替签名或者盖章的,公证人员应当提取遗嘱人全部的指纹存档。

(5)封存。

遗嘱公证卷应当列为密卷保存。遗嘱人死亡后,转为普通卷保存。公证遗嘱生效前,遗嘱卷宗不得对外借阅,公证人员亦不得对外透露遗嘱内容。

2. 自书遗嘱

自书遗嘱是指由遗嘱人生前亲笔书写所制作的遗嘱。《民法典》第一千一百三十四条规定:自书遗嘱由遗嘱人亲笔书写,签名,注明年、月、日。自书遗嘱简便易行,又便于保密,在实践中较为普遍。自书遗嘱应当符合以下要求。

第一,自书遗嘱必须由遗嘱人亲笔书写全文。

第二,自书遗嘱是立遗嘱人关于死后财产分配的正式意思表示。

如果遗嘱人不是正式制作遗嘱,不能认定其内容为自书遗嘱。但是,自书遗嘱也并非一定有"遗嘱"的字样,如果遗嘱人在有关文书中对死亡后财产的分配作出安排,则应当认定该文书为自书遗嘱。《最高人民法院关于适用〈中华人民共和国民法典〉继承编的解释(一)》第二十七条规定:自然人在遗书中涉及死后个人财产处分的内容,确为死者的真实意思表示,有本人签名并注明了年、月、日,又无相反证据的,可以按自书遗嘱对待。

第三,遗嘱人应当手写签名。

遗嘱人应当手写签名,不能以盖章或者按手印代替。无遗嘱人签名的自书

遗嘱,应当认定为无效。

第四,注明年、月、日。

遗嘱注明的时间是判断立遗嘱人遗嘱能力的标准,因此是必须书写的内容。

3. 代书遗嘱

代书遗嘱是指由遗嘱人口述遗嘱内容,他人代为书写而制作的遗嘱。《民法典》第一千一百三十五条规定:代书遗嘱应当有两个以上见证人在场见证,由其中一人代书,并由遗嘱人、代书人和其他见证人签名,注明年、月、日。通常情况下遗嘱由遗嘱人亲自书写,但是如果遗嘱人没有书写能力,或者因其他原因不能书写的,法律允许他人代书。

为保证代书遗嘱的真实性,我国法律规定代书遗嘱应当符合以下要求。

(1) 代书遗嘱应由立遗嘱人口授遗嘱内容,由代书人代书。

遗嘱必须由立遗嘱人亲口表述,代书人应当严格遵循口授内容,不得篡改或修正口授内容。

(2) 代书遗嘱必须有两个以上见证人在场见证,由其中一人代书。

代书遗嘱应当至少有两名见证人,只有代书人一人在场的代书遗嘱不具有遗嘱的效力。

(3) 代书人、其他见证人和遗嘱人签名,并注明年、月、日。

代书人书写完遗嘱后应当当场宣读遗嘱内容,由立遗嘱人和其他见证人确认无误后,在遗嘱上签名。

4. 打印遗嘱

打印遗嘱是指通过电子设备打印出来的遗嘱。《民法典》第一千一百三十六条规定,打印遗嘱应当有两个以上见证人在场见证。遗嘱人和见证人应当在遗嘱每一页签名,注明年、月、日。打印遗嘱是《民法典》新增加的遗嘱形式之一。打印遗嘱应当满足以下要件:

第一,打印遗嘱必须有两个以上见证人在场见证。见证应当包括遗嘱制作的全过程。

第二,遗嘱人和见证人应当在遗嘱每一页签名,注明年、月、日。

5. 录音录像遗嘱

录音录像遗嘱是指遗嘱人口述遗嘱内容,以录音录像的形式制作的遗嘱。《民法典》第一千一百三十七条规定:以录音录像形式立的遗嘱,应当有两个以上见证人在场见证。遗嘱人和见证人应当在录音录像中记录其姓名或者肖像,以及年、月、日。

6. 口头遗嘱

口头遗嘱是指遗嘱人口头表达的遗嘱。口头遗嘱容易伪造、篡改、失真等,为保证其有效性,《民法典》对口头遗嘱的要件作出了规定。《民法典》第一千一百三十八条规定:遗嘱人在危急情况下,可以立口头遗嘱。口头遗嘱应当有两个以上见证人在场见证。危急情况消除后,遗嘱人能够以书面或者录音录像形式立遗嘱的,所立的口头遗嘱无效。

(1) 遗嘱人在危急情况下,不能以其他方式订立遗嘱的可以立口头遗嘱。

所谓危急情况,是指遗嘱人生命垂危、在战争中或者发生意外灾害或突发事件,随时都有生命危险,来不及或无条件以其他方式订立遗嘱。当然,在危急情况解除后,如果遗嘱人可以以其他方式订立遗嘱的,则先前的口头遗嘱无效。

(2) 口头遗嘱应当有两个以上见证人在场见证。

见证人应当将遗嘱人口头遗嘱的内容记录下来,签名并注明年、月、日。如果见证人无法当场记录的,应事后补记。

按照《民法典》的规定,代书遗嘱、打印遗嘱、录音录像遗嘱和口头遗嘱应当有两个以上见证人在场。遗嘱见证人应当本着客观公正的态度证明遗嘱的真实性。因此,下列人员不能作为遗嘱见证人。

第一,无民事行为能力人、限制民事行为能力人及其他不具有见证能力的人;

第二,继承人、受遗赠人;

第三,与继承人、受遗赠人有利害关系的人。

(四) 遗嘱效力的认定

符合法律规定的条件,遗嘱能够发生法律效力。不符合法律规定的条件,遗嘱可能被认定无效或部分无效。

遗嘱人可以撤回、变更自己所立的遗嘱。立遗嘱后,遗嘱人实施与遗嘱内容相反的民事法律行为的,视为对遗嘱相关内容的撤回。立有数份遗嘱,内容相抵触的,以最后的遗嘱为准。

遗嘱人生前的行为与遗嘱的意思表示相反,而使遗嘱处分的财产在继承开始前灭失,部分灭失或所有权转移、部分转移的,遗嘱视为被撤销或部分被撤销。

(五) 共同遗嘱

所谓共同遗嘱,是指两个以上的遗嘱人共同设立的一份遗嘱,在遗嘱中共同处分共同遗嘱人各自的财产或共同的财产。生活中,常见的共同遗嘱有夫妻双方合立的遗嘱。

共同遗嘱应当符合遗嘱的要件。同时,共同遗嘱的遗嘱人一般不能同时死亡,因此其中一人死亡时,遗嘱中涉及该遗嘱人遗产的内容发生效力,而未死亡的遗嘱人的遗嘱内容不生效。

二、遗嘱继承

《民法典》规定,自然人可以立遗嘱将个人财产指定由法定继承人中的一人或者数人继承。

(一) 遗嘱继承的特点

作为一种继承方式,遗嘱继承与法定继承相对,其特点如下。

1. 遗嘱继承以被继承人死亡和合法有效的遗嘱为发生根据

作为继承的方式之一,遗嘱继承必须以被继承人死亡的发生为前提,没有死亡的事实就不存在继承。另外,遗嘱继承的前提必须是被继承人生前立有合法有效的遗嘱,遗嘱人所立遗嘱无效或被撤销,不发生遗嘱继承。

2. 遗嘱继承直接体现被继承人的意志

遗嘱由被继承人生前按照自己的意志订立,因此相较于法定继承而言更能反映被继承人的真实意愿。也正因为这一特点,越来越多的老年人愿意利用法律的手段订立遗嘱,期望按照自己的意愿分配死后的遗产。

3. 遗嘱继承在效力上优先于法定继承

从效力上看,遗嘱继承优先于法定继承。被继承人生前立有合法有效遗嘱的,应当首先按遗嘱的内容进行继承。在没有遗嘱或遗嘱被人民法院判决无效时,才按照法定继承方式办理。

(二)遗嘱继承的要件

遗嘱继承在以下条件具备时发生。

1. 没有遗赠扶养协议

遗嘱继承的效力优先于法定继承,但是遗嘱继承不能对抗遗赠扶养协议的约定。被继承人生前与扶养人签订遗赠扶养协议的,即使被继承人另立有遗嘱,也应当执行遗赠扶养协议。只有在没有遗赠扶养协议情况下,遗嘱继承才能发生。对于遗赠扶养协议中未约定的财产,可以按照遗嘱继承分配。

2. 被继承人立有合法、有效的遗嘱

遗嘱继承的前提是被继承人生前所立的遗嘱合法、有效,遗嘱生效的要件如前所述。被继承人未立遗嘱或者遗嘱被认定无效的,不能发生遗嘱继承。遗嘱中未处置的财产,不得进行遗嘱继承,应适用法定继承。

3. 遗嘱继承人未丧失继承权或者未放弃继承权

继承人应当具有继承权,因法定事由丧失继承权的继承人不得参与遗嘱继承。另外,遗嘱继承人可以接受继承也可以放弃继承。继承人放弃继承权的意思表示必须明示。在继承开始后,继承人未明确表示放弃继承权的,视为接受继承。如果继承人明确表示放弃继承权,则对其放弃的遗嘱中处分的遗产,适用法定继承。

三、遗赠

(一)遗赠的含义和法律特征

遗赠是遗嘱人以遗嘱形式将自己财产的一部分或全部赠与国家、集体组织或法定继承人以外的人,并于遗嘱人死亡时生效的法律行为。设立遗嘱的人为遗赠人,遗嘱中指定而接受遗赠利益的人为受遗赠人,遗赠所指向的财产为遗赠财产或遗赠物。

遗赠具有以下法律特征。

第一,遗赠是一种单方法律行为。遗赠只需遗赠人单方意思表示即可成立,不需要受遗赠人的同意。遗嘱生效前,遗赠人可以随时变更和撤销遗赠的意思表示。

第二,遗赠是将财产利益给予法定继承人以外的人,具有无偿赠与的性质。遗赠既可以是赠与财产,也可以是免除他人的财产债务。当然,遗赠可以附加

某些负担。

第三,遗赠是于遗赠人死亡后发生效力的法律行为。遗赠的意思表示发生于遗赠人生前,但是遗赠在遗赠人死亡后发生法律效力。

第四,遗赠只能由受遗赠人亲自接受。遗赠以特定受益人为对象,具有很强的人身性和不可替代性。受遗赠人应当是遗赠发生时生存之人,受遗赠人先于遗赠人死亡的,遗赠不能发生效力,更不涉及代位继承问题。

(二)遗赠的要件

遗赠只有在以下条件下才能生效。

第一,据以确认受遗赠权的遗嘱必须是合法有效的遗嘱。

第二,遗赠人在遗嘱设立的时候有遗嘱能力。

第三,遗赠人须为缺乏劳动能力又没有生活来源的继承人保留必要的遗产份额。

第四,遗赠人所立的遗嘱符合法定的形式要件。

第五,受遗赠人必须为遗赠人的遗嘱生效时生存之人。

第六,遗赠的财产须是在遗赠人死亡时能够执行遗赠的合法遗产。

(三)遗赠的执行

继承开始后,受遗赠人应当在合理的时间内接受所受遗赠的遗产。《民法典》第一千一百二十四条规定,受遗赠人应当在知道受遗赠后 60 日内,作出接受或者放弃受遗赠的表示;到期没有表示的,视为放弃受遗赠。继承开始后,受遗赠人表示接受遗赠,并于遗产分割前死亡的,其接受遗赠的权利转移给他的继承人。

四、遗赠扶养协议

(一)遗赠扶养协议的含义和特点

1. 遗赠扶养协议的含义

在我国传统生活中,为赡养、照顾老人,存在一种特殊的遗赠方式,即遗赠扶养。《民法典》第一千一百五十八条规定:自然人可以与继承人以外的组织或者个人签订遗赠扶养协议。按照协议,该组织或者个人承担该自然人生养死葬的义务,享有受遗赠的权利。

所谓遗赠扶养协议是指遗赠人和扶养人之间订立的关于扶养人承担遗赠人生养死葬的义务,遗赠人将自己全部或部分财产遗赠给扶养人的协议。遗赠扶养协议有两种:一种是自然人与自然人签订的遗赠扶养协议,另一种是自然人与相关组织签订的遗赠扶养协议。

2. 遗赠扶养协议的特点

遗赠扶养协议具有以下几个特点。

(1)遗赠扶养协议的主体。遗赠人只能是自然人,扶养人可以是自然人(必须是法定继承人以外的人),也可以是组织,而且须具有扶养能力和扶养条件,同时扶养人没有法定的扶养义务。《民法典》扩大了遗赠扶养协议的适用范围,规定只要是法定继承人以外的组织或个人均可以成为扶养人。

(2) 遗赠扶养协议是一种协议行为。遗赠扶养协议应当在双方意思表示一致的前提下成立。协议订立后,任何一方不得擅自单方变更或解除协议。

(3) 遗赠扶养协议的双方,互享权利,互负义务。扶养人负有对遗赠人生养死葬的义务,享有接受遗赠人遗赠财产的权利;遗赠人享有接受扶养的权利,负有将其遗产遗赠给扶养人的义务。

(4) 为避免遗赠扶养协议履行中发生法律纠纷,协议最好采用书面形式,以便明确双方的权利义务,有利于协议的执行。遗赠扶养协议是不同于法定继承和遗嘱继承的承受遗产的方式。它是一种独特的死后转移死者财产的方式,它体现了遗赠人和扶养人的共同意志,是一种互助性的转移遗产方式,而且具有最优先的适用效力。《民法典》第一千一百二十三条规定:继承开始后,按照法定继承办理;有遗嘱的,按照遗嘱继承或者遗赠办理;有遗赠扶养协议的,按照协议办理。

(二) 遗赠扶养协议存在的现实问题

在日常生活中,遗赠扶养协议的签订、履行等存在一定的问题,使遗赠扶养协议未发挥其应有的效力。其主要体现在以下几个方面。

(1) 遗赠扶养协议的内容不明确。遗赠扶养协议的双方当事人不一定都是有较高法律意识的人,合同规定的权利义务的内容往往不够全面,使用的文字也不够准确,一旦发生争议,给争议的处理造成很大的困难。

(2) 遗赠人对所有权归属不明确的财产或对有的财产并不享有所有权,而仅享有使用权,在这种情况下,遗赠人对该财产的处分就不具有法律效力。

(3) 遗赠扶养协议的履行期限比较长,必须在遗赠人死亡后才发生遗赠的效力。而遗赠人的法定继承人在其死亡后,会提出继承遗产的要求。此时,遗赠扶养协议是扶养人获得遗产的唯一证据,对案件的处理至关重要。在现实生活中,遗赠扶养协议双方当事人对该协议的重要性没有给予足够的重视,协议内容过于简单、表述模糊不清,诉讼时,会给法院对该协议真实性、合法性的认定造成困难。

为了避免遗赠扶养协议在签订、履行等过程中存在的问题,公证机构的介入是完全必要的。遗赠扶养协议公证是公证机构根据申请人的申请,依法证明当事人签订遗赠扶养协议行为的真实性、合法性的活动。公证机构通过对遗赠扶养协议的真实性、合法性进行审查,出具公证文书,可以更好地保证双方当事人的合法权益,避免不必要的纠纷,节约诉讼成本。公证机构在办理这类公证时应着重注意解决以下几个问题。

(1) 审查双方当事人是否具有完全民事行为能力。遗赠人必须是具有完全民事行为能力的成年人。未成年人和无行为能力人不能签订协议。

(2) 审查双方当事人是否完全自愿。对于已婚的扶养人,还应征得其配偶和其他家庭成员的同意。

(3) 审查协议中双方的权利义务是否载明。

扶养人的主要权利义务:① 必须具有扶养的能力,妥善地照顾好被扶养人的生活,不得有虐待、歧视等不利于被扶养人的行为。② 不能随意中断对被扶

养人的扶养、照顾行为。③ 如因故需要解除协议时,必须事先征得被扶养人的同意,并要安排好被扶养人短期的生活。④ 被扶养人患病时,应及时给予医疗。⑤ 如被扶养人死亡,应料理善后。⑥ 被扶养人死亡后,依照协议约定合法地接受遗产。

被扶养人的主要权利义务:① 应遵守协议,不得违背协议将遗赠的财产作不利于扶养人的处分。如被扶养人在遗赠扶养协议中订明将某项财产遗赠给扶养人,此后他就不能再将该项财产赠与或出卖给他人,也不能用立遗嘱的方法将该项财产进行另外的处分。② 不得私自变更或撤销遗赠扶养协议,当被扶养人主动向扶养人提出解除遗赠扶养协议时,应根据扶养人所尽义务的情况,给予适当的经济补偿。

(4)审查遗赠财产的产权。如果遗赠人对所要遗赠的财产没有所有权、所有权不明或所有权有争议,公证机构均不能对协议进行公证。

【任务完成】

作为养老服务人员,你应当协助老人订立合法有效的遗嘱。在这一过程中应当注意以下几点。

第一,尊重老人是否有订立遗嘱的意愿。养老服务人员不应代替老人决定是否订立遗嘱,应当充分尊重老人的意愿。但是在老人对是否订立遗嘱产生疑惑时,养老服务人员要能够给予老人及时、明确的解释和提醒。

第二,客观、谨慎地判断老人是否具有完全民事行为能力。根据老人不同的生理、精神状态,对老人是否具有完全行为能力进行评估。具有完全行为能力的老人,可以自主订立遗嘱。行为能力欠缺的老人不能订立遗嘱。如果对于老人的行为能力难以判断,可建议老人到相关的鉴定部门或者医疗部门作出民事行为能力的判定。

第三,根据老人的实际情况,协助老人选择合适的遗嘱形式。在老人身体条件和文化水平允许的情况下,建议老人尽量采取公证遗嘱或自书遗嘱的形式。条件不允许的,可以协助老人签订代书遗嘱、录音录像遗嘱。情况危急的,可以选择口头遗嘱。应当协助老人确保所立遗嘱符合法律上对遗嘱形式的要求。

第四,在遗嘱内容上尊重老人对遗产处置的意愿。但应注意,不得违反法律的强制性规定。例如,老人只能处分自己所有的财产,老人应当为缺乏劳动能力又没有生活来源的继承人保留必要的遗产份额等。

第五,严格遵守保密义务,不得将老人遗嘱的内容向任何第三方透露。

第六,协助老人妥善保管好遗嘱,以待遗产的处理。

任务三 妥善保管及处理老年人的遗产

【任务目标】

在提供养老服务过程中,遇有老年人死亡,你能够妥善保管并处理老年人的遗产。

【任务实例】

张大妈老伴早亡,有三子一女。老人晚年一直生活在某养老机构中。张大妈的大儿子和女儿都居住在同一城市,定期都会来养老院探望老人。张大妈的二儿子和三儿子远在美国,很难回国一次。一天,张大妈突发脑出血抢救无效死亡。由于张大妈的子女都不在身边,她的所有遗产又都留在养老院。

【任务描述】

作为养老服务人员,你应当如何保管并处理张大妈的遗产?

【专业知识】

一、继承的开始

遗产继承的开始即继承法律关系的发生,同时引起被继承人遗产权利义务关系的移转。继承只能发生在被继承人死后,继承人应当按照法律规定的原则和方式接受或放弃遗产,并实际处理和安排遗产。《民法典》第一千一百二十一条规定,继承从被继承人死亡时开始。

(一)继承开始时间的意义

继承开始的时间在继承过程中具有重要的意义。

第一,有利于确定继承人的范围。在被继承人死亡前,继承人对被继承人的财产并不享有实际的权利,仅仅是作为法定继承人享有继承权。这种继承权可能因为多种主客观原因而被放弃或丧失。当被继承人死亡、继承开始时,继承人才取得真正意义上的继承权。继承人的范围应当在继承开始时被确定下来,被继承人死亡前或者死亡后继承人发生变化都不应当影响继承人范围的确定。无论是法定继承人还是遗嘱继承人,都必须是继承开始时健在的人或者没有丧失继承权的人,否则不能认定为继承人。

第二,有利于确定遗产的范围和遗产的价值。财产在生活当中往往容易发生物质形态或者价值形态的改变,遗产范围及价值的确定应当以继承开始时为准。当然,在继承开始后,遗产可能没有及时分割,在这个过程中遗产出现的消耗、毁损、产生孳息等,都会影响到遗产的范围和价值。但这属于遗产保管的问题,与继承开始时遗产的范围和价值不存在冲突。

第三,有利于确定继承人应继承份额和酌情分得遗产人应得遗产的数额。如前所述,在继承过程中,我国法律对有特殊困难需要照顾的继承人给予了一定的保护政策。继承人是否属于需要特别保护应当以继承开始时为准。例如,继承人是未成年人的,继承遗产时可以适当多分,随着未成年人年龄的增长不再是需要特别保护的人群,但是其遗产继承的份额和数量多少应当以继承开始时为准,不能以后续情况为准。

第四,有利于确定继承权最长保护时效的起算时间。

(二)继承开始的时间

继承开始的时间是被继承人死亡的时间。按照我国现行法律规定,自然人

的死亡有两种情况：自然死亡和被宣告死亡。

1. 自然死亡

自然死亡又称生理死亡，是自然人生命的终结。对于自然死亡时间的认定，存在很大的学理争议，各个国家对于自然死亡时间的认定标准也存在不同的规定。在我国司法实践中，自然死亡的时间可以按照以下依据确定。

第一，医院死亡证明书中记载的自然人死亡的时间。

第二，户籍管理登记册中记载的自然人死亡的时间。

第三，医院的死亡证明书与户籍管理登记册记载的死亡时间不一致的，以医院死亡证明书的记载为准。

2. 被宣告死亡

宣告死亡是指公民离开自己的住所下落不明达到法定的期限，人民法院经过利害关系人申请，依法宣告失踪人死亡的法律制度。《民法典》第四十六条规定，自然人有下列情形之一的，利害关系人可以向人民法院申请宣告该自然人死亡：① 下落不明满四年；② 因意外事件，下落不明满二年。因意外事件下落不明，经有关机关证明该自然人不可能生存的，申请宣告死亡不受二年时间的限制。下落不明是指公民离开最后居住地后没有音讯的状况。对于在国外无法正常通信联系的，不得以下落不明宣告死亡。

被宣告死亡的人，人民法院宣告死亡的判决作出之日视为其死亡的日期；因意外事件下落不明宣告死亡的，意外事件发生之日视为其死亡的日期。自然人被宣告死亡但是并未死亡的，不影响该自然人在被宣告死亡期间实施的民事法律行为的效力。被宣告死亡的人重新出现，经本人或者利害关系人申请，人民法院应当撤销死亡宣告。被宣告死亡的人的婚姻关系，自死亡宣告之日起消除。死亡宣告被撤销的，婚姻关系自撤销死亡宣告之日起自行恢复。但是，其配偶再婚或者向婚姻登记机关书面声明不愿意恢复的除外。被宣告死亡的人在被宣告死亡期间，其子女被他人依法收养的，在死亡宣告被撤销后，不得以未经本人同意为由主张收养行为无效。被撤销死亡宣告的人有权请求依照《民法典》第六编取得其财产的民事主体返还财产；无法返还的，应当给予适当补偿。利害关系人隐瞒真实情况，致使他人被宣告死亡而取得其财产的，除应当返还财产外，还应当对由此造成的损失承担赔偿责任。

3. 相互有继承关系的继承人在同一事故中死亡，死亡先后时间的确定

《民法典》第一千一百二十一条规定：相互有继承关系的数人在同一事件中死亡，难以确定死亡时间的，推定没有其他继承人的人先死亡。都有其他继承人，辈份不同的，推定长辈先死亡；辈份相同的，推定同时死亡，相互不发生继承。

（三）继承开始的通知

继承开始后，继承人由于各种原因，可能并不知道继承开始的事实。因此，继承开始后，应当由特定的主体将被继承人死亡的事实通知继承人或受遗赠人或遗嘱执行人，以便及时处理继承问题。

《民法典》第一千一百五十条规定：继承开始后，知道被继承人死亡的继承

人应当及时通知其他继承人和遗嘱执行人。继承人中无人知道被继承人死亡或者知道被继承人死亡而不能通知的,由被继承人生前所在单位或者住所地的居民委员会、村民委员会负责通知。

继承开始的通知应当及时送达,可以采取口头方式,也可采取书面方式,在无法联络到相关人员的情况下还可采取公告通知的方式。

二、遗产的接受与放弃

继承开始后,继承人或受遗赠人可以做出接受或者放弃继承或受遗赠的意思表示。但是对于继承人和受遗赠人如何接受或者放弃继承或受遗赠的意思表示上,法律有不同的要求,其效果也有很大的差异。

(一)继承人的接受与放弃

继承开始后,无论是法定继承人还是遗嘱继承人,都有权按照法定继承规定和遗嘱来继承遗产。是否接受遗产,应当以各人的意思表示来决定。接受继承的表示方式可以有两种,一种是明示方式,一种是默示方式。《民法典》第一千一百二十四条规定:继承开始后,继承人放弃继承的,应当在遗产处理前,以书面形式作出放弃继承的表示;没有表示的,视为接受继承。

继承权的放弃也是继承人的权利,放弃继承的意思表示应当由具有民事行为能力的继承人本人做出,放弃继承的意思表示只能用明示的方式。继承人放弃继承的意思表示,应当在继承开始后、遗产分割前做出。遗产分割后表示放弃的不再是继承权,而是所有权。

(二)受遗赠人的接受与放弃

受遗赠人有权利接受或者放弃受遗赠,一般应当由受遗赠人本人做出意思表示。按照《民法典》第一千一百二十四条规定:受遗赠人应当在知道受遗赠后60日内,作出接受或者放弃受遗赠的表示;到期没有表示的,视为放弃受遗赠。也就是说,受遗赠的接受必须明示,没有表示的视为放弃受遗赠。该规定与继承人的相关规定有不同。

三、遗产管理人制度

《民法典》增加了遗产管理人制度,在第一千一百四十五至一千一百四十九条详细规定了"遗产管理人的选任、指定、职责、责任、报酬",有利于保护被继承人的合法权益。遗产管理人是指对死者遗产负责保存和管理的人。

1. 遗产管理人的选任和指定

第一千一百四十五条规定,继承开始后,遗嘱执行人为遗产管理人;没有遗嘱执行人的,继承人应当及时推选遗产管理人;继承人未推选的,由继承人共同担任遗产管理人;没有继承人或者继承人均放弃继承的,由被继承人生前住所地的民政部门或者村民委员会担任遗产管理人。

第一千一百四十六条规定,对遗产管理人的确定有争议的,利害关系人可以向人民法院申请指定遗产管理人。

2. 遗产管理人的职责

第一千一百四十七条规定,遗产管理人应当履行下列职责:① 清理遗产并制作遗产清单;② 向继承人报告遗产情况;③ 采取必要措施防止遗产毁损、灭失;④ 处理被继承人的债权债务;⑤ 按照遗嘱或者依照法律规定分割遗产;⑥ 实施与管理遗产有关的其他必要行为。

3. 遗产管理人的责任

第一千一百四十八条规定,遗产管理人应当依法履行职责,因故意或者重大过失造成继承人、受遗赠人、债权人损害的,应当承担民事责任。

4. 遗产管理人有获得报酬的权利

第一千一百四十九条规定,遗产管理人可以依照法律规定或者按照约定获得报酬。

四、遗产的分割

(一)遗产的确定

1. 遗产的定义和要件

遗产是指被继承人死亡时遗留的个人所有财产和法律规定可以继承的其他财产权益。遗产包括积极遗产和消极遗产。积极遗产是指死者生前个人享有的财物和可以继承的其他合法权益,如债权和著作权中的财产权益等。消极遗产指死者生前所欠的个人债务。

遗产应当具备以下要件。

第一,遗产应当是被继承人死亡时遗留的财产。继承发生于被继承人死亡时,因此遗产的范围确定应当以被继承人死亡时为准。

第二,遗产应当是被继承人生前取得的合法财产。遗产应以"合法"财产为限,通过非法途径获得的财产不应认定为被继承人生前享有所有权的财产,自然不能成为遗产。被继承人死亡后,如果其占有的财产中有非法财产,如贪污款项,应当按照法律规定处理,不能纳入遗产的范围。

第三,遗产应当是被继承人的个人财产。所谓被继承人的个人财产,是指被继承人生前享有个人所有权的财产。与他人共有的财产,在被继承人死亡后,应当依法分割后,在其个人财产的范围内进行继承。

第四,遗产只能是具有经济价值的财产。封建社会的继承关系中,除了具有经济价值的财产可以被继承外,特定的身份、地位也可能被继承,如官爵的世袭。我国当代法律规定,能够继承的只限于经济价值的财产,被继承人的身份、地位等不能作为遗产来继承。

2. 遗产的范围

《民法典》对遗产范围的界定采用内涵概括式的规范方式。第一千一百二十二条规定,遗产是自然人死亡时遗留的个人合法财产。依照法律规定或者根据其性质不得继承的遗产,不得继承。

3. 遗产与其他共同财产的区分

(1)遗产同夫妻共同财产的区分。如前所述,夫妻在婚姻关系存续期间所

得的财产,在双方没有特别约定的情况下,一般实行共有。因此,夫妻关系存续期间一方死亡,应当妥善区分死者的个人财产和夫妻共同财产。《民法典》第一千一百五十三条规定,夫妻共同所有的财产,除有约定的外,遗产分割时,应当先将共同所有的财产的一半分出为配偶所有,其余的为被继承人的遗产。

(2) 遗产同家庭共同财产的区分。除夫妻外,在其他家庭成员共同生活期间,可能会形成家庭共同财产,这包括子女、父母、祖父母和外祖父母、兄弟姐妹等。《民法典》第一千一百五十三条规定,遗产在家庭共有财产之中的,遗产分割时,应当先分出他人的财产。

(3) 遗产同其他共有财产的区分。被继承人生前,可能利用自己的财产参与经济生活,可能与他人存在其他形式的共有关系,如参加合伙企业经营所得的财产。当合伙人之一死亡时,应当将被继承人在合伙中的财产份额分出,列入遗产范围。被继承人在合伙财产中的份额,应当按出资比例或者合伙协议约定的比例确定。如果继承人愿意加入合伙,同时其他合伙人也表示同意的,可以不必对合伙财产进行分割,只需确定继承人为新的合伙人即可。

(二) 遗产分割的基本原则

1. 遗产分割自由的原则

遗产分割自由是指继承开始后,继承人可以随时要求分割遗产,其他继承人不得拒绝分割。继承开始后,遗产一旦被认定为继承人的共同财产,任何继承人都可以随时对遗产提出分割请求。

2. 先还债后继承原则

继承人以所得遗产实际价值为限清偿被继承人依法应当缴纳的税款和债务。超过遗产实际价值部分,继承人自愿偿还的不在此限。

3. 照顾胎儿和缺乏劳动能力又没有生活来源的继承人原则

保留胎儿继承份额原则是指,无论是适用法定继承还是适用遗嘱继承,在分割遗产时,被继承人遗有胎儿时都应当为胎儿保留其应继承的份额。同时,分割遗产时,还应当照顾缺乏劳动能力又没有生活来源的继承人。

4. 发挥遗产效用原则

发挥遗产效用原则又称物尽其用原则,是指在遗产分割时,应当从有利于生产和生活的需要出发,注意充分发挥遗产的实际效用。《民法典》第一千一百五十六条规定:遗产分割应当有利于生产和生活需要,不损害遗产的效用。不宜分割的遗产,可以采取折价、适当补偿或者共有等方法处理。

(三) 遗产分割的时间

继承开始于被继承人死亡时,因此遗产分割也只能在被继承人死亡后开始。实践中,被继承人死亡后,继承人或其他亲属需要处理死者的后事,必定会在被继承人死亡与遗产的分割问题上存在时间差。那么,遗产应当在什么时间进行分割?

如前所述,遗产分割应当遵循分割自由的原则,继承人可以随时要求分割遗产。具体而言,遗产分割的时间可以由继承人协商确定。继承人可能协商在一定期限内不分割,或者各继承人都不提出分割请求,这时遗产的共有状态将

持续下去。

(四) 遗产分割的方式

遗嘱指定了遗产分割方式的,应当按照遗嘱指定的方式分割;遗嘱没有指定分割方式的,由继承人协商确定;继承人协商不成的,通过调解或诉讼程序,由人民法院确定遗产的分割方式。具体而言,遗产的分割可以采取以下的方式。

1. 实物分割

在不破坏遗产使用价值的情况下,可以将遗产进行实物分割。法律上根据物是否具有可分性,分为可分物与不可分物。对于可分物,如现金、存款等,可以划分出每个继承人应继承的数量,可直接将可分物按照比例进行分割。对于不可分物,如房屋、车辆等,无法对其进行物理状态上的分割,可以将不可分物由其中一个继承人继承,获得不可分物的继承人应当对其他继承人进行补偿。

2. 变价分割

对于不宜分割的遗产,继承人又都不愿意接收的,可以将遗产变卖,获得价金。所获价金在继承人之间进行分配。

3. 补偿分割

对不宜实物分割的遗产,应由其中一名继承人继承。获得遗产的继承人,应当按照其他继承人的应继承份额,给予价金补偿。如果多个继承人都主张权利,又协商不成的,由人民法院根据继承人的实际需要和遗产的效用,指定给其中一个继承人。

4. 保留共有状态

在遗产分割无法达成协议,或者继承人基于生产或生活的需要,同意保持遗产的共有状态的,可以暂时不予分割。

(五) 遗产债务的清偿

遗产债务是指被继承人生前所欠的债务,包括依法应当缴纳的税款和用于个人生活所需欠下的债务。《民法典》再次明确"先偿债后继承"的原则。

继承人以所得遗产实际价值为限清偿被继承人依法应当缴纳的税款和债务。超过遗产实际价值部分,继承人自愿偿还的不在此限。继承人放弃继承的,对被继承人依法应当缴纳的税款和债务可以不负清偿责任。执行遗赠不得妨碍清偿遗赠人依法应当缴纳的税款和债务。

既有法定继承又有遗嘱继承、遗赠的,由法定继承人清偿被继承人依法应当缴纳的税款和债务;超过法定继承遗产实际价值部分,由遗嘱继承人和受遗赠人按比例以所得遗产清偿。

(六) 无人继承遗产的处理

无人继承又无人受遗赠的遗产,归国家所有,用于公益事业;死者生前是集体所有制组织成员的,归所在集体所有制组织所有。

【任务完成】

老人死亡后,养老服务机构和养老服务人员应当妥善保管并处理老人遗产。在这一过程中,应当注意以下环节。

(1) 老人突发疾病的,养老服务机构应当及时通知老人家属。老人死亡的,应当及时通知老人的继承人。老人在遗嘱中,或者生前明确表示选有遗嘱执行人的,及时通知遗嘱执行人。

(2) 及时清理老人遗产。在老人的继承人或者遗产执行人尚未接管老人遗产时,养老服务机构和养老服务人员应当及时清理并妥善保管老人留在养老机构中的遗产,列明清单。在遗产清理过程中,应特别注意留存相应的证据资料,防止日后对老人遗产范围产生争议。清理遗产应注意以下环节。

第一,遗产清理必须及时,应当在老人死亡后尽量短的时间内开展工作。

第二,尽量在继承人或家属在场的情况下进行清理。

第三,继承人或家属不在场的情况下,应当由两名或两名以上的工作人员清点遗产,并列明清单。

第四,遗产有损坏情况的,应注意记录在遗产清单中。

第五,正确区分老人遗产和他人财产或机构财产。

第六,在条件允许的情况下,可以留有影像资料作为证据。

(3) 妥善保管老人遗产并及时通知继承人。养老服务机构应当尽量将死亡老人的遗产整理后单独放置,并安排专门人员负责管理,留待继承人接管。遗产中有易腐烂、变质,或者易减损其价值的财产的,应当及时通知继承人,避免遗产不必要的价值减损。

(4) 移交老人遗产。养老服务机构和养老服务人员应当将老人遗产转交给对遗产有处置权的继承人或者遗嘱执行人,不得将遗产随意转交他人。遗产转交的同时,应当让接收遗产的人员在遗产清单上签字确认。

(5) 不得对遗产进行使用、收益或处分。老人死亡后,养老服务机构和养老服务人员不得使用老人遗产,更不得以老人的遗产进行收益或处分。

思考题

1. 遗产继承对老年人的晚年生活有哪些实质影响?
2. 法定继承和遗嘱继承的效力有什么差异?
3. 如何理解法定继承人的顺序问题?
4. 遗嘱应当如何订立?
5. 遗赠扶养协议对老年人有什么重要意义?
6. 遗产分配应当按照什么原则进行?

实训题

1. 案例分析

李大爷只有一个儿子,在他60多岁的时候,儿媳又给自己生了一个孙子。李家三代单传,老人自然对小孙子百般宠爱。可是在抚养和教育孩子的过程中,李大爷与儿媳经常发生一些矛盾,结果两人的关系一直很僵。孙子一天天长大,可是,李大爷的身体却越来越差。这天,老人决定趁自己意识还清楚,要

交代一下"身后事",于是立了一份遗嘱。遗嘱的内容是:我死后,我名下的房产全部归我的儿子所有,儿子将来过世之后,房产必须归我的孙子所有,儿媳不得继承。儿媳认为,该遗嘱剥夺了自己对丈夫财产的继承权,显失公平,应该被认定为无效。而李大爷认为,房子归自己所有,自己有权对其做出任何处分。

问:老人订立的遗嘱是否有效?

2. 课堂讨论

话题一:老年人继承权受到侵害的主要情形有哪些?如何帮助老年人维权?

话题二:养老服务人员在协助老年人处理遗产继承问题时,应注意哪些环节?

拓展阅读

老人生前遗嘱表达不清,字条并非遗嘱,死后就无效

李海的父母共育有3个儿子,李海是长子,另两个均已成家另立门户。2015年4月,75岁的老母亲身患重病,医治无效故去。为了照顾年迈多病的父亲,李海一家人搬到父母的老宅居住,老宅的产权人是其父亲。2018年7月,老人觉得自己年事已高,身体状况也不是很好,长子和长媳对自己很孝顺,于是写下一张字条,内容为:"兹有我居住的房屋,关于产权转予儿子李海所有。"并郑重地将房屋产权证和字条一起交给李海保管。

2020年1月,李海的父亲因病去世。一家人将丧事办理完毕,李海提出要单独继承父亲的房屋,并拿出了字条作为凭证。另外两个儿子看了以后,认为字条不是遗嘱,不能算数,不同意李海的意见。几个人各持己见,闹得不可开交。2月末,李海到某律师事务所咨询,律师为他进行了详细的解答。

律师说,遗嘱是立遗嘱人生前在法律允许范围内按照法律规定的方式处分自己的财产或其他事务,并于遗嘱人死后发生法律效力的法律行为。遗嘱行为与一般民事法律行为不同的是,遗嘱是遗嘱人死后生效的法律行为,且是遗嘱人生前对其死后财产或事务的处理和安排。从李海父亲生前所写的字条内容看,仅能反映出其生前表示愿将名下的房屋产权转予李海所有的意愿,而非对其死后财产的处分意见。因此,根据李海现有的证据,难以认定其父所写的字条构成自书遗嘱。

本案中,虽说李海的父亲在字条上表达了将房屋所有权转移给大儿子的意思,但他没写清是在死后才将房屋的产权转移。由于这是遗嘱最重要的法律特征,故不能认定是自书遗嘱。此字条只能是一个赠与性质的法律行为,而随着赠与人的死亡,赠与行为也归于无效。

(资料来源:佚名.生前遗嘱表达不清引起的家庭纠纷[EB/OL].(2020-03-03)[2021-10-09].http://mip.66law.cn/topic2010/rhdlyz/4253.shtml 有删改)

模块五

老年人基本生活保障

知识目标

1. 掌握基本养老保险的参保及待遇享受
2. 掌握老年人社会救助制度
3. 掌握老年人社会福利制度

能力目标

1. 能够协助老年人参与并享受基本养老保险
2. 能够协助老年人申请并享受生活救助
3. 能够协助老年人申请并享受社会福利

- ◆ 任务一　协助老年人享受基本养老保险待遇
- ◆ 任务二　协助老年人申请社会救助

模块五 老年人基本生活保障

【专业知识概览】

国家有义务通过社会保障制度保障老年人的晚年生活。目前,我国初步构建起社会保险、社会救助、社会福利等为一体的老年人社会保障制度。老年人基本生活保障主要包括基本养老保险,老年人社会福利及有特殊困难的老年人获得的生活救助。我国实行多元化的养老保险模式,包括职工基本养老保险、城乡居民基本养老保险、企业补充养老保险、个人储蓄性养老保险和商业养老保险等多个层次。对于特殊困难老人,我国建立了城镇最低生活保障制度、农村最低生活保障制度和农村五保供养制度。在老年福利领域,我国探索实施高龄补贴、失能老年人护理补贴等制度。

【核心概念】

城镇职工基本养老保险;城乡居民基本养老保险;特困人员救助;老年福利

【主要政策法律依据】

《中华人民共和国社会保险法》

《企业年金办法》

《城乡养老保险制度衔接暂行办法》

《国务院关于建立统一的城乡居民基本养老保险制度的意见》(国发〔2014〕8 号)

《国务院关于机关事业单位工作人员养老保险制度改革的决定》(国发〔2015〕2 号)

《国务院办公厅关于印发机关事业单位职业年金办法的通知》(国办发〔2015〕18 号)

《人力资源社会保障部 财政部关于建立城乡居民基本养老保险待遇确定和基础养老金正常调整机制的指导意见》(人社部发〔2018〕21 号)

《人力资源社会保障部关于城镇企业职工基本养老保险关系转移接续若干问题的通知》(人社部规〔2016〕5 号)

《人力资源社会保障部财政部关于机关事业单位基本养老保险关系和职业年金转移接续有关问题的通知》(人社部规〔2017〕1 号)

《国务院办公厅关于印发降低社会保险费率综合方案的通知》(国办发〔2019〕13 号)

《社会救助暂行办法》

《国务院办公厅转发民政部等部门关于做好农村最低生活保障制度与扶贫开发政策有效衔接指导意见的通知》(国办发〔2016〕70 号)

《特困人员认定办法》

《国务院关于进一步健全特困人员救助供养制度的意见》(国发〔2016〕14 号)

导入材料

人社部:我国基本养老保险参保人数近 10 亿

2020 年全国基本养老保险参保人数 9.99 亿人、失业保险参保人数 2.17 亿人、工伤保险参保人数 2.68 亿人,较上年度均有增加。6098 万建档立卡贫

困人口参加基本养老保险,参保率保持在99.99%。三项社会保险基金总收入5.02万亿元,总支出5.75万亿元,累计结余6.13万亿元,基金运行总体平稳。养老保险省级统筹全面实现。基金中央调剂力度持续加大,跨省调剂基金1768亿元。基本养老保险基金委托投资工作全面启动,合同规模1.24万亿元。各项社保待遇按时足额发放。建立退休人员养老金合理调整机制,退休人员基本养老金调整惠及超过1.2亿退休人员。为近1.7亿城乡老年居民提高基础养老金标准。失业保险、工伤保险待遇稳步提高。社会保障卡持卡人数达到13.35亿人,电子社保卡签发超过3.6亿张,社会保障卡应用范围不断拓展。

(资料来源:单晓冰.人社部:我国基本养老保险参保人数近10亿[EB/OL].(2021-02-26)[2021-09-06].http://www.ce.cn/xwzx/gnsz/gdxw/202102/26/t20210226_36341365.shtml)

任务一 协助老年人享受基本养老保险待遇

【任务目标】

作为养老服务人员,你能够协助老年人享受基本养老保险待遇。

【任务实例】

张先生,40岁,一直在北京工作,通过用人单位参保职工基本养老保险并定期缴费,目前已缴费10年。因工作调动,张先生需举家迁往苏州,并在苏州一家用人单位工作。张先生想知道,如果自己工作地点更换,原来已经参保的职工基本养老保险如何转移?需要履行哪些手续?

【任务描述】

请根据你所掌握的知识,回答张先生的疑问。

【背景知识】

一、我国养老保险的基本概况

(一)养老保险的含义

养老保险有广义和狭义之分。狭义的养老保险专指作为社会保障重要手段的基本养老保险。广义的养老保险是指公民为保障晚年基本生活而根据国家的法律法规,按照强制或自愿的原则缴纳养老保险费,并在达到国家规定的解除劳动义务的年限或者因年老丧失劳动能力退出劳动岗位后,定期领取保险金的养老方式。广义的养老保险包括社会养老保险、商业养老保险在内的多类型养老保险类别。

"养老保险"这一概念主要包含以下三层含义。第一,养老保险是在法定范围内的老年人完全或基本退出社会劳动生活后才自动发生作用的。这里所说的"完全",是以劳动者与生产资料的脱离为特征的;所谓"基本",是指参加生产活动已不成为其主要社会生活内容。需强调的是,法定的退休年龄(各国有不同的标准)才是切实可行的衡量标准。第二,养老保险的目的是为保障老年人的基本生活需求,为其提供稳定可靠的生活来源。保险的重要功能之一就是分担风险,降低个人或家庭承担的风险。养老保险旨在分担因年龄增加而造成收入减少、生活困难的风险,化解社会矛盾。第三,养老保险是以保险为手段来达到保障的目的。

(二)我国养老保险制度的发展改革

1991年,《国务院关于企业职工养老保险制度改革的决定》(国发〔1991〕33号)中规定,随着经济的发展,逐步建立起基本养老保险与企业补充养老保险和职工个人储蓄性养老保险相结合的制度。1997年,《国务院关于建立统一的企业职工基本养老保险制度的决定》(国发〔1997〕26号)中更进一步明确,各级人民政府要把社会保险事业纳入本地区国民经济与社会发展计划,贯彻基本养老保险只能保障离退休人员基本生活的原则,为使离退休人员的生活随着经济与社会发展不断得到改善,体现按劳分配原则和地区发展水平及企业经济效益的差异,各地区和有关部门要在国家政策指导下大力发展企业补充养老保险,同时发挥商业保险的补充作用。2010年10月,第十一届全国人民代表大会常务委员会第十七次会议通过《中华人民共和国社会保险法》(以下简称《社会保险法》),明确了国家财政有为社会保险提供资金支持的责任。

习近平总书记在党的十九大报告中指出:加强社会保障体系建设。按照兜底线、织密网、建机制的要求,全面建成覆盖全民、城乡统筹、权责清晰、保障适度、可持续的多层次社会保障体系。全面实施全民参保计划。完善城镇职工基本养老保险和城乡居民基本养老保险制度,尽快实现养老保险全国统筹。

《中共中央关于制定国民经济和社会发展第十四个五年规划和二〇三五年远景目标的建议》指出:要健全多层次社会保障体系。健全覆盖全民、统筹城乡、公平统一、可持续的多层次社会保障体系。推进社保转移接续,健全基本养老、基本医疗保险筹资和待遇调整机制。实现基本养老保险全国统筹,实施渐进式延迟法定退休年龄。发展多层次、多支柱养老保险体系。

二、我国养老保险的类型

我国的养老保险主要有以下几类。

(一)职工基本养老保险

职工基本养老保险是社会保障制度的重要组成部分,是社会保险重要的险种之一。《社会保险法》第十条规定:职工应当参加基本养老保险,由用人单位和职工共同缴纳基本养老保险费。无雇工的个体工商户、未在用人单位参加基本养老保险的非全日制从业人员以及其他灵活就业人员可以参加基本养老保险,由个人缴纳基本养老保险费。

(二)城乡居民基本养老保险

城乡居民基本养老保险是由新型农村社会养老保险(以下简称新农保)和城镇居民社会养老保险(以下简称城居保)整合而来。

2009年,《国务院关于开展新型农村社会养老保险试点的指导意见》(国发〔2009〕32号)发布,国务院决定从2009年起开展新农保试点。新农保以解决农村居民老有所养为主要目标,实行个人缴费、集体补助、政府补贴相结合的新农保制度,实行社会统筹与个人账户相结合,与家庭养老、土地保障、社会救助等其他社会保障政策措施相配套,保障农村居民老年基本生活。

2011年,《国务院关于开展城镇居民社会养老保险试点的指导意见》(国发〔2011〕18号)明确提出,按照加快建立覆盖城乡居民的社会保障体系的要求,逐步解决城镇无养老保障居民的老有所养问题。

2014年,《国务院关于建立统一的城乡居民基本养老保险制度的意见》(国发〔2014〕8号)发布,国务院决定将新农保和城居保两项制度合并实施,在全国范围内建立统一的城乡居民基本养老保险制度。

(三)企业补充养老保险

企业补充养老保险又称企业年金,是指企业及其职工在依法参加基本养老保险的基础上,自主建立的补充养老保险制度。它居于多层次的养老保险体系中的第二层次,由国家宏观指导、企业内部决策执行。企业补充养老保险与职工基本养老保险既有区别又有联系。其区别主要体现在两种养老保险的层次和功能上的不同,其联系主要体现在两种养老保险的政策和水平相互联系、密不可分。

(四)个人储蓄性养老保险

由社会保险机构经办的职工个人储蓄性养老保险,是职工个人根据自己的工资收入情况,按规定缴纳个人储蓄性养老保险费,计入当地社会保险机构在有关银行开设的养老保险个人账户,并应按不低于或高于同期城乡居民储蓄存款个人储蓄性养老保险利率计息,以提倡和鼓励职工个人参加储蓄性养老保险,所得利息计入个人账户,本息一并归职工个人所有。职工达到法定退休年龄经批准退休后,凭个人账户将储蓄性养老保险金一次总付或分次支付给本人。

(五)商业养老保险

商业养老保险是以获得养老金为主要目的的长期人身险,它是年金保险的一种特殊形式,又称退休金保险,是社会养老保险的补充。商业养老保险的被保险人,在交纳了一定的保险费以后,就可以从一定的年龄开始领取养老金。这样,尽管被保险人在退休之后收入下降,但由于有养老金的帮助,他仍然能保持退休前的生活水平。

(六)机关事业单位工作人员养老保险

2015年,《国务院关于机关事业单位工作人员养老保险制度改革的决定》(国发〔2015〕2号)发布。该决定适用于按照《中华人民共和国公务员法》(以下简称《公务员法》)管理的单位、参照《公务员法》管理的机关(单位)、事业单位及其编制内的工作人员。实行社会统筹与个人账户相结合的基本养老保险制度。基本养老保险费由单位和个人共同负担。同时要求建立职业年金制度,机关事业单位在参加基本养老保险的基础上,应当为其工作人员建立职业年金。

【专业知识】

基本养老保险,是国家和社会根据一定的法律和法规,为解决劳动者在达到国家规定的解除劳动义务的劳动年龄界限,或因年老丧失劳动能力退出劳动岗位后的基本生活而建立的一种社会保险制度。基本养老保险有以下几个特点。第一,由国家立法,强制实行,企业单位和个人都必须参加,符合养老保险待遇享受条件的人,可向社会保险部门领取养老金。第二,基本养老保险费用来源,一般由国家、单位和个人三方或单位和个人双方共同负担,并实现广泛的社会互济。第三,基本养老保险具有社会性,影响很大,享受的人数多且时间较长,费用支出庞大,因此,必须设置专门机构,实行现代化、专业化、社会化的统一规划和管理。

一、城镇职工基本养老保险

(一) 城镇职工基本养老保险的参保对象

按照《社会保险法》的相关规定,城镇职工基本养老保险的参保对象包括以下几种。

1. 职工

职工是参加基本养老保险的主力,职工基本养老保险由国家、企业和个人共同负担筹集资金,采取社会统筹和个人账户相结合的模式。

2. 灵活就业人员

灵活就业人员是指以非全日制、临时性、季节性、弹性工作等灵活多样的形式实现就业的人员,包括无雇工的个体工商户、非全日制从业人员及律师、会计师、自由撰稿人、演员等自由职业者。灵活就业人员可以自愿参加职工基本养老保险,保险费也由个人全部承担。

3. 事业单位职工

事业单位有管理类、公益类、经营类等类型,事业单位工作人员实行退休养老制度,费用由国家或者单位负担,个人不缴费,养老金标准以本人工资为基数,按照工龄长短计发。目前,事业单位工作人员养老保险制度改革与事业单位分类改革在地区推行,现有承担行政职能的事业单位执行公务员的养老保险制度,从事生产经营的事业单位执行企业职工养老保险制度,公益性事业单位实行单独的事业单位养老保险制度,制度模式与企业职工养老保险一样。

4. 公务员和参照《公务员法》管理的工作人员

2015年,为统筹城乡社会保障体系建设,建立更加公平、可持续的养老保险制度,国务院决定对机关事业单位工作人员养老保险制度进行改革,并发布了《国务院关于机关事业单位工作人员养老保险制度改革的决定》(国发〔2015〕2号)。该决定适用于按《公务员法》管理的单位、参照《公务员法》管理的机关(单位)、事业单位及其编制内的工作人员。实行社会统筹与个人账户相结合的基本养老保险制度。基本养老保险费由单位和个人共同负担。单位缴纳基本养老保险费(以下简称单位缴费)的比例为本单位工资总额的20%,个人缴纳基本养老保险费(以下简称个人缴费)的比例为本人缴费工资的8%,由单位代扣。

按本人缴费工资8%的数额建立基本养老保险个人账户,全部由个人缴费形成。个人工资超过当地上年度在岗职工平均工资300%以上的部分,不计入个人缴费工资基数;低于当地上年度在岗职工平均工资60%的,按当地在岗职工平均工资的60%计算个人缴费工资基数。

(二)城镇职工基本养老保险的模式

基本养老保险的模式有多种类型,包括:① 现收现付制,即基本养老保险费由雇主和雇员共同承担,保险费收入全部用于当期养老金的支付,以支定收,实现现收现付;② 积累制,即建立完全积累的个人账户,个人缴纳的养老保险费全部计入个人账户,资金用于投资取得收益,个人退休后养老金的多少取决于其个人账户的积累额;③ 部分积累制,即现收现付制度和部分积累相结合,在现收现付基础上,建立个人账户,实行部分积累制。我国目前采取部分积累制模式。

我国实行社会统筹和个人账户相结合的模式。基本养老保险基金和待遇分为两部分,一部分是用人单位缴纳的基本养老保险费,计入基本养老统筹基金,用于支付职工退休时社会统筹部分养老金,统筹基金用于均衡用人单位的负担,实行现收现付,体现社会互助共济。另一部分是个人缴纳的基本养老保险费,计入个人账户,用于负担退休后个人账户养老金的支付,体现个人责任。

从筹资方式上看,我国基本养老保险基金主要由用人单位和个人缴费组成,此外国家和统筹地区政府也给予一定的补贴。

(三)城镇职工基本养老保险费的缴纳

1. 缴费基数和缴费比例

(1)用人单位的缴费基数和缴费比例。

根据《社会保险法》、《中华人民共和国劳动法》(以下简称《劳动法》)、《中华人民共和国劳动合同法》(以下简称《劳动合同法》)等相关法律的规定,用人单位负有为职工缴纳基本养老保险等社会保险的义务。用人单位应当按照国家规定的本单位职工工资总额的比例缴纳基本养老保险费,计入基本养老保险统筹基金。

《社会保险法》第十二条规定,用人单位应当按照国家规定的本单位职工工资总额的比例缴纳基本养老保险费,记入基本养老保险统筹基金。2019年《国务院办公厅关于印发降低社会保险费率综合方案的通知》(国办发〔2019〕13号)中规定,自2019年5月1日起,降低城镇职工基本养老保险(包括企业和机关事业单位基本养老保险,以下简称养老保险)单位缴费比例。各省、自治区、直辖市及新疆生产建设兵团(以下统称省)养老保险单位缴费比例高于16%的,可降至16%;目前低于16%的,要研究提出过渡办法。各省具体调整或过渡方案于2019年4月15日前报人力资源和社会保障部、财政部备案。单位缴费额的缴费计算公式如下:

$$单位缴费额 = 核定的企业职工工资总额 \times 16\%$$

(2)职工个人的缴费基数和缴费比例。

职工应当按照国家规定的本人工资的比例缴纳基本养老保险费,记入个人账户。按照北京市相关规定,职工个人的缴费基数:城镇职工以本人上一年度月平均工资为缴费工资基数,按照8%的比例缴纳基本养老保险费,全额计入个人账户。缴费工资基数低于本市上一年度职工月平均工资60%的,以本市上一年度职工月平均工资的60%作为缴费工资基数;超过本市上一年度职工月平均工资300%的部分,不计入缴费工资基数,不作为计发基本养老金的基数。其计算公式为:

$$职工个人缴费额 = 核定缴费基数 \times 8\%$$

(3) 灵活就业人员的缴费基数和缴费比例。

无雇工的个体工商户、未在用人单位参加基本养老保险的非全日制从业人员及其他灵活就业人员参加基本养老保险的,应当按照国家规定缴纳基本养老保险费,分别记入基本养老保险统筹基金和个人账户。《国务院办公厅关于印发降低社会保险费率综合方案的通知》中要求完善个体工商户和灵活就业人员缴费基数政策。个体工商户和灵活就业人员参加企业职工基本养老保险,可以在本省全口径城镇单位就业人员平均工资的60%至300%之间选择适当的缴费基数。

灵活就业人员缴费比例一般为缴费基数的20%,其中8%计入个人账户、12%计入社会统筹基金。其计算公式为:

$$灵活就业人员缴费额 = 核定缴费基数 \times 20\%$$

2. 缴费方式

(1) 申请办理社会保险登记。

缴费单位必须向当地社会保险经办机构办理社会保险登记,参加社会保险。登记事项包括单位名称、住所、经营地点、单位类型、法定代表人或者负责人、开户银行账号及国务院劳动保障行政部门规定的其他事项。

(2) 申报社会保险费数额并缴纳。

缴费单位必须按月向社会保险经办机构申报应缴纳的社会保险费数额,经社会保险经办机构核定后,在规定的期限内缴纳社会保险费。缴费单位和缴费个人应当以货币形式全额缴纳社会保险费。缴费个人应当缴纳的社会保险费,由所在单位从其本人工资中代扣代缴。

(四) 基本养老保险账户管理

基本养老保险实行社会统筹与个人账户相结合。基本养老保险基金由用人单位和个人缴费及政府补贴等组成。职工个人账户养老金由职工缴纳的基本养老保险费组成,应当遵循以下规定。

1. 个人账户养老金不得提前支取

个人账户养老金是个人工作期间为退休后养老积蓄的资金,是基本养老保险待遇的重要组成部分,退休前个人不得提前支取。

2. 个人账户记账利率与同期银行定期存款利率一致

个人账户养老金从缴费到退休后支取长达数十年,通货膨胀的风险无法避免。若个人账户养老金不能实现保值增值,通货膨胀会降低其购买力,造成个人账户资金的贬值。目前个人账户资金按照同期银行定期存款利率计息。

3. 个人账户养老金余额可以继承

个人账户养老金具有强制储蓄性质,属于个人所有,个人死亡的(包括退休前和退休后),个人账户养老金余额可以继承。

(五) 基本养老保险待遇的享受

1. 享受养老保险待遇的条件

(1) 必须达到法定退休年龄。

按照我国关于退休的规定,退休年龄为,男年满60周岁,女工人年满50周岁,女干部年满55周岁。从事井下、高温、高空、特别繁重体力劳动或其他有害身体健康工作的,退休年龄男年满55周岁,女年满45周岁;因病或非因工致残,由医院证明并经劳动鉴定委员会确认完全丧失劳动能力的,退休年龄为男年满50周岁,女年满45周岁。

《中共中央关于制定国民经济和社会发展第十四个五年规划和二〇三五年远景目标的建议》指出"实施渐进式延迟法定退休年龄"。

(2) 累计最低缴费满15年。

缴费满15年是享受基本养老保险待遇的"门槛",但并不代表缴满15年就可以不缴费,只要职工与用人单位建立劳动关系,就应按规定缴费。职工达到法定退休年龄但缴费不足15年的,可以在缴费至满15年(一次性补缴或者继续缴费均可)后享受基本养老保险待遇。

2. 基本养老保险待遇

参加基本养老保险的个人,达到法定退休年龄时累计缴费满15年的,按月领取基本养老金。基本养老金由统筹养老金和个人账户养老金组成。基本养老金根据个人累计缴费年限、缴费工资、当地职工平均工资、个人账户金额、城镇人口平均预期寿命等因素确定。

(1) 统筹养老金。职工基本养老保险的基金收入由单位和职工个人缴纳的基本养老保险费、基本养老保险基金利息收入、委托投资收益、财政补贴和其他收入等构成。

截至2020年年底,我国各省份都实现了企业职工基本养老保险基金省级统收统支,解决了省内地区间基金负担不均衡的问题。但是,由于我国区域之间发展不平衡,经济发展水平、人口年龄结构等存在差异,各省之间养老保险基金结构性矛盾日益突出。各省份基金结余差异较大,特别是人口老龄化程度比较重的省份,养老保险基金的支出压力比较大。基于此,2022年1月开始我国开始启动企业职工基本养老保险全国统筹工作。

(2) 个人账户养老金。个人账户养老金月标准为个人账户储蓄额除以计发月数。计发月数根据职工退休时个人账户金额、城镇人口平均预期寿命和本人退休年龄等因素确定。

(3) 参加基本养老保险的个人,因病或者非因工死亡的,其遗属可以领取丧葬补助金和抚恤金;在未达到法定退休年龄时因病或者非因工致残完全丧失劳动能力的,可以领取病残津贴。所需资金从基本养老保险基金中支付。

(4) 国家建立基本养老金正常调整机制。根据职工平均工资增长、物价上涨情况,适时提高基本养老保险待遇水平。

(六) 职工基本养老保险关系的转移续接

《社会保险法》第十九条规定:个人跨统筹地区就业的,其基本养老保险关系随本人转移,缴费年限累计计算。个人达到法定退休年龄时,基本养老金分段计算、统一支付。《国务院办公厅关于转发人力资源社会保障部财政部城镇企业职工基本养老保险关系转移接续暂行办法的通知》(国办发〔2009〕66号)、《人力资源社会保障部关于城镇企业职工基本养老保险关系转移接续若干问题的通知》(人社部规〔2016〕5号)以及《人力资源社会保障部办公厅关于职工基本养老保险关系转移接续有关问题的补充通知》(人社厅发〔2019〕94号)对此问题作出了系列规定。

由于各统筹地区收入水平差距较大,缴费基数差距也较大,如果不分段计算,可能导致不公平或者会导致劳动者选择收入较高的地区退休,故有必要实行分段计算。所谓分段计算,是指参保人员以本人各年度缴费工资、缴费年限和待遇取得地对应的各年度在岗职工平均工资计算其基本养老保险金。为方便参保人员领取基本养老金,《社会保险法》规定了统一支付原则,即无论参保人员在哪里退休,退休地社会保险经办机构(以下简称社保经办机构)应将各统筹地区的缴费年限和相应的养老保险待遇分段计算出来,将养老金统一支付给参保人员。

基本养老保险关系的转移续接具体方法如下。

(1) 参保人员跨省流动就业的,由原参保所在地社保经办机构开具参保缴费凭证,其基本养老保险关系应随同转移到新参保地。参保人员达到基本养老保险待遇领取条件的,其在各地的参保缴费年限合并计算,个人账户储存额(含本息,下同)累计计算;未达到待遇领取年龄前,不得终止基本养老保险关系并办理退保手续;其中出国定居和到中国香港、澳门、台湾地区定居的,按国家有关规定执行。

(2) 参保人员跨省流动就业转移基本养老保险关系时,按下列方法计算转移资金。

① 个人账户储存额:1998年1月1日之前按个人缴费累计本息计算转移,1998年1月1日后按计入个人账户的全部储存额计算转移。

② 统筹基金(单位缴费):以本人1998年1月1日后各年度实际缴费工资为基数,按12%的总和转移,参保缴费不足1年的,按实际缴费月数计算转移。

(3) 参保人员跨省流动就业,其基本养老保险关系转移接续按下列规定办理。

① 参保人员返回户籍所在地(指省、自治区、直辖市)就业参保的,户籍所在地的相关社保经办机构应为其及时办理转移接续手续。

② 参保人员未返回户籍所在地就业参保的,由新参保地的社保经办机构为其及时办理转移接续手续。但对男性年满50周岁和女性年满40周岁的,应在原参保地继续保留基本养老保险关系,同时在新参保地建立临时基本养老保险

缴费账户，记录单位和个人全部缴费。参保人员再次跨省流动就业或在新参保地达到待遇领取条件时，将临时基本养老保险缴费账户中的全部缴费本息，转移归集到原参保地或待遇领取地。

③参保人员经县级以上党委组织部门、人力资源和社会保障行政部门批准调动，且与调入单位建立劳动关系并缴纳基本养老保险费的，不受以上年龄规定限制，应在调入地及时办理基本养老保险关系转移接续手续。

（4）跨省流动就业的参保人员达到待遇领取条件时，按下列规定确定其待遇领取地。

①基本养老保险关系在户籍所在地的，由户籍所在地负责办理待遇领取手续，享受基本养老保险待遇。

②基本养老保险关系不在户籍所在地，而在其基本养老保险关系所在地累计缴费年限满10年的，在该地办理待遇领取手续，享受当地基本养老保险待遇。

③基本养老保险关系不在户籍所在地，且在其基本养老保险关系所在地累计缴费年限不满10年的，将其基本养老保险关系转回上一个缴费年限满10年的原参保地办理待遇领取手续，享受基本养老保险待遇。

④基本养老保险关系不在户籍所在地，且在每个参保地的累计缴费年限均不满10年的，将其基本养老保险关系及相应资金归集到户籍所在地，由户籍所在地按规定办理待遇领取手续，享受基本养老保险待遇。

缴费年限，除另有特殊规定外，均包括视同缴费年限。一地（以省、自治区、直辖市为单位）的累计缴费年限包括在本地的实际缴费年限和计算在本地的视同缴费年限。其中，曾经在机关事业单位和企业工作的视同缴费年限，计算为当时工作地的视同缴费年限；在多地有视同缴费年限的，分别计算为各地的视同缴费年限。

（5）参保人员转移接续基本养老保险关系后，符合待遇领取条件的，以本人各年度缴费工资、缴费年限和待遇领取地对应的各年度在岗职工平均工资计算其基本养老金。

（6）参保人员跨省流动就业的，按下列程序办理基本养老保险关系转移接续手续。

①参保人员在新就业地按规定建立基本养老保险关系和缴费后，由用人单位或参保人员向新参保地社保经办机构提出基本养老保险关系转移接续的书面申请。

②新参保地社保经办机构在15个工作日内，审核转移接续申请，对符合本办法规定条件的，向参保人员原基本养老保险关系所在地的社保经办机构发出同意接收函，并提供相关信息；对不符合转移接续条件的，向申请单位或参保人员作出书面说明。

③原基本养老保险关系所在地社保经办机构在接到同意接收函的15个工作日内，办理好转移接续的各项手续。

④新参保地社保经办机构在收到参保人员原基本养老保险关系所在地社

保经办机构转移的基本养老保险关系和资金后,应在15个工作日内办结有关手续,并将确认情况及时通知用人单位或参保人员。

二、城乡居民基本养老保险制度

城乡居民基本养老保险是在合并原有的新型农村社会养老保险和城镇居民社会养老保险后建立的新型基本养老保险制度。

1. 参保范围

年满16周岁(不含在校学生),非国家机关和事业单位工作人员及不属于职工基本养老保险制度覆盖范围的城乡居民,可以在户籍地参加城乡居民基本养老保险。

2. 基金筹集及待遇确定

城乡居民基本养老保险基金由个人缴费、集体补助、政府补贴构成。城乡居民基本养老保险待遇由基础养老金和个人账户养老金构成。基础养老金由中央和地方确定标准并全额支付给符合领取条件的参保人;个人账户养老金由个人账户全部储存额除以计发系数确定。

中央根据全国城乡居民人均可支配收入和财力状况等因素,合理确定全国基础养老金最低标准。地方应当根据当地实际提高基础养老金标准,对65岁及以上参保城乡老年居民予以适当倾斜;对长期缴费、超过最低缴费年限的,应适当加发年限基础养老金。各地提高基础养老金和加发年限基础养老金标准所需资金由地方负担。按照目前规定,城乡居民越早参保、越多缴费,增加个人账户资金积累,优化养老保险待遇结构,越有助于提高待遇水平。

【任务完成】

张先生在新就业地参保缴费后,可按照以下流程申请转移本人企业职工养老保险关系。参保人通过国家社会保险公共服务平台,选择"企业职工养老保险关系转移申请"服务,经实人认证成功后,填写转移申请相关信息,并提交申请。转入地经办机构负责受理申请,进行后台审核。经核查符合转入条件的,开启后续转移流程。申请人可以下载"掌上12333"App或通过电子社保卡渠道(所有已开通电子社保卡的App、小程序、公众号),查询网上申请审核结果信息,以及查询后续转移进度。

任务二 协助老年人申请社会救助

【任务目标】

作为养老服务人员,你能够协助老年人申请社会救助。

【任务实例】

刘大妈,78岁,有一个患有重度智力障碍的儿子。为照顾儿子,刘大妈年轻时没有固定工作,用打零工的收入维持家庭的基本生活,年老丧失劳动能力后基本没有生活来源。现在刘大妈年老体弱,又需要照顾儿子,越发觉得力不从

心,生活费成了两个人最大的难题。

【任务描述】

如果你是该社区的养老服务人员,你会为刘大妈提供怎样的建议?

【背景知识】

社会救助是社会保障体系的重要子系统,是现代国家最基本的社会保障制度之一。对于什么是社会救助,学术界有不同的定义。社会救助是指国家与社会面向贫困人口和不幸者组成的社会脆弱群体,无偿提供物质援助的一种社会保障制度。一般来说,社会救助是国家对公民基本权利保障的措施,当公民难以维持基本生活水平时,由国家和社会按照法定的程序和标准向其提供保证其最低生活需求的援助的社会保障制度。

社会救助的内涵与人类生存需求有不可分割的联系。随着人们生存需求内容的扩展,社会救助的方式已经不再局限于最初的基本生活救助,而是发展为以基本生活救助为基础,同时包括医疗、教育、住房、灾害救助、法律援助等其他类型的救助。

按照现代福利理论,为公民提供社会救助应当成为一个国家和社会的基本义务。这种社会保障方式具有无偿性、享受对象的有限性、资金来源的单一性、保障水平的最低性、资格审查的严格性等特点。从目前我国社会救助的实施情况看,主要形成了以生活救助、医疗救助、住房救助、灾害救助、法律援助、失业救助、教育救助等方面为主要内容的社会救助体系。

生活救助是指国家对生活在国家法定或当地法定最低生活保障标准之下的贫困人员进行现金和实物救助的一项社会救助项目。生活救助与社会贫困问题有着密切的联系。老年人由于其生理及社会角色的变化,极易成为生活救助的对象。生活救助的最终目的在于满足救助对象的最低生活需求,维护公民的基本生存权。生活救助的保障标准既要保障公民的基本生活,又要有利于克服其依赖的思想。

【专业知识】

一、城乡居民最低生活保障制度

最低生活保障制度,是政府对陷入贫困的人口实施最低生活保障的一项社会救济制度,是社会保障体系的一项重要内容。中华人民共和国成立后,与计划经济相配套的社会保障制度体现了城乡二元的特点。在城镇,在劳动力充分就业的基础上,职工及其家属的生老病死都由单位及政府负责。在农村,集体保障、土地保障和家庭保障是主要的方式。对于社会上少数的未保障人群,如城市的"三无"人员,由国家进行集中供养或救济。

但是随着我国政治经济体制改革的推进,旧有的社会救济体系已经无法满足广大贫困群体的需求。1993年上海开始探索建立城市低保制度,拉开了我国城市社会救济制度改革的序幕。我国的城市低保制度经历了两个发展阶段,即

1993—1999年的"创立和推广阶段"和1999年至今的"提高和完善阶段"。

最初,城市低保制度的创立表现为一些城市的地方政府的政策创意和自发的行政行为。1995年,这项制度为民政部所认可,并下决心在全国组织推广。1997年,这项制度上升为国务院的一项重要决策,《国务院关于在全国建立城市居民最低生活保障制度的通知》中要求在20世纪末,全国所有的城市和县政府所在地的建制镇都要建立这项制度。1999年出台的《城市居民最低生活保障条例》,标志着这项制度已经成为我国一项正式的法律制度。

随着21世纪的到来,城市低保制度的发展进入了第二阶段。2000年,国务院作出重要决策,2001—2003年,中央财政负担的低保经费要连续翻番。随之,低保制度保障的人数也大幅度增长。从2003年起,完善城市低保制度的重点走向了"配套措施"和"分类救助"。所谓"配套措施",是指为解决低保对象在医疗、子女教育、住房及冬季取暖(北方)等方面所面临的实际问题所采取的配套政策。所谓"分类救助",是指对低保家庭中有特殊需要的家庭成员,如老年人、未成年人、残疾人、重病人等采取的特殊政策。

2003年,在城市低保制度取得重大突破后,民政部开始重新部署农村低保制度的建设工作。其中一项重要举措是,在全面摸清农村特困户底数的基础上,决定在未开展农村低保制度的地区建立农村特困户救助制度,由此在我国广大的农村地区形成了农村低保制度和农村特困户救助制度"双轨并行"的局面。

2007年,《国务院关于在全国建立农村最低生活保障制度的通知》(国发〔2007〕19号)中明确提出,2007年在全国建立农村低保制度。2012年,《国务院关于进一步加强和改进最低生活保障工作的意见》(国发〔2012〕45号)中提出,要求进一步完善法规政策,健全工作机制,严格规范管理,加强能力建设,努力构建标准科学、对象准确、待遇公正、进出有序的最低生活保障工作格局,不断提高最低生活保障制度的科学性和执行力,切实维护困难群众基本生活权益。2014年,《社会救助暂行办法》颁布实施,强调社会救助制度坚持托底线、救急难、可持续,与其他社会保障制度相衔接,社会救助水平与经济社会发展水平相适应;社会救助工作应当遵循公开、公平、公正、及时的原则。

2016年,《国务院办公厅转发民政部等部门关于做好农村最低生活保障制度与扶贫开发政策有效衔接指导意见的通知》(国办发〔2016〕70号)中指出,要坚持精准扶贫精准脱贫基本方略,坚持应扶尽扶、应保尽保、动态管理、资源统筹等原则,通过农村低保制度与扶贫开发政策的有效衔接,形成脱贫攻坚合力,对符合低保标准的农村贫困人口实行政策性保障兜底,确保到2020年现行扶贫标准下农村贫困人口全部脱贫。

截至2021年7月,全国城市最低生活保障人数达到766万人、469.6万户;农村最低生活保障人数达到3523.3万人、1959.1万户。

我国的城市居民最低生活保障制度,是政府对家庭人均收入低于最低生活保障标准的城市贫困人口进行救助的一种社会救济制度。持有非农业户口的城市居民,凡共同生活的家庭成员人均收入低于当地城市居民最低生活保障标

准的,均有从当地人民政府获得基本生活物质帮助的权利。

(一)最低生活保障对象

按照《社会救助暂行办法》的规定,国家对共同生活的家庭成员人均收入低于当地最低生活保障标准,且符合当地最低生活保障家庭财产状况规定的家庭,给予最低生活保障。

最低生活保障制度重点关注的是被保障对象的家庭成员人均收入情况。

1. 家庭成员的认定

家庭是以婚姻和血缘关系为基础的一种社会生活组织形式;家庭成员是家庭中具有法定赡养、扶养或者抚养关系的人员。家庭成员一般包括下列人员:配偶;未成年子女;已成年但不能独立生活的子女;户口所在地相同的未婚子女;父母双亡且由祖父母或者外祖父母作为监护人的未成年或者已成年但不能独立生活的孙子女或者外孙子女;民政部门根据本条原则和有关程序认定的其他人员。

2. 家庭收入的认定

家庭收入是家庭成员的全部货币收入和实物收入的总和。它一般包括下列内容:工资、奖金、津贴、补贴及其他劳动收入;离退休费及领取的各类保险金;储蓄存款、股票等有价证券及孳息;出租或者变卖家庭资产获得的收入;法定赡养人、扶养人或者抚养人应当给付的赡养费、扶养费或者抚养费;继承的遗产和接受的赠与;其他应计入的收入。

以下内容一般不计入家庭收入:对国家、社会和人民做出特殊贡献,政府给予的奖励金及市级以上劳动模范退休后享受的荣誉津贴;优抚对象享受的抚恤金、补助金、护理费及保健金;为解决在校学生就学困难,由政府和社会给予的补助金;社会组织和个人给予的临时性生活救助金;因工(公)负伤职工的护理费及死亡职工的亲属享受的一次性抚恤金等;民政部门管理的因公致残返城知青的护理费;按规定由在职人员所在单位代缴的住房公积金和各项社会保险统筹费。

城市低保对象,属于城市中的贫困人口群体,这部分群体由于没有劳动能力或失去工作机会等原因,发生收入中断或者完全没有收入,或者虽有收入但较为微薄,以至于不能够维持最基本生活。城市低保制度,将家庭人均收入低于当地保障标准的全体城镇居民纳入保障范围,使救济对象的概念从内涵到外延较传统社会救助制度发生了根本变化。

(二)城市低保标准

城市低保标准,又称城市居民最低生活保障线,是国家为救济社会成员中收入难以维持其基本生活需求的人口而制定的一种社会救济标准。《社会救助暂行办法》第十条规定:最低生活保障标准,由省、自治区、直辖市或者设区的市级人民政府按照当地居民生活必需的费用确定、公布,并根据当地经济社会发展水平和物价变动情况适时调整。最低生活保障家庭收入状况、财产状况的认定办法,由省、自治区、直辖市或者设区的市级人民政府按照国家有关规定制定。

制定城市低保标准的依据主要包括：① 维持居民的最低生活需求所需要的物品的种类和数量；② 生活必需品所需要的费用；③ 市场综合物价指数，尤其是生活必需品的价格指数；④ 居民的平均实际收入和消费水平；⑤ 经济发展状况和财政收入状况；⑥ 其他社会保障标准。

城市低保标准，按照当地维持城市居民基本生活所必需的衣、食、住费用，并适当考虑水电燃煤（燃气）费用及未成年人的义务教育费用确定。直辖市、设区的市的城市低保标准，由市人民政府民政部门会同财政、统计、物价等部门制定，报本级人民政府批准并公布执行；县（县级市）的城市低保标准，由县（县级市）人民政府民政部门会同财政、统计、物价等部门制定，报本级人民政府批准并报上一级人民政府备案后公布执行。

城市低保标准应适时调整。规范城乡低保标准制定和调整工作，必须结合当地社会救助事业发展实际，不断完善和创新机制。要坚持科学性原则，以维持当地居民基本生活所必需的消费品支出数据为基础，科学测算，充分论证；坚持合理性原则，统筹考虑困难群众基本生活保障需要、当地经济社会发展水平和财力状况，使城乡低保标准与失业保险、最低工资等政策标准合理衔接；坚持动态性原则，建立和完善城乡低保标准与物价上涨挂钩的联动机制，并随着当地居民生活必需品价格变化和人民生活水平的提高定期调整城乡低保标准；坚持规范性原则，制定和调整城乡低保标准要严格遵循有关政策规定和程序规范，确保公开、公正和透明。

具体来说，城市低保标准制定和调整的方法包括以下几种。

1. 基本生活费用支出法

城乡低保标准根据当地居民基本生活费用支出确定，包括必需食品消费支出和非食品类生活必需品支出两部分。用公式表示为：

城乡低保标准＝必需食品消费支出＋非食品类生活必需品支出

其中，必需食品消费支出通过市场调查确定当地食品必需品消费清单（即标准食物清单），根据中国营养学会推荐的能量摄入量、相应食物摄入量及食物的市场价格计算得出；非食品类生活必需品支出根据调查数据确定维持基本生活所必需的衣物、水电、燃煤（燃气）、公共交通、日用品等消费清单测算支出数额。

为确保城乡低保标准的制定和调整符合当地实际，各地可以参考当地上年度城乡居民人均消费支出、城镇居民人均可支配收入、农民人均纯收入、城乡低收入居民基本生活费用，以及经济发展水平、财政状况等因素对测算得出的低保标准予以适当调整。

2. 恩格尔系数法

城乡低保标准根据当地居民必需食品消费支出和上年度最低收入家庭恩格尔系数确定。用公式表示为：

城乡低保标准＝必需食品消费支出/上年度最低收入家庭恩格尔系数

其中，必需食品消费支出的确定方法同基本生活费用支出法。

3. 消费支出比例法

已按基本生活费用支出法或恩格尔系数法测算出城乡低保标准的地区,可将此数据与当地上年度城乡居民人均消费支出进行比较,得出低保标准占上年度城乡居民人均消费支出的比例。在今后一定时期内再次计算城乡低保标准时,可直接用当地上年度城乡居民人均消费支出乘以此比例。用公式表示为:

城乡低保标准＝当地上年度城乡居民人均消费支出×低保标准占上年度城乡居民人均消费支出的比例

2021年2月,全国低保标准如表5-1所示。

表5-1　2021年2季度全国低保标准

地区	城市低保标准(元/人·月)	农村低保标准(元/人·年)
北京市	1170.0	14040.0
天津市	1010.0	12120.0
河北省	710.1	5569.8
山西省	614.6	5652.6
内蒙古自治区	756.1	6556.0
辽宁省	671.7	5520.6
吉林省	546.5	4371.7
黑龙江省	624.2	4795.8
上海市	1240.0	14880.0
江苏省	767.8	9096.7
浙江省	895.6	10746.9
安徽省	642.5	7685.6
福建省	697.8	8221.6
江西省	757.8	6420.6
山东省	807.0	7504.7
河南省	584.5	4560.4
湖北省	670.9	6048.9
湖南省	589.7	5227.5
广东省	913.1	8789.7
广西壮族自治区	757.7	5334.4
海南省	562.8	5668.8
重庆市	620.0	6035.7
四川省	620.8	5294.7
贵州省	646.7	4627.5
云南省	644.6	4612.6
西藏自治区	891.6	4713.8
陕西省	650.5	5299.4
甘肃省	631.9	4793.8
青海省	638.7	4763.7
宁夏回族自治区	607.0	5044.1
新疆维吾尔自治区	556.9	5183.2

(三) 最低生活保障申请

申请最低生活保障,按照下列程序办理:

(1) 由共同生活的家庭成员向户籍所在地的乡镇人民政府、街道办事处提出书面申请;家庭成员申请有困难的,可以委托村民委员会、居民委员会代为提出申请。

(2) 乡镇人民政府、街道办事处应当通过入户调查、邻里访问、信函索证、群众评议、信息核查等方式,对申请人的家庭收入状况、财产状况进行调查核实,提出初审意见,在申请人所在村、社区公示后报县级人民政府民政部门审批。

(3) 县级人民政府民政部门经审查,对符合条件的申请予以批准,并在申请人所在村、社区公布;对不符合条件的申请不予批准,并书面向申请人说明理由。

(四) 待遇享受

对批准获得最低生活保障的家庭,县级人民政府民政部门按照共同生活的家庭成员人均收入低于当地最低生活保障标准的差额,按月发给最低生活保障金。对获得最低生活保障后生活仍有困难的老年人、未成年人、重度残疾人和重病患者,县级以上地方人民政府应当采取必要措施给予生活保障。

享受城市低保待遇的家庭分为全额享受和差额享受两类。对于无生活来源、无劳动能力,又无法定赡养人、扶养人或抚养人的城市居民,按照其当地城市居民最低生活保障标准全额享受;对尚有一定收入的城市居民,按照家庭人均收入低于当地城市居民最低生活保障标准的差额享受。

具体发放的差额计算方式如下:

家庭月保障金额＝当地月保障标准×家庭人口数－月家庭成员各类收入总额(抚恤补助金除外)

在保障标准不变的情况下,月家庭成员各类收入越少,家庭月保障金越多,反之,家庭月保障金越少。家庭人均月保障金是根据当地保障标准与家庭月人均收入之差计算出来的,即:

家庭人均月保障金额＝当地月保障标准－家庭月人均收入

(五) 监督

对经批准享受城市低保待遇的城市居民,由管理审批机关采取适当形式以户为单位予以公布,接受群众监督。任何人对不符合法定条件而享受城市低保待遇的,都有权向管理审批机关提出意见;管理审批机关经核查,对情况属实的,应当予以纠正。

(六) 调整

最低生活保障家庭的人口状况、收入状况、财产状况发生变化的,应当及时告知乡镇人民政府、街道办事处。县级人民政府民政部门以及乡镇人民政府、街道办事处应当对获得最低生活保障家庭的人口状况、收入状况、财产状况定期核查。最低生活保障家庭的人口状况、收入状况、财产状况发生变化的,县级人民政府民政部门应当及时决定增发、减发或者停发最低生活保障金;决定停

发最低生活保障金的,应当书面说明理由。

为了使真正困难的群众得到最低生活保障,最低生活保障实行动态管理。县级人民政府民政部门以及乡镇人民政府、街道办事处要定期对领取保障金家庭的收入变动情况和实际生活水平进行调查和审核。贫困家庭家庭收入发生变化时,其享受的最低生活保障金需进行相应调整。因此,领取保障金的困难居民,当家庭成员、收入等情况发生变化时,应主动到申领机关办理调整或停发城镇居民最低生活保障金手续。停发对象须填写《城镇居民最低生活保障金停发表》,通过居民委员会交户口所在地街道办事处或镇人民政府,并退回《领取证》;需要调整保障金额的保障对象应重新填写《城市居民最低生活保障待遇审批表》,再次申报审批。保障对象的户籍因迁移或行政区域变更发生变动的,应及时到迁出和迁入地申领机关办理最低生活保障的有关变更手续。所谓变更手续,就是说原保障对象到新址后不需要重新办理申请报批等烦琐手续而通过变更即可。一般转移范围在本县(市、区)范围的,由街道办事处或镇人民政府办理转移手续,并报县(市、区)民政局备案,跨区、县的,由区、县民政局办理转移手续。同时保障对象还要凭迁出地的证明到迁入地办理有关手续。

二、特困人员供养

(一) 特困人员的范围及认定

《社会救助暂行办法》第十四条规定,国家对无劳动能力、无生活来源且无法定赡养、抚养、扶养义务人,或者其法定赡养、抚养、扶养义务人无赡养、抚养、扶养能力的老年人、残疾人以及未满16周岁的未成年人,给予特困人员供养。2021年4月,民政部印发《特困人员认定办法》。

1. 特困人员认定的原则

认定特困人员,应当遵循以下基本原则:

第一,应救尽救,应养尽养。将符合特困人员救助范围的困难人员全部纳入救助范围。第二,属地管理,分级负责。县级以上地方人民政府民政部门统筹做好本行政区域内特困人员认定及救助供养工作;县级人民政府民政部门负责特困人员认定的审核工作;乡镇人民政府(街道办事处)具体负责特困人员认定的受理、初审工作;村(居)民委员会协助做好相关工作。第三,严格规范,高效便民。明确特困人员认定条件、申请受理以及审核确认程序、生活自理能力评估要求、终止救助供养的情形等内容。第四,公开、公平、公正。保证特困人员认定在广泛监督的基础上实施。

2. 特困人员认定条件

同时具备以下条件的老年人、残疾人和未成年人,应当依法纳入特困人员救助供养范围:

第一,无劳动能力。无劳动能力包括:① 60周岁以上的老年人;② 未满16周岁的未成年人;③ 残疾等级为一、二、三级的智力、精神残疾人,残疾等级为一、二级的肢体残疾人,残疾等级为一级的视力残疾人;④ 省、自治区、直辖市人民政府规定的其他情形。

第二，无生活来源。收入低于当地最低生活保障标准,且财产符合当地特困人员财产状况规定的,应当认定为无生活来源。收入包括工资性收入、经营净收入、财产净收入、转移净收入等各类收入。中央确定的城乡居民基本养老保险基础养老金、基本医疗保险等社会保险和优待抚恤金、高龄津贴不计入在内。

第三，无法定赡养、抚养、扶养义务人或者其法定义务人无履行义务能力。法定义务人符合下列情形之一的,应当认定为本办法所称的无履行义务能力：① 特困人员；② 60 周岁以上的最低生活保障对象；③ 70 周岁以上的老年人,本人收入低于当地上年人均可支配收入,且其财产符合当地低收入家庭财产状况规定的；④ 重度残疾人和残疾等级为三级的智力、精神残疾人,本人收入低于当地上年人均可支配收入,且其财产符合当地低收入家庭财产状况规定的；⑤ 无民事行为能力、被宣告失踪或者在监狱服刑的人员,且其财产符合当地低收入家庭财产状况规定的；⑥ 省、自治区、直辖市人民政府规定的其他情形。

3. 特困人员认定程序

特困人员认定包括"申请—受理—审核—确认"等程序。

(1) 申请。

申请特困人员救助供养,应当由本人向户籍所在地乡镇人民政府(街道办事处)提出书面申请。本人申请有困难的,可以委托村(居)民委员会或者他人代为提出申请。

申请材料主要包括本人有效身份证明,劳动能力、生活来源、财产状况以及赡养、抚养、扶养情况的书面声明,承诺所提供信息真实、完整的承诺书,残疾人应当提供中华人民共和国残疾人证。申请人及其法定义务人应当履行授权核查家庭经济状况的相关手续。

乡镇人民政府(街道办事处)、村(居)民委员会应当及时了解掌握辖区内居民的生活情况,发现可能符合特困人员救助供养条件的,应当告知其救助供养政策,对因无民事行为能力或者限制民事行为能力等原因无法提出申请的,应当主动帮助其申请。

(2) 受理。

乡镇人民政府(街道办事处)应当对申请人或者其代理人提交的材料进行审查,材料齐备的,予以受理；材料不齐备的,应当一次性告知申请人或者其代理人补齐所有规定材料。

(3) 审核。

乡镇人民政府(街道办事处)应当自受理申请之日起 15 个工作日内,通过入户调查、邻里访问、信函索证、信息核对等方式,对申请人的经济状况、实际生活状况以及赡养、抚养、扶养状况等进行调查核实,并提出初审意见。

申请人以及有关单位、组织或者个人应当配合调查,如实提供有关情况。村(居)民委员会应当协助乡镇人民政府(街道办事处)开展调查核实。

调查核实过程中,乡镇人民政府(街道办事处)可视情况组织民主评议,在村(居)民委员会协助下,对申请人书面声明内容的真实性、完整性及调查核实结果的客观性进行评议。

乡镇人民政府(街道办事处)应当将初审意见及时在申请人所在村(社区)公示。公示期为7天。

公示期满无异议的,乡镇人民政府(街道办事处)应当将初审意见连同申请、调查核实等相关材料报送县级人民政府民政部门。对公示有异议的,乡镇人民政府(街道办事处)应当重新组织调查核实,在15个工作日内提出初审意见,并重新公示。

(4) 确认。

县级人民政府民政部门应当全面审核乡镇人民政府(街道办事处)上报的申请材料、调查材料和初审意见,按照不低于30%的比例随机抽查核实,并在15个工作日内提出确认意见。

对符合救助供养条件的申请,县级人民政府民政部门应当及时予以确认,建立救助供养档案,从确认之日下月起给予救助供养待遇,并通过乡镇人民政府(街道办事处)在申请人所在村(社区)公布。不符合条件、不予同意的,县级人民政府民政部门应当在作出决定3个工作日内,通过乡镇人民政府(街道办事处)书面告知申请人或者其代理人并说明理由。

特困人员救助供养标准城乡不一致的地区,对于拥有承包土地或者参加农村集体经济收益分配的特困人员,一般给予农村特困人员救助供养待遇。实施易地扶贫搬迁至城镇地区的,给予城市特困人员救助供养待遇。

4. 特困人员生活自理能力评估

县级人民政府民政部门应当在乡镇人民政府(街道办事处)、村(居)民委员会协助下,对特困人员生活自理能力进行评估,并根据评估结果,确定特困人员应当享受的照料护理标准档次。有条件的地方,可以委托第三方机构开展特困人员生活自理能力评估。

特困人员生活自理能力,一般依据以下6项指标综合评估:自主吃饭,自主穿衣,自主上下床,自主如厕,室内自主行走,自主洗澡。

特困人员生活自理状况6项指标全部达到的,可以视为具备生活自理能力;有3项以下(含3项)指标不能达到的,可以视为部分丧失生活自理能力;有4项以上(含4项)指标不能达到的,可以视为完全丧失生活自理能力。

特困人员生活自理能力发生变化的,本人、照料服务人、村(居)民委员会或者供养服务机构应当通过乡镇人民政府(街道办事处)及时报告县级人民政府民政部门,县级人民政府民政部门应当自接到报告之日起10个工作日内组织复核评估,并根据评估结果及时调整特困人员生活自理能力认定类别。

(二) 特困人员供养内容

特困人员救助供养主要包括以下内容:

(1) 提供基本生活条件。具体内容包括供给粮油、副食品、生活用燃料、服装、被褥等日常生活用品和零用钱。可以通过实物或者现金的方式予以保障。

(2) 对生活不能自理的给予照料。具体内容包括日常生活、住院期间的必要照料等基本服务。

（3）提供疾病治疗。全额资助参加城乡居民基本医疗保险的个人缴费部分。医疗费用按照基本医疗保险、大病保险和医疗救助等医疗保障制度规定支付后仍有不足的,由救助供养经费予以支持。

（4）办理丧葬事宜。特困人员死亡后的丧葬事宜,集中供养的由供养服务机构办理,分散供养的由乡镇人民政府(街道办事处)委托村(居)民委员会或者其亲属办理。丧葬费用从救助供养经费中支出。

（5）对符合规定标准的住房困难的分散供养特困人员,通过配租公共租赁住房、发放住房租赁补贴、农村危房改造等方式给予住房救助。对在义务教育阶段就学的特困人员,给予教育救助；对在高中教育(含中等职业教育)、普通高等教育阶段就学的特困人员,根据实际情况给予适当教育救助。

(三) 救助供养标准

特困人员救助供养标准包括基本生活标准和照料护理标准。基本生活标准应当满足特困人员基本生活所需。照料护理标准应当根据特困人员生活自理能力和服务需求分类制定,体现差异性。特困人员救助供养标准由省、自治区、直辖市或者设区的市级人民政府综合考虑地区、城乡差异等因素确定、公布,并根据当地经济社会发展水平和物价变化情况适时调整。民政部、财政部要加强对特困人员救助供养标准制定工作的指导。

(四) 救助供养形式

特困人员救助供养形式分为在家分散供养和在当地的供养服务机构集中供养。具备生活自理能力的,鼓励其在家分散供养；完全或者部分丧失生活自理能力的,优先为其提供集中供养服务。

分散供养。对分散供养的特困人员,经本人同意,乡镇人民政府(街道办事处)可委托其亲友或村(居)民委员会、供养服务机构、社会组织、社会工作服务机构等提供日常看护、生活照料、住院陪护等服务。有条件的地方,可为分散供养的特困人员提供社区日间照料服务。

集中供养。对需要集中供养的特困人员,由县级人民政府民政部门按照便于管理的原则,就近安排到相应的供养服务机构；未满16周岁的,安置到儿童福利机构。

供养服务机构管理。供养服务机构应当依法办理法人登记,建立健全内部管理、安全管理和服务管理等制度,为特困人员提供日常生活照料、送医治疗等基本救助供养服务。有条件的经卫生计生行政部门批准可设立医务室或者护理站。供养服务机构应当根据服务对象人数和照料护理需求,按照一定比例配备工作人员,加强社会工作岗位开发设置,合理配备使用社会工作者。

(五) 终止救助供养

特困人员有下列情形之一的,应当及时终止救助供养：

（1）死亡或者被宣告死亡、被宣告失踪；

（2）具备或者恢复劳动能力；

（3）依法被判处刑罚,且在监狱服刑；

（4）收入和财产状况不再符合《特困人员认定办法》第六条规定；

（5）法定义务人具有了履行义务能力或者新增具有履行义务能力的法定义务人；

（6）自愿申请退出救助供养。

特困人员不再符合救助供养条件的，本人、照料服务人、村（居）民委员会或者供养服务机构应当及时告知乡镇人民政府（街道办事处），由乡镇人民政府（街道办事处）调查核实并报县级人民政府民政部门核准。县级人民政府民政部门、乡镇人民政府（街道办事处）在工作中发现特困人员不再符合救助供养条件的，应当及时办理终止救助供养手续。

对拟终止救助供养的特困人员，县级人民政府民政部门应当通过乡镇人民政府（街道办事处），在其所在村（社区）或者供养服务机构公示。公示期为7天。公示期满无异议的，县级人民政府民政部门应当作出终止决定并从下月起终止救助供养。对公示有异议的，县级人民政府民政部门应当组织调查核实，在15个工作日内作出是否终止救助供养决定，并重新公示。对决定终止救助供养的，应当通过乡镇人民政府（街道办事处）将终止理由书面告知当事人、村（居）民委员会。

对终止救助供养的原特困人员，符合最低生活保障、临时救助等其他社会救助条件的，应当按规定及时纳入相应救助范围。

【任务完成】

作为养老服务人员，你应当根据老人的情况，协助其申请生活救助：

老人可以根据自己家庭收入情况，向户籍所在地的街道办事处或者镇人民政府提出书面申请，享受最低生活保障待遇。

思考题

1. 我国养老保险的类型有哪些？
2. 基本养老保险的参保程序是什么？
3. 养老金如何申领？
4. 我国最低生活保障制度实施中存在哪些问题？
5. 我国特困人员供养制度推行过程中存在哪些困难？

实训题

1. 制定养老规划

要求：以小组为单位，制定一份养老规划。

各小组以其中一名组员的父母现在的情况为例，为其设计养老规划。

成果：养老规划方案。

内容：

（1）人员及其家庭的基本情况，以及对养老的需求；

(2)情况分析；

(3)需要考虑的因素；

(4)可供选择的方案。

以小组作品的方式在课堂做出展示。

2. 课堂讨论

话题一：请谈谈我国拟实施延迟法定退休年龄的政策，该政策对老年人的养老会产生哪些影响？

话题二：请就我国最低生活保障的申请和审核方式谈谈你的看法。

拓展阅读

2022年退休人员基本养老金上调4%

人社部、财政部2022年5月26日发布《关于2022年调整退休人员基本养老金的通知》，明确从2022年1月1日起，为2021年底前已按规定办理退休手续并按月领取基本养老金的企业和机关事业单位退休人员提高基本养老金水平，总体调整水平为2021年退休人员月人均基本养老金的4%。

据人社部相关负责人介绍，这次调整继续采取定额调整、挂钩调整与适当倾斜相结合的调整办法。其中，定额调整体现社会公平，同一地区各类退休人员调整标准一致；挂钩调整体现"多缴多得""长缴多得"的激励机制，使在职时多缴费、长缴费的人员多得养老金；适当倾斜体现重点关怀，主要是对高龄退休人员和艰苦边远地区退休人员等群体予以照顾。

通知要求各地结合本地区实际，制定具体实施方案，于2022年5月31日前报人社部、财政部备案，并严格按照人社部、财政部备案同意的实施方案执行，把各项调整政策落实到位。要切实采取措施加强基本养老保险基金收支管理，提前做好资金安排，确保基本养老金按时足额发放。

（资料来源：姜琳. 2022年退休人员基本养老金上调4%[EB/OL].（2022-05-26）[2022-06-12]. http://www.gov.cn/xinwen/2022-05-26/content_5692442.htm）

模块六

老年人医疗及长期护理保障

知识目标

1. 掌握我国基本医疗保险的制度规定
2. 了解医疗救助的基本要求
3. 掌握长期护理保险试点的基本内容
4. 了解长期护理保险试点经验

能力目标

1. 能够协助老年人享受医疗保险待遇
2. 能够协助老年人申请医疗救助
3. 能够协助老年人享受长期护理保险待遇

- 任务一　协助老年人参与并享受基本医疗保险待遇
- 任务二　协助老年人申请并享受医疗救助
- 任务三　协助老年人享受长期护理保险待遇

模块六 老年人医疗及长期护理保障

【专业知识概览】

我国医疗保险体系主要包括职工基本医疗保险、城乡居民基本医疗保险、城乡居民大病保险等类型。在医疗保险的基础上，通过对特殊困难家庭提供医疗救助实现医疗保障的兜底效果。

2016年，《人力资源社会保障部办公厅关于开展长期护理保险制度试点的指导意见》（人社厅发〔2016〕80号）中提出，探索建立以社会互助共济方式筹集资金，为长期失能人员的基本生活照料和与基本生活密切相关的医疗护理提供资金或服务保障的社会保险制度。2020年，《国家医保局 财政部关于扩大长期护理保险制度试点的指导意见》（医保发〔2020〕37号）中提出，扩大长期护理保险制度试点，力争在"十四五"期间，基本形成适应我国经济发展水平和老龄化发展趋势的长期护理保险制度政策框架，推动建立健全满足群众多元需求的多层次长期护理保障制度。

【核心概念】

基本医疗保险；医疗救助；长期护理保险

【主要政策法规依据】

《中华人民共和国社会保险法》

《国务院关于建立城镇职工基本医疗保险制度的决定》（国发〔1998〕44号）

《国务院关于整合城乡居民基本医疗保险制度的意见》（国发〔2016〕3号）

《国务院办公厅关于进一步深化基本医疗保险支付方式改革的指导意见》（国办发〔2017〕55号）

《国务院办公厅关于全面实施城乡居民大病保险的意见》（国办发〔2015〕57号）

《国务院办公厅关于全面推进生育保险和职工基本医疗保险合并实施的意见》（国办发〔2019〕10号）

《社会救助暂行办法》

《国务院办公厅转发民政部等部门关于进一步完善医疗救助制度全面开展重特大疾病医疗救助工作意见的通知》（国发〔2015〕30号）

《人力资源社会保障部办公厅关于开展长期护理保险制度试点的指导意见》（人社厅发〔2016〕80号）

《国家医保局 财政部关于扩大长期护理保险制度试点的指导意见》（医保发〔2020〕37号）

导入材料

长期护理保险制度试点范围扩大 探索建立独立险种

为应对人口老龄化、健全社会保障体系，截至2020年，已试点4年多的长期护理保险制度日前又新增14个试点城市(区)。更大范围的试点意在探索建立独立险种，以重点解决重度失能人员长期护理保障问题。

根据国家医疗保障局、财政部2020年9月10日发布的《关于扩大长期护理保险制度试点的指导意见》,新增试点城市(区)为:北京市石景山区、天津市、山西省晋城市、内蒙古自治区呼和浩特市、辽宁省盘锦市、福建省福州市、河南省开封市、湖南省湘潭市、广西壮族自治区南宁市、贵州省黔西南布依族苗族自治州、云南省昆明市、陕西省汉中市、甘肃省甘南藏族自治州、新疆维吾尔自治区乌鲁木齐市。加上原有试点城市和吉林、山东2个重点联系省份,长期护理保险制度试点城市(区)现已扩至49个。

意见明确,新增试点于2020年内启动实施,试点期限2年。未经国家医保局和财政部同意,各地不得自行扩大试点范围。此外,意见还在长期护理保险的资金筹集、待遇支付、管理服务机制等方面作出了更细化的规定。

自2016年起,我国在上海市、安徽省、吉林省、山东省等地开展了长期护理保险制度试点。这是一种以互助共济方式筹集资金,为长期失能人员的基本生活照料和与之密切相关的医疗护理提供服务或资金保障的社会保险制度。

"探索建立长期护理保险制度是党中央、国务院积极应对人口老龄化的重大制度安排。"国家医保局有关部门负责人说,截至2019年年底,我国60岁及以上老年人口超2.5亿,失能老年人超4000万。失能人员长期护理保障不足成为亟待解决的社会性问题。意见着眼于建立独立险种,明确制度试点目标,进一步探索在"十四五"期间,基本形成适应我国经济发展水平和老龄化发展趋势的长期护理保险制度政策框架,推动建立健全满足群众多元需求的多层次长期护理保障制度。

(资料来源:屈婷.长期护理保险制度试点范围扩大 探索建立独立险种[EB/OL].(2020-09-18)[2021-09-06].http://www.gov.cn/xinwen/2020-09/18/content_5544602.htm)

任务一 协助老年人参与并享受基本医疗保险待遇

【任务目标】

作为养老服务人员,你能够协助老年人参与并享受基本医疗保险待遇。

【任务实例】

张大妈,苏州人,女儿在杭州工作。近几年,老人身体越发不好,无法自己在苏州生活,因此女儿将张大妈从苏州接到杭州。可是女儿工作忙,没有精力照顾母亲,就把母亲送到某养老机构居住。张大妈身体不好,常常需要到医院看病和买药。由于张大妈常年生活在苏州,她所有的医疗保险关系都留在苏州,这给她在杭州就诊和买药带来很大的不便。

【任务描述】

如果你是张大妈的护理人员,你会给张大妈怎样的建议?

【背景知识】

作为社会保险范畴内的医疗保险,是国家为其公民提供的重要保障途径之一。其主要目的在于化解公民及其家庭因疾病而需要承受的重大经济负担风险。老年群体相对于其他社会年龄群体而言发生疾病的概率更高,对医疗保险的需求也更为强烈。从我国目前医疗保险的开展情况看,公民可以参加以下几类基本医疗保险:

一、职工基本医疗保险

职工基本医疗保险是为补偿劳动者因疾病风险造成的经济损失而建立的一项社会保险制度。通过用人单位和个人缴费,建立医疗保险基金,参保人员患病就诊发生医疗费用后,由医疗保险经办机构给予一定的经济补偿,以避免或减轻劳动者因患病、治疗等所带来的经济风险。职工基本医疗保险以城镇职工为主要保障对象。

二、城乡居民基本医疗保险

城乡居民基本医疗保险是在整合城镇居民基本医疗保险(以下简称城镇居民医保)和新型农村合作医疗(以下简称新农合)两项制度,统一建立的基本医疗保险制度。2016年,《国务院关于整合城乡居民基本医疗保险制度的意见》(国发〔2016〕3号)中提出,要求逐步在全国范围内建立起统一的城乡居民医保制度,推动保障更加公平、管理服务更加规范、医疗资源利用更加有效,促进全民医保体系持续健康发展。

三、城乡居民大病保险

城乡居民大病保险(以下简称大病保险)是基本医疗保障制度的拓展和延伸,是对大病患者发生的高额医疗费用给予进一步保障的一项制度性安排。2015年,在试点基础上,《国务院办公厅关于全面实施城乡居民大病保险的意见》(国办发〔2015〕57号)对我国大病保险制度建设做出了更加细致的规范和指导。

【专业知识】

一、职工基本医疗保险

(一)职工基本医疗保险的参保范围

1998年《国务院关于建立城镇职工基本医疗保险制度的决定》(国发〔1998〕44号)中规定:城镇所有用人单位,包括企业(国有企业、集体企业、外商投资企业、私营企业等)、机关、事业单位、社会团体、民办非企业单位及其职工,都要参加基本医疗保险。《社会保险法》进一步规定:职工应当参加职工基本医疗保险,由用人单位和职工按照国家规定共同缴纳基本医疗保险费。

(二) 职工基本医疗保险费的缴纳

1. 缴费比例

基本医疗保险费由用人单位和职工共同缴纳,体现社会保险的强制特征和权利与义务的统一。医疗保险费由单位和个人共同缴纳,不仅可以扩大医疗保险资金的来源,更重要的是明确了单位和职工的责任,增强个人自我保障意识。用人单位缴费率和个人缴费率的控制标准为,用人单位缴费率控制在职工工资总额的6%左右,具体比例由各地确定;职工缴费率一般为本人工资收入的2%左右。

首先,各统筹地区要确定一个适合当地职工负担水平的个人基本医疗缴费率,一般为工资收入的2%。其次,由个人以本人工资收入为基数,按规定的当地个人缴费率缴纳基本医疗保险费。个人缴费基数应按国家统计局规定的工资收入统计口径为基数,即以全部工资性收入,包括各类奖金、劳动收入和实物收入等所有工资性收入为基数,乘以规定的个人缴费率,即为本人应缴纳的基本医疗保险费。最后,个人缴费一般不需个人到社保经办机构去缴纳,而是由单位从工资中代扣代缴。

需要特别注意的是,2019年《国务院办公厅关于全面推进生育保险和职工基本医疗保险合并实施的意见》中要求全面推进生育保险和职工基本医疗保险合并实施,参加职工基本医疗保险的在职职工同步参加生育保险。生育保险基金并入职工基本医疗保险基金,统一征缴,统筹层次一致。按照用人单位参加生育保险和职工基本医疗保险的缴费比例之和确定新的用人单位职工基本医疗保险费率,个人不缴纳生育保险费。同时,根据职工基本医疗保险基金支出情况和生育待遇的需求,按照收支平衡的原则,建立费率确定和调整机制。

2. 个人账户

2021年,《国务院办公厅关于建立健全职工基本医疗保险门诊共济保障机制的指导意见》(国办发〔2021〕14号)为进一步健全互助共济、责任共担的职工基本医疗保险制度提出了具体意见。该指导意见要求改进职工基本医疗保险个人账户计入办法。

在职职工个人账户由个人缴纳的基本医疗保险费计入,计入标准原则上控制在本人参保缴费基数的2%,单位缴纳的基本医疗保险费全部计入统筹基金;退休人员个人账户原则上由统筹基金按定额划入,划入额度逐步调整到统筹地区根据意见实施改革当年基本养老金平均水平的2%左右。个人账户的具体划入比例或标准,由省级医保部门会同财政部门按照以上原则,指导统筹地区结合本地实际研究确定。调整统筹基金和个人账户结构后,增加的统筹基金主要用于门诊共济保障,提高参保人员门诊待遇。

个人账户主要用于支付参保人员在定点医疗机构或定点零售药店发生的政策范围内自付费用。可以用于支付参保人员本人及其配偶、父母、子女在定点医疗机构就医发生的由个人负担的医疗费用,以及在定点零售药店购买药品、医疗器械、医用耗材发生的由个人负担的费用。探索个人账户用于配偶、父母、子女参加城乡居民基本医疗保险等的个人缴费。个人账户不得用于公共卫生费用、体育健身或养生保健消费等不属于基本医疗保险保障范围的支出。

(三) 职工基本医疗保险待遇

1. 基本医疗保险待遇的享受

符合基本医疗保险药品目录、诊疗项目、医疗服务设施标准及急诊、抢救的医疗费用，按照国家规定从基本医疗保险基金中支付。

基本医疗保险支付范围仅限于规定的基本医疗保险药品目录、诊疗项目和医疗服务设施标准内的医疗费用；对提供基本医疗保险服务的医疗机构和药店实行定点管理；社会保险经办机构与基本医疗保险服务机构（定点医疗机构和定点零售药店）要按协议规定的结算办法进行费用结算。

首先，参保人员要在基本医疗保险定点医疗机构就医、购药，也可按处方到定点零售药店外购药品。在非定点医疗机构就医和非定点药店购药发生医疗费用，除符合急诊、转诊等规定条件外，基本医疗保险基金不予支付。

其次，所发生医疗费用必须符合基本医疗保险药品目录、诊疗项目、医疗服务设施标准的范围和给付标准，才能由基本医疗保险基金按规定予以支付。超出部分，基本医疗保险基金将按规定不予支付。

最后，对符合基本医疗保险基金支付范围的医疗费用，要区分是属于统筹基金支付范围还是属于个人账户支付范围。属于统筹基金支付范围的医疗费用，超过起付标准以上的由统筹基金按比例支付，最高支付到"封顶额"为止。个人也要负担部分医疗费用，"封顶额"以上费用则全部由个人支付或通过参加补充医疗保险、商业医疗保险等途径解决。起付标准以下医疗费用由个人账户解决或由个人自付，个人账户有结余的，也可以支付统筹基金支付范围内应由个人支付的部分医疗费用。

2. 支付方式

职工基本医疗保险的统筹基金和个人账户按照各自的支付范围，分别核算，不得互相挤占。

（1）个人账户：用于支付门诊费用、住院费用中个人自付部分及在定点药店购物费用。

（2）统筹基金：用于支付住院医疗和部分门诊大病费用。《国务院办公厅关于建立健全职工基本医疗保险门诊共济保障机制的指导意见》（国办发〔2021〕14号）中要求增强门诊共济保障功能。建立完善职工医保普通门诊费用统筹保障机制，在做好高血压、糖尿病等群众负担较重的门诊慢性病、特殊疾病（以下统称门诊慢特病）医疗保障工作的基础上，逐步将多发病、常见病的普通门诊费用纳入统筹基金支付范围。普通门诊统筹覆盖职工医保全体参保人员，政策范围内支付比例从50%起步，随着医保基金承受能力增强逐步提高保障水平，待遇支付可适当向退休人员倾斜。针对门诊医疗服务特点，科学测算起付标准和最高支付限额，并做好与住院费用支付政策的衔接。同步完善城乡居民基本医疗保险门诊统筹，并逐步提高保障水平。

根据医保基金承受能力，逐步扩大由统筹基金支付的门诊慢特病病种范围，将部分治疗周期长、对健康损害大、费用负担重的疾病门诊费用纳入共济保障，对部分适合在门诊开展、比住院更经济方便的特殊治疗，可参照住院待遇进

行管理。不断健全门诊共济保障机制,逐步由病种保障向费用保障过渡。将符合条件的定点零售药店提供的用药保障服务纳入门诊保障范围,支持外配处方在定点零售药店结算和配药,充分发挥定点零售药店便民、可及的作用。探索将符合条件的"互联网+"医疗服务纳入保障范围。

3. 参保职工退休后享受基本医疗保险待遇

参加职工基本医疗保险的个人,达到法定退休年龄时累计缴费达到国家规定年限的,退休后不再缴纳基本医疗保险费,按照国家规定享受基本医疗保险待遇;未达到国家规定年限的,可以缴费至国家规定年限。目前,国家对最低缴费年限尚无统一规定,由各统筹地区根据本地情况自行确定,一般为男职工30年,女职工25年。经济较发达统筹地区规定的缴费年限比较短,如北京,男职工为25年,女职工为20年。参保职工退休时未达到国家规定的缴费年限的,可以缴费至国家规定的年限,补缴费用包括其实际缴费年限与国家规定的最低缴费年限相差的期间内,应当由用人单位和个人缴纳的全部医疗保险费用。

4. 基本医疗保险费用的结算

基本医疗保险费用的结算一般采用直接结算制度。参保人员医疗费用中应当由基本医疗保险基金支付的部分,由社保经办机构与医疗机构、药品经营单位直接结算,此谓"直接结算"。

5. 异地就医医疗费用结算

异地就医是指参加基本医疗保险的人员在自己所在的统筹地区以外的中国境内地区就医的情况。异地就医以职工退休后到异地居住的情况为主。

2009年《人力资源和社会保障部财政部关于基本医疗保险异地就医结算服务工作的意见》(人社部发〔2009〕190号)印发以来,各地积极探索推进异地就医结算工作。2014年,人力资源和社会保障部、财政部等部门联合发布《关于进一步做好基本医疗保险异地就医医疗费用结算工作的指导意见》(人社部发〔2014〕93号)。2016年,国家异地就医结算平台子系统通过初步验收并试运行;2017年,国家异地就医结算系统上线,越来越多群众享受到直接结算便利,取得了阶段性成效。

《2020年国务院政府工作报告》明确提出"开展门诊费用跨省直接结算试点",为进一步推进跨省异地就医结算工作提出新的要求。目前跨省异地就医住院费用直接结算已经在全国普遍开展,成效显著。截至2020年8月底,国家平台备案人数694万,住院费用跨省直接结算定点医疗机构数量为36 754家,其中二级及以下定点医疗机构33 790家。自2017年1月启动以来,累计实现跨省异地就医直接结算591万人次,医疗费用1426.7亿元,基金支付842.2亿元,基金支付比例59.0%。同时,为进一步扩大跨省异地就医直接结算的保障范围,国家医保局积极推进门诊费用跨省直接结算试点工作。目前已经启动了京津冀、长三角、西南5省份(云南、贵州、四川、重庆、西藏)门诊费用跨省直接结算试点工作,截至2020年8月底,累计结算177.49万人次,医疗总费用4.32亿元,医保基金支付2.51亿元,门诊费用跨省直接结算取得初步成效。

2019年,国家医疗保障局印发了《关于建立基本医疗保险跨省异地就医结

算业务协同管理工作机制的通知》(医保办发〔2019〕33号),依托国家异地就医结算系统业务协同管理模块和国家医保异地备案小程序,搭建起各级医保经办机构、定点医疗机构和参保人员之间跨省异地就医结算业务办理和应急问题处理平台,初步建立了跨省异地就医结算业务协同管理工作机制,实现国家、省、市、县(区)、定点医疗机构五级医保信息平台的问题协同、信息共享,及时解决异地就医结算过程中的各类问题,异地就医结算服务效率进一步提升。

6. 不纳入基本医疗保险基金支付范围的费用

下列医疗费用不纳入基本医疗保险基金支付范围。

(1) 应当从工伤保险基金中支付的。

(2) 应当由第三人负担的。

(3) 应当由公共卫生负担的。

(4) 在境外就医的。

医疗费用依法应当由第三人负担,第三人不支付或者无法确定第三人的,由基本医疗保险基金先行支付。基本医疗保险基金先行支付后,有权向第三人追偿。

二、城乡居民基本医疗保险

2016年,《国务院关于整合城乡居民基本医疗保险制度的意见》(国发〔2016〕3号)中明确了城乡居民基本医疗保险的参保范围、筹资方式、参保人员的保障待遇等。

(一) 参保范围

城乡居民医保制度覆盖范围包括现有城镇居民医保和新农合所有应参保(合)人员,即覆盖除职工基本医疗保险应参保人员以外的其他所有城乡居民。农民工和灵活就业人员依法参加职工基本医疗保险,有困难的可按照当地规定参加城乡居民医保。

(二) 筹资方式

继续实行个人缴费与政府补助相结合为主的筹资方式,鼓励集体、单位或其他社会经济组织给予扶持或资助。各地统筹考虑城乡居民医保与大病保险保障需求,按照基金收支平衡的原则,合理确定城乡统一的筹资标准。现有城镇居民医保和新农合个人缴费标准差距较大的地区,可采取差别缴费的办法。

(三) 保障待遇

遵循保障适度、收支平衡的原则,均衡城乡保障待遇,逐步统一保障范围和支付标准,为参保人员提供公平的基本医疗保障。妥善处理整合前的特殊保障政策,做好过渡与衔接。

城乡居民医保基金主要用于支付参保人员发生的住院和门诊医药费用。稳定住院保障水平,政策范围内住院费用支付比例保持在75%左右。进一步完善门诊统筹,逐步提高门诊保障水平。逐步缩小政策范围内支付比例与实际支付比例间的差距。

各地推进门诊统筹后,可将门诊小病医疗费用纳入统筹基金支付范围,群

众在基层医疗机构发生的常见病、多发病的门诊医疗费用均可报销,比例在50%左右。同时,为减轻参保群众的门诊大病负担,对于一些主要在门诊治疗且费用较高的慢性病、特殊疾病(如恶性肿瘤门诊放化疗、尿毒症透析、糖尿病患者胰岛素治疗等)的门诊医疗费用,也纳入统筹基金支付范围,并参照住院制定相应的管理和支付办法。

2019年城乡居民医疗保障安排了一系列惠民举措。一是提高财政补助标准。2019年城乡居民医保人均财政补助标准新增30元,达到每人每年不低于520元,新增财政补助一半用于提高大病保险保障能力(在2018年人均筹资标准上增加15元)。二是提高大病保险保障水平。降低并统一大病保险起付线,原则上按上一年度居民人均可支配收入的50%确定,大病保险政策范围内报销比例由50%提高至60%。三是落实医保精准扶贫任务。充分发挥基本医保、大病保险、医疗救助三重保障功能,着力解决流动贫困人口断保、漏保问题;大病保险对贫困人口实施倾斜支付,起付线降低50%,支付比例提高5个百分点,全面取消建档立卡贫困人口大病保险封顶线;医疗救助增强托底保障功能。四是加强公共服务。巩固完善异地就医直接结算,优化异地就医备案流程。整合城乡医保经办资源,大力推进基本医保、大病保险、医疗救助"一站式服务、一窗口办理、一单制结算",方便群众享受待遇。

三、城乡居民大病保险

(一)大病保险的基本原则

1. 坚持以人为本、保障大病

建立完善大病保险制度,不断提高大病保障水平和服务可及性,着力维护人民群众健康权益,切实避免人民群众因病致贫、因病返贫。

2. 坚持统筹协调、政策联动

加强基本医保、大病保险、医疗救助、疾病应急救助、商业健康保险和慈善救助等制度的衔接,发挥协同互补作用,输出充沛的保障动能,形成保障合力。

3. 坚持政府主导、专业承办

强化政府在制定政策、组织协调、监督管理等方面职责的同时,采取商业保险机构承办大病保险的方式,发挥市场机制作用和商业保险机构专业优势,提高大病保险运行效率、服务水平和质量。

4. 坚持稳步推进、持续实施

大病保险保障水平要与经济社会发展、医疗消费水平和社会负担能力等相适应。强化社会互助共济,形成政府、个人和保险机构共同分担大病风险的机制。坚持因地制宜、规范运作,实现大病保险稳健运行和可持续发展。

(二)大病保险的筹资机制

1. 筹资标准

各地结合当地经济社会发展水平、患大病发生的高额医疗费用情况、基本医保筹资能力和支付水平,以及大病保险保障水平等因素,科学细致做好资金测算,合理确定大病保险的筹资标准。

2. 资金来源

从城乡居民基本医保基金中划出一定比例或额度作为大病保险资金。城乡居民基本医保基金有结余的地区,利用结余筹集大病保险资金;结余不足或没有结余的地区,在年度筹集的基金中予以安排。完善城乡居民基本医保的多渠道筹资机制,保证制度的可持续发展。

3. 统筹层次和范围

大病保险原则上实行市(地)级统筹,鼓励省级统筹或全省(区、市)统一政策、统一组织实施,提高抗风险能力。

(三)大病保险的保障内容

大病保险的保障对象为城乡居民基本医保参保人,保障范围与城乡居民基本医保相衔接。参保人患大病发生高额医疗费用,由大病保险对经城乡居民基本医保按规定支付后个人负担的合规医疗费用给予保障。

2015年大病保险支付比例达到50%以上,随着大病保险筹资能力、管理水平不断提高,进一步提高支付比例,更有效地减轻个人医疗费用负担。按照医疗费用高低分段制定大病保险支付比例,医疗费用越高支付比例越高。鼓励地方探索向困难群体适当倾斜的具体办法,努力提高大病保险制度托底保障的精准性。

【任务完成】

作为养老服务人员,你应当根据老人的情况,协助其办理医疗保险异地就医结算手续。

异地就医及医保直接结算解决的是在参保地之外的省市就医所产生的医疗费用如何结算的问题。养老服务人员可以给老年人以下建议:

第一,在参保地医保经办机构办理备案登记。第二,选择跨统筹地区定点医疗机构。第三,参保人持社保卡在定点医疗机构办理入院手续。参保人可以现场申请,也可通过"国家社会保险公共服务平台"进行网上申请。

任务二 协助老年人申请并享受医疗救助

【任务目标】

作为养老服务人员,你能够协助老年人申请并享受医疗救助。

【任务实例】

李大爷,家住某社区,是一位"三无"老人,因严重残疾基本丧失劳动能力,常年患病。

【任务描述】

如果你是该社区的养老服务人员,你会如何帮助老人申请医疗救助?

【背景知识】

对于贫困家庭的老年人来说,生病后的经济支出将给老年人及其家庭带来

沉重的负担,有的老年人甚至因为无力支付医疗费用而放弃治疗。同时,疾病与贫困又具有天然的纽带关系,贫困人口生活水平低、卫生条件差,更易导致疾病。解决医疗保障问题是贫困老年人的迫切需求。

一、医疗救助的含义

医疗救助制度是指通过政府拨款和社会捐助等多渠道筹资建立基金,对患大病的特困人员、最低生活保障对象中未参加基本医疗保险人员、已参加基本医疗保险但个人负担仍然较重的人员及其他特殊困难群众给予医疗费用补助的救助制度。

医疗救助与医疗保险制度相互衔接互补,共同构成我国医疗保障制度。医疗救助是医疗保险的有力补充。医疗保险作为全民性的医疗保障制度在保障公民享受医疗服务中发挥了重要的作用。但是,医疗保险也有其局限性:

第一,目前我国的医疗保险从覆盖面上看仍然不能覆盖全民,一部分人群没有参加基本医疗保险,医疗保障处于空白状况。

第二,医疗保险的保障水平偏低。我国的基本医疗保险一般有起付线、支付比例和最高封顶线的要求,同时对于超过医疗保险保障范围的疾病和超过医疗保险药品及诊疗目录的药品和诊疗支出,都不能支付。超过医疗保险保障范围的医疗支出需要由患者及家属自己承担,这增加了困难家庭的负担。

第三,医疗保险以支付保险费为前提,困难家庭在无力支付保险费的情况下无法参加医疗保险。

针对目前我国基本医疗保险存在的不足,医疗救助是其有力的补充。一般认为,医疗救助应当成为医疗保险的补充,医疗救助应当首先帮助救助对象参与医疗保险,在医疗保险保障后依然无力承担医疗费用的,才可以申请医疗救助。

二、我国医疗救助的基本情况

2005年,《国务院办公厅转发民政部等部门关于建立城市医疗救助制度试点工作意见的通知》中提出,城市医疗救助制度试点工作的总体目标是:从2005年开始,用2年时间在各省、自治区、直辖市部分县(市、区)进行试点,之后再用2~3年时间在全国建立起管理制度化、操作规范化的城市医疗救助制度。当时确定,各省、自治区、直辖市选择不少于1/5的县(市、区)进行试点,重点探索城市医疗救助的管理体制、运行机制和资金筹措机制。该文件中要求,通过财政预算拨款、专项彩票公益金、社会捐助等渠道建立基金。地方财政每年安排城市医疗救助资金并列入同级财政预算,中央和省级财政对困难地区给予适当补助。

2009年,《民政部、卫生部、财政部、人力资源和社会保障部关于进一步完善城乡医疗救助制度的意见》(民发〔2009〕81号)中要求,不断强化政府责任,完善医疗救助制度,创新机制,加强管理,改进服务,着力解决城乡困难群众最关心、最现实、最迫切的基本医疗保障问题,努力实现困难群众"病有所医"的目标。

2015年,《国务院办公厅转发民政部等部门关于进一步完善医疗救助制度全面开展重特大疾病医疗救助工作意见的通知》(国发〔2015〕30号)中就进一步完善医疗救助制度、全面开展重特大疾病医疗救助工作提出指导意见。

【专业知识】

一、医疗救助的基本原则

医疗救助应当坚持以人为本、执政为民的工作理念,特别是在我国不断深化医药卫生体制改革的背景下,应当强化政府责任,完善医疗救助制度,着力解决城乡困难群众最关心、最现实、最迫切的基本医疗保障问题,努力实现困难群众"病有所医"的目标。

医疗救助一般应当遵循以下基本原则:

第一,托底线的原则。医疗救助应当坚持从我国经济和社会发展实际出发,以保障困难群众基本医疗需求为主要目标。首先,救助对象应当是特殊困难群体,而非普惠型救济。其次,在救助内容上,一般应按照救助对象医疗费用、家庭困难程度和负担能力等因素,科学合理制订救助方案,确保其获得必需的基本医疗卫生服务。最后,医疗救助水平一般应当与经济社会发展水平相适应。

第二,统筹衔接的原则。医疗救助是社会保障体系的组成部分之一,其应当与其他社会保障政策相衔接,特别是推进医疗救助制度城乡统筹发展,加强与基本医疗保险、城乡居民大病保险、疾病应急救助及各类补充医疗保险、商业保险等制度的有效衔接,形成制度合力。加强与慈善事业有序衔接,实现政府救助与社会力量参与的高效联动和良性互动。

第三,公平公正的原则。政府应当公开救助政策、工作程序、救助对象以及实施情况,主动接受群众和社会监督,确保过程公开透明、结果公平公正。

第四,高效便捷的原则。优化救助流程,简化结算程序,加快信息化建设,增强救助时效,发挥救急救难功能,使困难群众及时得到有效救助。

二、城乡医疗救助制度的合并

从20世纪90年代开始,随着我国城市低保制度的建立和推行,地方政府探索并逐步完善对贫困人员的医疗救助工作。2005年,《国务院办公厅转发民政部等部门关于建立城市医疗救助制度试点工作意见的通知》的发布,意味着我国正式开始在全国城市范围内推行医疗救助制度。农村医疗救助制度则是指政府拨款和社会各界自愿捐助等多渠道筹资,对患大病农村五保户和贫困农民家庭实行医疗救助的制度。

2015年,《国务院办公厅转发民政部等部门关于进一步完善医疗救助制度全面开展重特大疾病医疗救助工作意见的通知》(国发〔2015〕30号)中指出,城市医疗救助制度和农村医疗救助制度于2015年底前合并实施,并全面开展重特大疾病医疗救助工作。该通知明确要求整合城乡医疗救助制度。各地在

2015年年底前,将城市医疗救助制度和农村医疗救助制度整合为城乡医疗救助制度。要按照《城乡医疗救助基金管理办法》的要求,合并原来在社会保障基金财政专户中分设的"城市医疗救助基金专账"和"农村医疗救助基金专账",在政策目标、资金筹集、对象范围、救助标准、救助程序等方面加快推进城乡统筹,确保城乡困难群众获取医疗救助的权利公平、机会公平、规则公平、待遇公平。

三、城乡医疗救助的保障范围

《社会救助暂行办法》第五章对医疗救助作出具体规定。该办法第二十八条规定,以下人员可以申请相关医疗救助:① 最低生活保障家庭成员;② 特困供养人员;③ 县级以上人民政府规定的其他特殊困难人员。

《国务院办公厅转发民政部等部门关于进一步完善医疗救助制度全面开展重特大疾病医疗救助工作意见的通知》(国发〔2015〕30号)中更加细化了医疗救助的对象。最低生活保障家庭成员和特困供养人员是医疗救助的重点救助对象。要逐步将低收入家庭的老年人、未成年人、重度残疾人和重病患者等困难群众,以及县级以上人民政府规定的其他特殊困难人员纳入救助范围。适当拓展重特大疾病医疗救助对象范围,积极探索对发生高额医疗费用、超过家庭承受能力、基本生活出现严重困难家庭中的重病患者实施救助。在各类医疗救助对象中,要重点加大对重病、重残儿童的救助力度。

在医疗救助对象的确定上,以上规定给予各地方相当大的自主权,县级以上人民政府有权在以上规定的基本原则下扩大规定申请医疗救助人员的范围。比如《重庆市人民政府关于进一步完善城乡医疗救助制度的意见》(渝府发〔2012〕78号)中规定,城乡医疗救助实行属地管理,救助范围扩大到以下低收入人员:① 城乡低保对象;② 城市"三无"人员;③ 农村五保对象;④ 城乡孤儿;⑤ 在乡重点优抚对象(不含1~6级残疾军人);⑥ 城乡重度(1,2级)残疾人员;⑦ 民政部门建档的其他特殊困难人员(包括城镇低收入家庭60周岁以上的老年人);⑧ 家庭经济困难的在校大学生,即辖区内各类全日制普通高等学校(包括民办高校)、科研院所中接受普通高等学历教育的全日制本专科生、全日制研究生中的城乡低保等困难家庭大学生,以及其他享受国家助学金的大学生,重度(1,2级)残疾大学生。

《上海市城乡医疗救助资金管理办法》则规定,城乡医疗救助资金的救助对象为符合条件的下列人员:① 享受本市民政部门定期定量生活补助的特殊救济对象;② 本市城乡最低生活保障家庭成员;③ 本市城乡低收入困难家庭成员(依据本市民政部门公布的城乡低收入困难家庭标准);④ 散居孤儿;⑤ 经市政府批准的其他符合城乡医疗救助条件的对象。

四、城乡医疗救助范围和标准

《社会救助暂行办法》第二十九条规定,医疗救助采取下列方式:① 对救助对象参加城镇居民基本医疗保险或者新型农村合作医疗的个人缴费部分,给予补贴;② 对救助对象经基本医疗保险、大病保险和其他补充医疗保险支付后,个人及其家庭难以承担的符合规定的基本医疗自负费用,给予补助。医疗救助标准,由县级以上人民政府按照经济社会发展水平和医疗救助资金情况确定、公布。

从各地方实践看,城乡医疗救助主要从以下几个方面提供保障:

(一)资助参保

对重点救助对象参加城乡居民基本医疗保险的个人缴费部分进行补贴,特困供养人员给予全额资助,最低生活保障家庭成员给予定额资助,保障其获得基本医疗保险服务。具体资助办法由县级以上地方人民政府根据本地经济社会发展水平和医疗救助资金筹集情况等因素研究制定。

(二)门诊救助

门诊救助的重点是因患慢性病需要长期服药或者患重特大疾病需要长期门诊治疗,导致自负费用较高的医疗救助对象。卫生部门已经明确诊疗路径、能够通过门诊治疗的病种,可采取单病种付费等方式开展门诊救助。门诊救助的最高救助限额由县级以上地方人民政府根据当地救助对象需求和医疗救助资金筹集等情况研究确定。比如北京市2019年社会救助对象医疗救助相关标准中规定,最低生活保障人员、生活困难补助人员和低收入救助人员的门诊救助全年救助封顶线调整到8000元(享受城镇职工基本医疗保险的救助对象除外)。上海市目前规定,低收入困难家庭纳入门(急)诊救助对象范围,其门(急)诊自负医疗费用按50%比例给予救助,全年最高救助限额为2500元/人。

(三)住院救助

重点救助对象在定点医疗机构发生的政策范围内住院费用中,对经基本医疗保险、城乡居民大病保险及各类补充医疗保险、商业保险报销后的个人负担费用,在年度救助限额内按不低于70%的比例给予救助。住院救助的年度最高救助限额由县级以上地方人民政府根据当地救助对象需求和医疗救助资金筹集等情况确定。定点医疗机构应当减免救助对象住院押金,及时给予救治;医疗救助经办机构要及时确认救助对象,并可向定点医疗机构提供一定额度的预付资金,方便救助对象看病就医。

以上海市相关规定为例,2020年上海市住院救助对象及救助标准调整为:

(1) 本市城乡低保家庭成员和散居孤儿,其住院自负医疗费用按90%比例给予救助,全年最高救助限额为13万元/人。

(2) 本市低收入困难家庭成员,其住院自负医疗费用按80%比例给予救助,全年最高救助限额为13万元/人。

(3) 本市因疾病治疗造成家庭经济困难的家庭,家庭支出符合下列条件之一,且家庭人均可支配收入低于本市上年度城市居民人均可支配收入,财产符合本市低收入困难家庭申请专项救助经济状况认定标准的,其住院自负医疗费用给予救助。

① 医疗费用等必需支出过大,导致家庭人均可支配收入低于本市城乡居民最低生活保障标准,即享受本市因病支出型贫困生活救助的家庭,其住院自负医疗费用按70%比例给予救助,全年最高救助限额为13万元/人;

②家庭年医疗费用支出达到或超过家庭年可支配收入40%的家庭,其住院自负医疗费用按50%比例给予救助,全年最高救助限额为13万元/人。家庭年医疗费用指该家庭申请住院救助之月前12个月内,在本市医保定点医疗机构发生的由个人实际负担的医疗费用。

上述①②两类家庭统称"因病支出型贫困家庭",其医疗救助的申请、受理、审核、审批、救助金发放等办理程序,按照本市医疗救助制度的有关规定执行。

北京市2019年社会救助对象医疗救助相关标准中规定,住院救助全年救助封顶线从6万元调整到8万元;重大疾病救助全年救助封顶线从12万元调整到16万元。

五、城乡医疗救助工作机制

(一)城乡医疗救助申请与审核

《社会救助暂行办法》第三十条规定,申请医疗救助的,应当向乡镇人民政府、街道办事处提出,经审核、公示后,由县级人民政府医疗保障部门审批。最低生活保障家庭成员和特困供养人员的医疗救助,由县级人民政府医疗保障部门直接办理。

(二)城乡医疗救助筹资机制

各地要根据救助对象数量、患病率、救助标准、医药费用增长情况,以及基本医疗保险、城乡居民大病保险、商业保险报销水平等,科学测算医疗救助资金需求,加大财政投入,鼓励和引导社会捐赠,健全多渠道筹资机制。县级财政要根据测算的资金需求和上级财政补助资金情况,合理安排本级财政医疗救助资金,并纳入年度预算。省级和地市级财政应加大对本行政区域内经济困难地区的资金补助力度。中央财政在分配医疗救助补助资金时,将进一步加大对地方各级财政筹资情况的考核力度。各地应根据年度筹资情况及时调整救助方案,提高资金使用效益。

(三)"一站式"即时结算机制

做到医疗救助与基本医疗保险、城乡居民大病保险、疾病应急救助、商业保险等信息管理平台互联互享、公开透明,实现"一站式"信息交换和即时结算,救助对象所发生的医疗费用可先由定点医疗机构垫付医疗救助基金支付的部分,救助对象只支付自负部分。结合医保异地就医工作的推进,积极探索重特大疾病医疗救助异地就医管理机制。

(四)救助服务监管机制

要在基本医疗保险定点医疗机构范围内,按照公开平等、竞争择优的原则确定医疗救助定点医疗机构。民政部门要与医疗救助定点医疗机构签订委托合作协议,明确服务内容、服务质量、费用结算及双方的责任义务,制定服务规范,并会同财政部、人力资源和社会保障部、国家卫健委等部门及商业保险机构做好对医疗服务行为质量的监督管理,防控不合理医疗行为和费用。对不按规定用药、诊疗及提供医疗服务所发生的费用,医疗救助基金不予结算。对违反合作协议,不按规定提供医疗救助服务,造成医疗救助资金流失或浪费的,要终

止定点合作协议,取消医疗救助定点医疗机构资格,并依法追究责任。

【任务完成】

养老服务人员应当根据当地医疗救助制度要求协助老人在患病时申请医疗救助。在这一工作中,应注意以下环节:

第一,考察当地关于医疗救助的相关规定,重点关注救助对象、救助标准、救助申请流程、救助方式等。

第二,注意医疗救助与医疗保险的衔接关系。

第三,突出对老人的人文关怀。

任务三 协助老年人享受长期护理保险待遇

【任务目标】

作为养老服务人员,你能够协助老年人享受长期护理保险待遇。

【任务实例】

张大妈,66岁,因身体原因一直在广州市某养老机构生活。这段时间,她听说广州市开始试点长期护理保险制度,可以为长期失能的老年人报销一定数额的长期护理费用。张大妈想了解自己是否能够享受到这么好的待遇。

【任务描述】

如果你是张大妈的护理人员,你会给张大妈怎样的建议?

【背景知识】

《老年人权益保障法》第三十条规定,国家逐步开展长期护理保障工作,保障老年人的护理需求。2016年,《人力资源社会保障部办公厅关于开展长期护理保险制度试点的指导意见》(人社厅发〔2016〕80号)(以下简称《试点指导意见》)中对开展长期护理保险试点提出了一系列意见。探索建立长期护理保险制度,是应对人口老龄化、促进社会经济发展的战略举措,是实现共享发展改革成果的重大民生工程,是健全社会保障体系的重要制度安排。建立长期护理保险,有利于保障失能人员基本生活权益,提升他们体面和有尊严的生活质量,弘扬中华传统美德;有利于增进人民福祉,促进社会公平正义,维护社会稳定;有利于促进养老服务产业发展和拓展护理从业人员就业渠道。

《试点指导意见》确定了15个城市为长期护理保险试点城市,分别为河北省承德市、吉林省长春市、黑龙江省齐齐哈尔市、上海市、江苏省南通市和苏州市、浙江省宁波市、安徽省安庆市、江西省上饶市、山东省青岛市、湖北省荆门市、广东省广州市、重庆市、四川省成都市、新疆生产建设兵团石河子市,另外确定吉林和山东两省作为国家试点的重点联系省份。

从2016年开始,多地开展长期护理保险试点工作。截至2018年年底,15个试点城市覆盖群体达到6360万人,共25.5万名参保人员享受了长期护理保险待遇,人均基金支付9200多元。试点城市基本都建立了多元筹资机制,资金

来源主要由个人、社会、单位、财政、医保五方面组成,部分地方还有一些社会捐助作为补充等。

2020年,《国家医保局 财政部关于扩大长期护理保险制度试点的指导意见》(医保发〔2020〕37号)(以下简称《扩大试点意见》)中提出进一步深入推进试点工作,增加14个城市作为长期护理保险试点城市,并再次明确长期护理保险试点的基本要求。

【专业知识】

一、长期护理保险的含义与原则

长期护理险主要是为被保险人在丧失日常生活能力、年老患病或身故时,提供护理保障和经济补偿的制度安排。从国际比较看,长期护理保险存在社会保险和商业保险两种不同的保险模式。我国在探索长期护理保险制度过程中,将其定义为社会保险。

我国长期护理保险一般应当遵循以下原则:

第一,坚持以人为本,着力解决失能人员长期护理保障问题,提高人民群众生活质量和人文关怀水平。

第二,坚持基本保障,根据当地经济发展水平和各方面承受能力,合理确定基本保障范围和待遇标准。

第三,坚持责任分担,遵循权利义务对等,多渠道筹资,合理划分筹资责任和保障责任。

第四,坚持因地制宜,各地根据长期护理保险制度目标任务和基本政策,结合地方实际,制定具体实施办法和政策标准。

第五,坚持机制创新,探索可持续发展的体制机制,提升保障绩效,提高管理水平。

第六,坚持统筹协调,做好各类社会保障制度的功能衔接,协同推进健康产业和服务体系的发展。

二、长期护理保险的保障范围

(一)试点基本要求

《试点指导意见》要求,长期护理保险制度以长期处于失能状态的参保人群为保障对象,重点解决重度失能人员基本生活照料和与基本生活密切相关的医疗护理等所需费用。试点地区可根据基金承受能力,确定重点保障人群和具体保障内容,并随经济发展逐步调整保障范围和保障水平。试点阶段,长期护理保险制度原则上主要覆盖职工基本医疗保险参保人群。试点地区可根据自身实际,随制度探索完善,综合平衡资金筹集和保障需要等因素,合理确定参保范围并逐步扩大。

《扩大试点意见》明确,试点阶段从职工基本医疗保险参保人群起步,重点解决重度失能人员基本护理保障需求,优先保障符合条件的失能老年人、重度

残疾人。有条件的地方可随试点探索深入,综合考虑经济发展水平、资金筹集能力和保障需要等因素,逐步扩大参保对象范围,调整保障范围。

(二) 地方经验

目前,各试点城市在长期护理保险保障对象的范围上主要有两种模式,一是主要覆盖职工基本医疗保险人群,二是既覆盖职工基本医疗保险人群也包括居民基本医疗保险人群。

上海市目前采用第二种模式。2021年《上海市长期护理保险试点办法》规定,符合下列条件之一的人员,应当参加长期护理保险:参加本市职工基本医疗保险的人员;参加本市城乡居民基本医疗保险的60周岁及以上的人员。青岛市也采用第二种模式,2021年《青岛市长期护理保险办法》规定,社会医疗保险参保人员应同步参加职工或居民护理保险。

三、长期护理保险的资金筹集

(一) 试点基本要求

《扩大试点意见》明确:探索建立互助共济、责任共担的多渠道筹资机制。科学测算基本护理服务相应的资金需求,合理确定本统筹地区年度筹资总额。筹资以单位和个人缴费为主,单位和个人缴费原则上按同比例分担,其中单位缴费基数为职工工资总额,起步阶段可从其缴纳的职工基本医疗保险费中划出,不增加单位负担;个人缴费基数为本人工资收入,可由其职工基本医疗保险个人账户代扣代缴。有条件的地方可探索通过财政等其他筹资渠道,对特殊困难退休职工缴费给予适当资助。建立与经济社会发展和保障水平相适应的筹资动态调整机制。

(二) 地方经验

1. 广州市

2020年12月30日,广州市医疗保障局、广州市财政局等部门印发了《广州市长期护理保险试行办法》,从2021年1月1日起实施。根据《广州市长期护理保险试行办法》规定:广州市长期护理保险通过单位和个人缴费、财政补助等途径筹资。职工参保人员参加长护险通过单位缴费和个人缴费筹资,其中单位缴费由医保经办机构从职工医保统筹基金按月划转,个人缴费由医保经办机构从其职工医保个人账户按月代扣代缴。居民参保人员参加长期护理保险通过个人缴费和财政补助筹资,个人缴费和财政补助由医保经办机构分别从城乡居民医保基金个人缴费和财政补助部分中按年度划转。参保人员按规定补缴医保费的,其长期护理保险费用同步补缴。

2. 上海市

2021年12月21日,上海市人民政府办公厅印发了《上海市长期护理保险试点办法》,从2022年1月1日起实施。《上海市长期护理保险试点办法》规定,长期护理保险筹资水平,按照"以收定支、收支平衡、略有结余"的原则合理确定,并根据本市经济社会发展和基金实际运行情况,及时进行调整。对参加本市职工基本医疗保险的人员,按照用人单位缴纳职工医保缴费基数0.5%的

比例,从职工医保统筹基金中按季调剂资金,作为长期护理保险筹资。对参加本市城乡居民基本医疗保险的60周岁及以上的人员,根据60周岁以上居民医保的参保人员人数,按照略低于参加本市职工基本医疗保险的人员的人均筹资水平,从居民医保统筹基金中按季调剂资金,作为长期护理保险筹资。具体筹资标准,由市医保局、市财政局等部门制订,报市政府批准后执行。

3. 青岛市

2021年3月25日,青岛市人民政府印发了《青岛市长期护理保险办法》,2021年4月1日起实施。根据2021年《青岛市长期护理保险办法》要求,长期护理保险资金按照"以收定支、收支平衡、略有结余"的原则筹集,建立多渠道筹资和动态调整机制,资金筹集以单位和个人缴费为主,财政给予适当补贴。长期护理保险资金管理参照社会保险基金管理有关制度执行,实行市级统筹。职工和居民长期护理保险资金实行收支两条线,纳入财政专户管理,专款专用,任何单位和个人不得挤占挪用。

职工长期护理保险资金通过以下渠道筹集:按照基本医疗保险缴费基数总额0.3%的比例,从职工基本医疗保险统筹基金中按月划转;以在职职工基本医疗保险个人缴费基数为基数、退休人员基本医疗保险个人账户划入基数为基数,按照0.2%的比例,从应划入基本医疗保险个人账户的资金中,在计入本人基本医疗保险个人账户前按月划转;财政部门按照参保职工每人每年30元标准予以补贴,补贴资金由市与区(市)两级财政按1∶1比例负担。

居民长期护理保险资金通过以下渠道筹集:按照每人每年不低于10元的标准,从居民社会医疗保险个人缴费资金中按年度划转,自2021年度起执行;按照每人每年不低于20元的标准,从居民社会医疗保险财政补贴资金中按年度划转,自2022年度起执行。

四、长期护理保险待遇

(一)试点基本要求

《扩大试点意见》要求:长期护理保险基金主要用于支付符合规定的机构和人员提供基本护理服务所发生的费用。经医疗机构或康复机构规范诊疗、失能状态持续6个月以上,经申请通过评估认定的失能参保人员,可按规定享受相关待遇。根据护理等级、服务提供方式等不同实行差别化待遇保障政策,鼓励使用居家和社区护理服务。对符合规定的护理服务费用,基金支付水平总体控制在70%左右。做好长期护理保险与经济困难的高龄、失能老年人补贴以及重度残疾人护理补贴等政策的衔接。

(二)地方经验:待遇享受条件

从各地方经验看,申请人享受长期护理保险待遇一般应符合以下几方面条件:

第一,参保人员因年老、疾病、伤残等原因,生活完全不能自理已达或预期达到一定期限,且病情基本稳定。这个期限目前各地方多规定为6个月。

第二,经过专业评估后,参保人员失能达到一定严重程度。

第三,部分地方在前两项条件外,还需考察参保人员是否存在其他特定疾病或需要长期护理的特殊情形。

我们以下三个城市的规定为例加以说明。

1. 广州市

2021年1月1日起实施的《广州市长期护理保险试行办法》中规定,参保人员申请享受长期护理保险待遇,应按规定进行长期护理保险评估,分为失能评估、延续护理评估和设备使用评估。长期护理保险评估办法由市医疗保障行政部门另行制定。正常享受医保待遇且按规定参加长期护理保险并足额缴费的参保人员,在长期护理保险评估结果有效期内,可在本市行政区域内享受相应的长期护理保险待遇。参保人员以享受医保待遇时的险种身份对应享受相应的长期护理保险待遇。参保人员按规定补缴长期护理保险费用的,其补付医保待遇期间符合条件的长期护理保险待遇可同步补付。享受长期护理保险待遇应符合以下条件之一:① 因年老、疾病、伤残等原因,生活不能自理已达或预期将达六个月以上,病情基本稳定经失能评估为长护1~3级的人员;② 年满60周岁在本市医保定点医疗机构因规定的病种住院治疗后病情稳定,经延续护理评估出院后有医疗护理需求的其他失能人员;③ 未入住护理服务机构,经设备使用评估后需使用规定设备的长期失能人员及延续护理人员。

2. 上海市

2022年1月1日起实施的《上海市长期护理保险试点办法》中规定,试点阶段,暂定为60周岁及以上、经评估失能程度达到评估等级2~6级且在评估有效期内的参保人员,可以享受长期护理保险待遇。参加本市职工基本医疗保险的人员还需按照规定,已办理申领基本养老金手续。参加本市职工基本医疗保险的人员和参加本市城乡居民基本医疗保险的60周岁及以上的人员的长期护理保险年度,分别跟从其职工医保年度或居民医保年度。

3. 青岛市

2020年《青岛市失能失智人员照护需求等级评估实施办法》发布。依据该办法,待遇申请人评估等级为3~5级或重度失智的可按规定享受长期护理保险待遇,评估等级为1、2级或轻、中度失智的可以按规定纳入延缓失能失智项目管理。

(三)地方经验:申请与审核程序

参保人员申请享受长期护理保险待遇,一般需要经过以下环节:

(1) 提出申请。参保人员向受理长期护理保险申请的机构提出申请,提交申请表以及失能、失智相关的病历材料。受理长期护理保险申请的机构有的地方规定的是长期护理定点机构,有的地方规定的是定点评估机构。

(2) 机构评估。受理长期护理保险申请的机构核对申请表信息、参保信息及申请项目,安排医疗或护理人员组成评估小组对申请人进行评估。评估可以包括初步评估、现场评估、综合评估等不同的环节。经评估符合享受待遇条件的,将相关信息录入信息系统,由评估专家按照有关标准提出鉴定评估意见。组织评估的工作人员应核查申请人的参保凭证,核实申请人的身份。

(3)结果公示。长期护理保险经办机构将长护评估结果在相关网站及申请人所在的长护定点机构内公示。在公示期内,申请人或长护定点机构等对评估结果有异议的,可向长期护理保险经办机构提出书面复核申请。

(4)结果告知。经公示无异议的,由长期护理保险经办机构在一定期限内将长护评估结果通知长护定点机构及申请人。

(5)复查评估。申请人自收到长护评估结果之日起一定期限内对该结果有异议的,可以通过原申请渠道申请复查评估。复查评估的程序及期限等按照前述程序执行。

(四)地方经验:待遇享受

1. 定点服务机构管理

为保证长期护理服务质量,各地方一般对提供长期护理服务的机构进行定点协议管理。依法成立的具有法人资质、能开展长期护理服务的养老机构、社区养老服务机构以及医疗机构(如护理站等),可以提出申请,经评估后,与当地长期护理保险经办机构签订服务协议,成为长期护理保险定点护理服务机构。定点服务机构需要按照当地长期护理保险相关规定提供符合标准的服务。

2. 服务形式

各地方在长期护理服务的范围上有一定差异,但基本涵盖了居家护理、社区护理、机构护理和医疗护理等几方面。

广州市护理服务机构为长期失能人员和延续护理人员提供的长期护理保险服务形式包括:一是机构护理:入住护理服务机构享受长期护理保险待遇的长期失能人员、延续护理人员,由护理服务机构根据参保人员失能及护理需求情况制订护理计划,并按照护理计划提供全日制生活照料服务、医疗护理服务;二是居家护理:居家建床享受长期护理保险待遇的长期失能人员、延续护理人员,由护理服务机构根据参保人员失能及护理需求情况制定护理计划,并按照护理计划提供生活照料服务、医疗护理服务。

上海市规定三种照护形式:第一,居家上门照护。居家上门照护是指养老服务机构,以及护理站、门诊部、社区卫生服务中心等基层医疗卫生机构和护理院,通过上门或社区照护等形式,为居家的参保人员提供基本生活照料和与基本生活密切相关的医疗护理服务。第二,社区日间照护。社区日间照护是指养老服务机构为社区日间照护场所内的参保人员,在规定时间段,提供基本生活照料和与基本生活密切相关的医疗护理服务。第三,养老机构照护。养老机构照护是指养老机构为入住其机构内的参保人员,提供基本生活照料和与基本生活密切相关的医疗护理服务。

青岛市建立整合式护理服务模式,服务内容主要包括健康管理、慢性病维持性治疗、医疗护理、生活照料、功能维护(康复训练)、安宁疗护、临终关怀、精神慰藉等基本照护服务。服务形式包括居家照护、机构照护、日间照护。居家照护,是指失能人员居家生活期间,由定点护理机构上门提供照护服务,简称"家护";机构照护,是指失能失智人员入住定点护理机构,由该机构提供的长期照护服务,简称"院护";日间照护,是指定点护理机构为失能失智人员提供的日

间托管照护服务,简称"日护"。长期护理保险待遇设置等待期,执行社会医疗保险等待期有关规定。参保人申请长期护理保险待遇,须经过长期照护需求等级评估。

3. 长期护理待遇标准

(1) 广州市。

《广州市长期护理保险试行办法》中规定,广州市长期护理保险待遇实行限额标准,以长护3级的失能人员和延续护理人员为例,其享受长期护理保险待遇限额标准如下:机构护理发生的生活照料费用纳入支付范围的费用限额标准为职工参保人员每人120元/天,其中床位费不高于每人35元/天;居民参保人员每人60元/天;居家护理发生的生活照料费用,护理服务机构应当提供A类护理服务,纳入支付范围的费用限额标准为职工参保人员每人105元/天、居民参保人员每人50元/天;护理服务机构按规定提供的医疗护理费用,按照本市基本医疗服务价格进行项目结算,基金最高支付限额为职工参保人员每人1000元/月、居民参保人员每人500元/月,其中护理耗材费基金最高支付限额为职工参保人员每人300元/月、居民参保人员每人200元/月;设备使用费用纳入支付范围限额标准为职工参保人员每人300元/月、居民参保人员每人200元/月。

同时,长期护理保险费用按以下比例支付:

① 生活照料费用和医疗护理费用。职工参保人员由长期护理保险基金按机构护理75%、居家护理90%的比例支付;居民参保人员由长期护理保险基金按机构护理70%、居家护理85%的比例支付。

② 设备使用费用。长护3级的失能人员、延续护理人员由长期护理保险基金按90%的比例支付;长护2级的失能人员由长期护理保险基金按85%的比例支付;长护1级的失能人员由长期护理保险基金按80%的比例支付。

(2) 上海市。

上海市三种服务方式的待遇标准存在差异。《上海市长期护理保险试点办法》具体规定如下。

① 居家上门照护待遇。

评估等级为2~6级的参保人员,可以享受居家上门照护。试点阶段,每周上门服务的时间和频次为:评估等级为2级或3级的,每周上门服务3次;评估等级为4级的,每周上门服务5次;评估等级为5级或6级的,每周上门服务7次;每次上门服务时间为1小时。

为体现鼓励居家养老的原则,对评估等级为5级或6级接受居家上门照护服务的参保人员,连续接受居家上门照护服务1个月以上6个月(含)以下的,由其自主选择,在规定的每周7小时服务时间的基础上,每月增加1小时的服务时间或获得40元现金补助;连续接受居家上门照护服务6个月以上的,由其自主选择,在规定的每周7小时服务时间的基础上,每月增加2小时的服务时间或获得80元现金补助。

市医保中心按照规定,与定点护理服务机构通过服务协议,约定居家上门

照护服务的协议价格和长期护理保险支付标准。

对参保人员在评估有效期内发生的居家上门照护的服务费用,长期护理保险基金的支付水平为90%。

② 社区日间照护待遇。

评估等级为2～4级的参保人员,可以享受社区日间照护。每周接受的服务频次为:评估等级为2级或3级的参保人员,每周服务3天;评估等级为4级的参保人员,每周服务5天。

市医保中心按照规定,与定点护理服务机构通过服务协议,约定社区日间照护服务的长期护理保险支付标准。

对参保人员在评估有效期内发生的符合规定的社区日间照护的服务费用,长期护理保险基金的支付水平为85%。

③ 养老机构照护待遇。

评估等级为2～6级的参保人员,可以享受养老机构照护。保基本类养老机构的准入条件,按照相关规定执行。

市医保中心按照规定,与定点护理服务机构通过服务协议,约定养老机构照护服务的长期护理保险支付标准。

对参保人员在评估有效期内发生的符合规定的养老机构照护的服务费用,长期护理保险基金的支付水平为85%。

(3) 青岛市。

青岛市参保职工发生的符合规定的费用,报销比例为90%;参保居民发生的符合规定的费用,一档缴费的成年居民、大学生、少年儿童报销比例为80%,二档缴费的成年居民报销比例为75%。

【任务完成】

作为张大妈的护理人员,你可以给她做如下说明:《广州市长期护理保险试行办法》《广州市长期护理保险协议定点服务机构及评估管理办法》等文件对广州市长期护理保险的申请、审核和待遇享受做出了具体规定。

张大妈如果是广州市职工社会医疗保险或者是广州市城乡居民社会医疗保险参保人员,即同时参加长期护理保险,医保经办机构同时为其建立长期护理保险参保关系。

张大妈要想享受长期护理保险待遇,需要按照规定进行长期护理保险评估。其需自愿选定广州市护理服务机构并达成服务意向后,在广州市医疗保障行政部门指定的信息平台填报《申请表》并提交病历材料,提出评估申请。失能评估机构会在3个工作日内通过平台受理审核评估申请,并在受理之日起5个工作日内组织失能评估员开展现场评估;现场评估后5个工作日内做出评估结论,并在统一平台和申请人选定并达成服务意向的护理服务机构公示,公示期为3天。

经过评估,张大妈如果符合享受长期护理保险待遇条件,可以按照规定享受长期护理保险待遇。具体待遇取决于张大妈的失能等级:(1) 长护1～3级

模块六 老年人医疗及长期护理保障

的失能人员可按规定享受生活照料待遇;(2)长护2~3级的失能人员同时符合以下情形之一的,可按规定享受医疗护理待遇:① 长期保留气管套管、胃管、胆道等外引流管、造瘘管、尿管、深静脉置管等管道或有压力性损伤,需定期处理;② 疾病、外伤等导致的至少一侧下肢肌力为0~3级的瘫痪或非肢体瘫的中重度运动障碍,需长期医疗护理;③ 植物状态或患有终末期恶性肿瘤呈恶病质状态等慢性疾病,需长期医疗护理。

思考题

1. 目前我国的医疗保障主要包括哪几个层次?
2. 城镇职工基本医疗保险的参保程序是什么?
3. 城镇职工基本医疗保险费用如何支付?
4. 我国城乡医疗救助与基本医疗保险如何衔接?
5. 我国长期护理保险制度试点的基本要求有哪些?
6. 各地方长期护理保险试点经验有哪些异同?

实训题

1. 情景模拟:帮助老人处理异地就医问题

题目:以本章任务一的任务实例进行情景模拟演示。

要求:以小组为单位进行角色扮演,角色包括张大妈、护理员、张大妈的女儿、苏州市医疗保险办理人员、杭州市医疗机构人员。通过情景模拟和角色扮演,锻炼服务人员协助老人解决异地就医问题的能力。

2. 课堂讨论

话题一:请就我国医疗保险的多元体系谈谈自己的看法。

话题二:我国长期护理保险制度试点有哪些好的经验?在哪些方面需要改进和完善?

拓展阅读

日本:长期护理体系走向精准

为解决以老年人为主的护理需求,1995年,日本政府提出了"关于创设护理保险制度"的议案,随后在1997年12月通过了《护理保险法案》,制定了长期护理需求评估标准——要介护认定标准(即要护理认定标准),并于2000年4月1日起正式实施,属于强制性社会保险。此后,为确保该制度的持续发展,日本政府分别在2004年和2006年对长期护理保险制度进行了改革,趋向于构建在长期护理保险基础上以预防长期护理服务为主的地区综合护理体系,并于2009年对认定项目及标准等内容进行了修订。

日本长期护理服务的申请对象为长期护理保险的被保险人,可分为65岁及以上的1号被保险人和40~64岁的2号被保险人。当1号被保险人对长期

护理服务有需求时,可由本人或指定代理人向所在辖区的市町村政府提交"认定"申请。而2号被保险人只有在因特定的16种疾病(如癌症晚期、初期阿尔茨海默病、脑血管疾病等)导致需要长期护理服务时,才可向当地政府提交申请。

(资料来源:陈多,丁汉升.日本:长期护理体系走向精准[EB/OL].(2019-05-05)[2021-09-06]. https://health.huanqiu.com/article/9CaKrnKkfVU)

模块七

老年人参与社会发展和享受社会优待

知识目标

1. 掌握老年人参与社会发展的含义
2. 掌握老年人参与社会发展的主要形式
3. 了解老年人享受社会优待的方式和基本要求
4. 了解老年人享受社会优待的主要内容

能力目标

1. 能够协助老年人参与社会发展
2. 能够协助老年人享受社会优待

- 任务一　协助老年人参与社会发展
- 任务二　协助老年人享受社会优待

模块七 老年人参与社会发展和享受社会优待

【专业知识概览】

老年人参与社会发展,既是综合治理人口老龄化的客观需要,又是老年人实现人生价值、获取精神慰藉的重要途径,对于国家、社会、家庭和老年人自身都有重要而深远的意义。社会发展本身就是一个宽泛的概念,老年人参与社会发展的方式和途径也多种多样。

老年人优待是指针对老年人特殊群体,国家和社会给予的特别优待,以方便老年人的日常生活,弘扬中华民族敬老、养老、助老的传统美德,保障老年人的合法权益。优待老年人,积极为老年人提供各种形式服务,促进老年人共享经济社会发展成果。

【核心概念】

老年人参与社会发展;老年人社会优待

【主要政策法规依据】

《中华人民共和国老年人权益保障法》

《关于加强老年人优待工作的意见》

《关于进一步加强老年人优待工作的意见》

《中共中央 国务院关于加强新时代老龄工作的意见》

导入材料

中共中央 国务院印发《国家积极应对人口老龄化中长期规划》

为积极应对人口老龄化,按照党的十九大决策部署,近日,中共中央、国务院印发了《国家积极应对人口老龄化中长期规划》(以下简称《规划》)。《规划》近期至2022年,中期至2035年,远期展望至2050年,是到本世纪中叶我国积极应对人口老龄化的战略性、综合性、指导性文件。

《规划》指出,人口老龄化是社会发展的重要趋势,是人类文明进步的体现,也是今后较长一段时期我国的基本国情。人口老龄化对经济运行全领域、社会建设各环节、社会文化多方面乃至国家综合实力和国际竞争力,都具有深远影响,挑战与机遇并存。

《规划》强调,积极应对人口老龄化,是贯彻以人民为中心的发展思想的内在要求,是实现经济高质量发展的必要保障,是维护国家安全和社会和谐稳定的重要举措。要按照经济高质量发展的要求,坚持以供给侧结构性改革为主线,构建管长远的制度框架,制定见实效的重大政策,坚持积极应对、共建共享、量力适度、创新开放的基本原则,走出一条中国特色应对人口老龄化道路。

《规划》明确了积极应对人口老龄化的战略目标,即积极应对人口老龄化的制度基础持续巩固,财富储备日益充沛,人力资本不断提升,科技支撑更加有力,产品和服务丰富优质,社会环境宜居友好,经济社会发展始终与人口老龄化进程相适应,顺利建成社会主义现代化强国,实现中华民族伟大复兴的

中国梦。到2022年,我国积极应对人口老龄化的制度框架初步建立;到2035年,积极应对人口老龄化的制度安排更加科学有效;到本世纪中叶,与社会主义现代化强国相适应的应对人口老龄化制度安排成熟完备。

《规划》从5个方面部署了应对人口老龄化的具体工作任务。一是夯实应对人口老龄化的社会财富储备。二是改善人口老龄化背景下的劳动力有效供给。三是打造高质量的为老服务和产品供给体系。四是强化应对人口老龄化的科技创新能力。五是构建养老、孝老、敬老的社会环境。

(资料来源:曹志斌.中共中央 国务院印发《国家积极应对人口老龄化中长期规划》[EB/OL].(2019-11-21)[2021-09-06].http://www.gov.cn/zhengce/2019—11/21/content_5454347.htm)

任务一　协助老年人参与社会发展

【任务目标】

作为养老服务人员,你应当利用国家与社会提供的条件,协助老年人参与社会发展。

【任务实例】

某老年公寓收住老人达200余人,大多数老年人文化水平较高,多名老年人退休前曾为大学教授。由于老年人年龄普遍较大,几乎一半的老年人处于半自理或不能自理的状态。公寓的文化娱乐活动一直没有开展起来,大多数老年人平常只能通过看报纸、看电视等方式消磨时间。老年公寓负责人也希望通过组织开展活动丰富老年人生活,但是一直没有找到好的途径来实现。

【任务描述】

如果你是该公寓的工作人员,你将如何组织公寓老年人参与活动,发挥老年人的"余热"?

【背景知识】

社会发展既指人类社会向前发展运动的过程,又指社会进步中社会经济的发展特别是社会生产力的发展。老年人参与社会发展,是我国所提倡的"老有所为"的具体体现。

《老年人权益保障法》设专章保障老年人参与社会发展的权益。老龄事业发展相关规划中都把鼓励老年人参与社会发展作为重要内容,政府部门还为发挥离退休高级专家和专业技术人员作用制定了专项政策。在阐述老年人参与社会发展之前,不得不引入另外一个概念,即"积极老龄化"。2002年在西班牙首都马德里召开的第二次老龄问题世界大会上,时任联合国秘书长安南在开幕词中提到了这样一组数字:到2050年的时候,全球的老年人口将达到20亿人,这样世界上60岁以上的老年人将首次超过15岁以下的青少年。届时,发展中国家的老年人口将是现在的4倍。在人口老龄化问题引起人们关注的同时,提倡积极老龄化的呼声已经越来越成为人们的共识。

所谓积极老龄化是指老年人为了提高生活质量,使健康、参与和保障的机会尽可能获得最佳的过程。积极老龄化既适用于个体又适用于人群。它让人们认识到自己在一生中体力、社会及精神方面的潜能,并按照自己的需求、愿望和能力去参与社会,而且当他们需要帮助时,能获得充分的保护、保障和照料。积极老龄化是在全球人口老龄化不断加剧的现实背景下,由世界卫生组织提出的。积极老龄化既包含了健康老龄化的意思,又表达了比健康老龄化更加广泛的含义,它不仅关注老年人身体健康和疾病预防,还关注老年人的生命质量。我们认为老年阶段不应当是一个消极对世的时期,应当是一个积极参与社会发展、提升生活品质的时期。

积极老龄化必然带来老年人参与社会发展的问题。所谓老年人参与社会发展是指国家重视和珍惜老年人的知识、经验和技能,尊重他们的优良品德,积极创造条件,发挥老年人的专长和作用,鼓励和支持老年人融入社会,继续参与社会发展。

老年人参与社会发展,既是积极应对人口老龄化的客观需要,又是老年人实现人生价值、获取精神慰藉的重要途径,对于国家、社会、家庭和老年人自身都有重要而深远的意义。

一是有利于提高老年人的晚年生活质量,满足其自我实现、自我发展的需要。老年人适当参与社会活动,可在一定程度上缓解和避免孤独感、失落感,有利于自身的健康。此外,在越来越多的老年人回归社区的今天,有许多老年人经常参加或从事美化环境、帮困助弱等各类志愿服务,他们的主要目的是更好地实现自我价值,使晚年生活更加充实、更有意义。

二是有利于充分发挥老年人力资源作用,为全面建设小康社会做出积极贡献。国民财富分为三个部分:一个是生产资源,一个是自然资源,还有一个就是人力资源。60～69岁的低龄老人,这些低龄、健康、有劳动能力的老年人是发展社会生产力的宝贵的人力与人才资源。老年人力资源是不可多得的宝贵财富,具有很大优越性:第一,老年人无论是工作经验还是社会经验都是年轻人所不可比拟的。第二,老年人具有较强的敬业精神,对工作认真负责,兢兢业业,一丝不苟。第三,老年人集体主义、团队精神较强,舍小家顾大家,甘于吃苦,乐于奉献。第四,老年人力资源贡献于社会,主要以义务为主,获取报酬为辅。

三是有利于维护社会稳定,促进社会和谐。随着人口老龄化的发展,老年人口将越来越多,老年人的文化素质也越来越高,民主参与意识越来越强,老年群体在社会发展中发挥着举足轻重的作用。做好老年群体的工作,使他们思想稳定,生活安定,对于维护社会秩序,促进社会和谐具有不可忽视的作用。

【专业知识】

一、老年人参与社会发展的主要方式

社会发展本身就是一个宽泛的概念,老年人参与社会发展的方式和途径也

多种多样。《老年人权益保障法》第六十六条规定：国家和社会应当重视、珍惜老年人的知识、技能、经验和优良品德，发挥老年人的专长和作用，保障老年人参与经济、政治、文化和社会生活。第六十九条规定：国家为老年人参与社会发展创造条件。第七十条规定：老年人参加劳动的合法收入受法律保护。任何单位和个人不得安排老年人从事危害其身心健康的劳动或者危险作业。

老年人具有较丰富的实践经验，许多老年人是经济建设的能手和技术或管理人才，他们是中华民族物质文明和精神文明的创造者、继承者和传播者。他们长期积累起来的丰富的工作经验，往往为青年人所不及，这是他们的特殊优势。政府要十分注意发挥老年人的作用，积极鼓励，并创造条件为老年人参与社会发展提供条件。根据社会需要和可能，鼓励老年人在自愿和量力的情况下，从事下列活动：① 对青年和儿童进行社会主义、爱国主义、集体主义教育和艰苦奋斗等优良传统教育；② 传授文化和科学知识；③ 提供咨询服务；④ 依法参与科技开发和应用；⑤ 依法从事经营和生产活动；⑥ 兴办公益事业；⑦ 参与维护社会治安，协助调解民间纠纷；⑧ 参加其他社会活动。

二、老年人参与劳动

按照我国通常意义的理解，老年人一般是指 60 周岁以上的人。这就意味着，在我国劳动力退休保障体系下，老年人一般都是退出工作岗位的人群。但事实上，很多年富力强、具有一定知识和技能的老年人往往不甘于赋闲在家，或者因经济窘困不得不重新参与到劳动中来。《中共中央 国务院关于加强新时代老龄工作的意见》中指出要促进老年人社会参与，鼓励老年人继续发挥作用。把老有所为同老有所养结合起来，完善就业、志愿服务、社区治理等政策措施，充分发挥低龄老年人作用。在学校、医院等单位和社区家政服务、公共场所服务管理等行业，探索适合老年人灵活就业的模式。鼓励各地建立老年人才信息库，为有劳动意愿的老年人提供职业介绍、职业技能培训和创新创业指导服务。深入开展"银龄行动"，引导老年人以志愿服务形式积极参与基层民主监督、移风易俗、民事调解、文教卫生等活动。发挥老年人在家庭教育、家风传承等方面的积极作用。加强离退休干部职工基层党组织建设，鼓励老党员将组织关系及时转入经常居住地，引导老党员结合自身实际发挥作用，做好老年人精神关爱和思想引导工作。全面清理阻碍老年人继续发挥作用的不合理规定。

案例 7-1

2014 年 6 月，65 岁的王某应聘到某公司从事财务工作，双方之间还签订了劳动合同。2015 年 1 月 8 日，王某正在用计算机制作报表时，因计算机突然爆炸而受伤，不仅花去 17 000 余元医疗费用，而且导致右眼失明。王某要求公司给予工伤待遇，却遭到拒绝；劳动争议仲裁委员会也认为王某的伤害不属工伤。

类似这样的案例在实践中较多。与青壮年一样，老年人也参与劳动，

通过劳动获得报酬,为何在维权过程中存在这样那样的困难?老年人不属于我国法律意义上的劳动者,无法获得《中华人民共和国劳动法》《中华人民共和国劳动合同法》(以下简称《劳动合同法》)等相关劳动法律法规的保障。《国务院关于工人退休、退职的暂行办法》第一条第一款规定,男年满60周岁、女年满50周岁的,连续工龄满10年的,应当办理退休。《中华人民共和国劳动合同法实施条例》第二十一条也规定:劳动者达到法定退休年龄的,劳动合同终止。即《劳动合同法》所调整的劳动关系,只能是用人单位与未达到法定退休年龄的劳动者之间建立的劳动合同。超过法定退休年龄的老年人从法律上说不能与用人单位签订劳动合同,即使签订了劳动合同也无法按照该合同的规定获得劳动保护。

这是不是意味着老年人参与劳动无法获得任何保障呢?当然不是。老年人付出劳动,当然有权利得到应有的保护,只不过不能通过劳动关系相关法律予以保障,而是通过其他途径。老年人虽然不能与用人单位签订劳动合同,但一定要与对方签订雇佣合同或劳务合同,明确雇佣期间的工作内容、报酬、出现事故及其他待遇等权利和义务。

为促进老年人继续发挥社会作用、参与劳动活动,2016年《人力资源社会保障部关于执行〈工伤保险条例〉若干问题的意见(二)》中要求,达到或超过法定退休年龄,但未办理退休手续或者未依法享受城镇职工基本养老保险待遇,继续在原用人单位工作期间受到事故伤害或患职业病的,用人单位依法承担工伤保险责任。用人单位招用已经达到、超过法定退休年龄或已经领取城镇职工基本养老保险待遇的人员,在用工期间因工作原因受到事故伤害或患职业病的,如招用单位已按项目参保等方式为其缴纳工伤保险费的,应适用《工伤保险条例》。

三、老年人参与公益活动

在劳动力过剩的情况下,老年人再就业的机会毕竟受到各种因素的限制,而志愿服务者等社会公益内容则十分丰富,给老年人提供了发挥自身价值的广阔空间,如参与环境保护、社区服务、防灾赈灾、义诊支教、科普宣传、维护社会治安、指导开展社会文体活动、指导青少年成长、宣传党和国家方针政策等。参加这些社会公益活动特别需要时间、知识、技能、经验和耐心等,这些恰恰是老年人的强项。

从2003年起,国家开始组织以老年知识分子发挥科技知识和业务专长援助西部地区和本地欠发达地区为主要内容的"银龄行动"。据不完全统计,截至2016年,全国参加"银龄行动"的老年志愿者达500万人次,受益群众3亿多人次,创造经济价值80多亿元。[①] 目前,从内容上看,"银龄行动"已由医疗卫生专项援助到文化、教育、农业等经济社会各领域全方位援助,内容不断扩展。从形

---

① 马丽萍.壮心未老"银龄"有为:"银龄行动"十七年综述[J].中国社会工作,2019(29):10—13.

式上看,由试点援助到常态援助,从省际援助到省内援助,从城乡援助到城市互助,从知识技能支持到资金项目帮助,从有形援助到网络援助,形式不断创新。从影响上看,"银龄行动"从无到有,从小到大,从不知名到社会逐步认可,影响不断扩大。

四、基层老年群众组织

老年人参与社会发展,可以自发建立基层老年群众组织,老年人参与社会发展的主要组织形式有以下几种。

第一,老年学术组织。例如,老年科技工作者按照专业、系统自愿组织的学术性组织,如老年学学会、老年书画研究会、老年历史研究会、老年摄影学会等。

第二,老年自助、专业技术、服务性组织。这类组织主要是由老年人自己组织、自我管理、自我服务、自我教育的各种管理组织和各类专业协会,如退休工作者科技协会、退休教师协会、退休医生协会、退休法律工作者协会、老年体育协会、老年大学等组织。一些地区的退休科技人员和技术工人组织的退休工程师协会、退休科技工作者协会和职工技术服务队等,他们组织退休的技术人员从事讲学、翻译、指导研究、人才培训、技术开放和技术咨询服务、医疗保健等专业技术活动;这些组织为老年人发挥余热,提供了用武之地。其中一些老年组织还为社会创造了十分可观的经济效益。在一些城镇,由老年人自己组织的老年人协会、退休职工管理委员会、退休职工协会,在从事一般社会服务活动的同时,还在老年人之间开展互助互济活动。

第三,生产经营型的老年组织。在一些企业、街道、农村的老年人自己组织经济实体。在企业,一些离退休的老职工自动组织起来,参与开发新产品、技术攻关、修旧利废、维修设备、职工技术培训、咨询服务。服务的范围主要有三类:第一类是在修理、洗染、食杂、饭店、旅店、照相等服务网点中面向社会开展便民服务;第二类是紧紧围绕企业的生产,承揽机械加工、设备维修、装备,为企业的生产服务;第三类是承揽技术革新、设备改造、技术攻关项目,为社会和企业开展技术咨询服务。在农村,有些老年人从事适度规模经营,壮大了集体经济,有些老年人从事种植、养殖业,有些老年人带头学习科学技术,成为种植、养殖专业户。在农村,老年人在推广科技知识,发展农村商品经济、提供农业社会化服务方面发挥了作用。

第四,老年技术咨询服务组织。一些长期担任政府领导工作,具有丰富经验的老干部、老专家和大批科技工作者从事的各种咨询服务工作。一些地区的政府机关吸收老同志参加政府的咨询委员会、咨询小组、咨询顾问,对当地的重大社会问题、经济问题进行调查研究,提出可行性分析,拟订方案建议,如上海市政府咨询小组、天津市政府咨询委员会,这些咨询组织在重大的社会问题和经济问题的决策上起了很好的参谋作用。

第五,发展教育事业,传授知识。在德育方面,全国各地都有一批老干部、老工人、老战士和老知识分子组织起来,通过宣讲团、报告会、校外辅导员、举办业余学校、开办讲座、组织老年读书会等形式,对青少年进行爱国主义、社会主

义和革命传统教育,全国已经有一百万老年人参加了关心下一代工作委员会的工作,为青少年的健康成长贡献力量。在智育方面,许多老教育工作者为发展教育事业,积极参与举办职工大学、夜大学及各种职业培训班,提高青年一代的文化知识和科技水平,也有的自愿到边远贫困地区或回到家乡,为改变当地教育落后面貌和开展科技兴农、科技扶贫,为社会培养了大批有用人才。

第六,老年文体组织。各地为了活跃老年人的文娱、体育活动,普遍成立了老年体育协会、老年合唱团、老年艺术队、老年秧歌队、老年太极拳学习班等,积极开展各种文化体育活动,活跃老年人的晚年生活。

【任务完成】

养老机构服务人员应当利用国家和社会提供的条件,协助老人实现社会参与,在这一过程中,应注意以下环节。

第一,根据老人的能力和身体情况,选择合适的社会参与活动,应避免将老人置于危险的环境中。

第二,充分发挥老年人的才智和积极性,让老年人获得充分的自我价值感。

第三,依托社会支持网络,为老年人开展社会活动创造良好平台。

任务二 协助老年人享受社会优待

【任务目标】

作为社区养老服务人员,你向社区老年人做一次"享受社会优待"的宣讲活动。

【任务实例】

家住北京市东城区某街道的刘奶奶,今年89岁。她和老伴原来都是国有企业退休职工,3年前老伴因病去世。刘奶奶有2个儿子,但他们常年定居国外,几乎一年才能回来一次。刘奶奶虽然生活还是基本可以自理,但是年龄大了,近两年也开始觉得力不从心。

【任务描述】

如果你是社区服务人员,你会如何帮助刘奶奶享受当地的社会优待?

【背景知识】

2005年,《关于加强老年人优待工作的意见》根据《老年人权益保障法》和《中共中央、国务院关于加强老龄工作的决定》的有关规定,就加强新形势下的老年人优待工作提出了指导性意见。我国老年人社会优待工作步入了新的发展阶段。2013年,《关于进一步加强老年人优待工作的意见》中要求针对老年人的特殊需求,积极完善优待政策法规体系,逐步拓展优待项目和范围、创新优待工作方式、提升优待水平,让老年人更好地共享经济社会发展成果,不断提升老年人生活质量。2021年,《中共中央 国务院关于加强新时代老龄工作的意见》中指出,强化社会敬老。深入开展人口老龄化国情教育。实施中华孝亲敬老文化传承和创新工程。持续推进"敬老月"系列活动和"敬老文明号"创建活动,结合时代楷模、道德模范等评选,选树表彰孝亲敬老先进典型。将为老志愿服务纳入中小学综合实践活动和高校学生实践内容。加强老年优待工作,在出行便利、公交乘车优惠、门票减免等基础上,鼓励有条件的地方进一步拓展优待项目、创新优待方式,在醒目位置设置老年人优待标识,推广老年人凭身份证等有效证件享受各项优待政策。有条件的地方要积极落实外埠老年人同等享受本地优待项目。发挥广播电视和网络视听媒体作用,加强宣传引导,营造良好敬老社会氛围。

老年人优待是政府和社会在做好公民社会保障和基本公共服务的基础上,在医、食、住、用、行、娱等方面,积极为老年人提供的各种形式的经济补贴、优先优惠和便利服务。老年人优待,是针对老年人特殊群体,国家和社会给予的特别优待,以方便老年人的日常生活,弘扬中华民族敬老、养老、助老的传统美德,保障老年人的合法权益。老年人社会优待应当符合以下工作要求:

第一,坚持从老年人的实际需求出发。老年人的实际需求始终是老年人保障的前提和基础。老年人优待应当首先考虑老年人的实际需求,尤其是老年人在生活或者交往过程中因为身体机能的原因所面临的特殊困难。

第二,政府主导,社会参与。老年人优待涉及老年人生活的很多方面,在提供优惠待遇的过程中,应当由政府担当主导作用。所谓政府主导是指政府应当在老年优待工作中发挥基础性的指导作用,包括培育老年人优待的社会氛围、制定相关的法律法规和政策规定、通过鼓励性政策引导社会参与等。所谓社会参与是指社会组织、公民在政府指导下积极参与老年人优待工作,营造良好的社会氛围。

第三,立足实际,因地制宜。老年人优待工作应当坚持立足于城乡和地区的经济社会发展实际,考虑不同老年人群的特点,因地制宜,分类指导。

第四,制度建设和道德建设相结合。老年人优待应当坚持依法履行职责与思想道德建设相结合,在落实优待政策的同时,积极营造尊重、关心和照顾老年人的社会氛围。

【专业知识】

一、老年人优待政策的基本原则

老年人优待工作一般应当遵循以下原则:

第一,政府主导,社会参与。在老年人优待工作中,政府应发挥政策制定、督查检查、示范引领方面的主导作用,在社会保障、基本公共服务等方面积极为老年人提供优待,采取措施鼓励、引导社会力量参与优待工作。

第二,因地制宜,积极推进。根据经济社会发展实际,合理确定优待范围、优待对象和优待标准。积极推进优待工作,坚持积极稳妥、循序渐进,稳步提升。

第三,突出重点,适度普惠。从不同老年群体的实际需求出发,对各优待项

目的服务对象进行细分,优先考虑高龄、失能等困难老年群体的特殊需要,逐步发展面向老年人的普惠性优待项目。

第四,统筹协调,和谐共融。统筹社会优待与社会保障、优待工作与老龄事业、物质帮助与精神关爱协调发展;统筹推进城乡老年人优待工作,加快发展农村老年人优待项目;统筹不同年龄群体的利益诉求,促进代际共融与社会和谐。

二、老年人优待的方式和范围

《老年人权益保障法》第五章专章规定了"社会优待",强调政府及相关部门应根据经济社会发展情况和老年人的特殊需要,制定优待老年人的办法,逐步提高优待水平。

(一) 老年人优待的方式

老年人优待可以采用多种方式,归纳起来可以有三种表现形式,即经济补贴、照顾和优先、优惠服务。

1. 经济补贴

经济补贴是指通过发放现金或实物等方式为老年人提供经济支持。这是很多地方政府在提供老年优待过程中采取的方式。例如,北京市建立了高龄津贴制度,面向对象为具有本市户籍、年满80周岁及以上的老年人。80~89周岁的老年人,津贴标准为每人每月100元;90~99周岁的老年人,津贴标准为每人每月500元;100周岁及以上的老年人,津贴标准为每人每月800元。

2. 照顾和优先

照顾和优先是指考虑到老年群体的特殊身体条件,为老年人提供有效的生活照料,以及在某些公共场合给予老年人优先待遇。例如,北京市关于老年人优待政策中规定,大、中型医疗机构对老年人就医提供"六优先"服务,即挂号、就诊、化验、检查、交费、取药六优先服务。

3. 优惠服务

优惠服务是指为老年人提供某些服务项目,但是在服务费用上给予减免,这些优惠服务一般限于老年人有迫切需要的项目,如护理服务、医疗保健服务等。再如,北京市60周岁及以上老年人凭北京通—养老助残卡可以免费乘坐市域内地面公交车。

(二) 老年人优待工作的覆盖范围

优待服务的对象为60岁及以上的老年人。在此基础上,各地可以根据不同老年群体的需求和本地实际,对各优待项目的服务对象进行细分。原则上,各省(自治区、直辖市)都应有覆盖本地老年人的统一优待办法,提倡地(市)、县(市、区)为老年人提供更多、更优惠的优待项目,鼓励把优待对象的范围扩展至外埠老年人。优待服务的内容要兼顾老年人的物质生活、精神文化生活、医疗保健及维护权益等多方面的需要,注意照顾贫困、高龄、鳏寡孤独老年人及病残老年人等特殊群体的需求。

二、老年人优待的具体内容

各地方一般在国家政策文件基础上具体确定优待对象和优待标准,在卫生

保健、交通出行、商业服务、文体休闲等方面,根据本地实际情况,制定老年人优待的具体内容。

(一)政务服务优待

(1)各地在落实和完善社会保障制度和公共服务政策时,应对老年人予以适度倾斜。

(2)鼓励地方建立80周岁以上低收入老年人高龄津贴制度。

(3)政府投资兴办的养老机构,要在保障"三无"老年人、"五保"老年人服务需求的基础上,优先照顾经济困难的孤寡、失能、高龄老年人。

(4)各地对经济困难的老年人要逐步给予养老服务补贴。对生活长期不能自理、经济困难的老年人,要根据其失能程度等情况给予护理补贴。

(5)各地在实施廉租住房、公共租赁住房等住房保障制度时,要照顾符合条件的老年人,优先配租配售保障性住房;进行危旧房屋改造时,优先帮助符合条件的老年人进行危房改造。

(6)政府有关部门要为老年人及时、便利地领取养老金、结算医疗费和享受其他物质帮助,创造条件,提供便利。鼓励和引导公共服务机构、社会志愿服务组织优先为老年人提供服务。

(7)政府有关部门在办理房屋权属关系变更等涉及老年人权益的重大事项时,应依法优先办理,并就办理事项是否为老年人的真实意愿进行询问,有代理人的要严格审查代理资格。

(8)免除农村老年人兴办公益事业的筹劳任务。经农村集体经济组织全体成员同意,将未承包的集体所有的部分土地、山林、水面、滩涂等作为养老基地,收益供老年人养老,纳入国家和地方湿地保护体系及其自然保护区的重要湿地除外。

(9)政府有关部门要完善老年人社会参与方面的支持政策,充分发挥老年人参与社会发展的积极性和创造性。

(10)对有老年人去世的城乡生活困难家庭,减免其基本殡葬服务费用,或者为其提供基本殡葬服务补贴。对有老年人去世的家庭,选择生态安葬方式的,或者在土葬改革区自愿实行火葬的,要给予补贴或奖励。

(二)卫生保健优待

(1)医疗卫生机构要优先为辖区内65周岁以上的常住老年人免费建立健康档案,每年至少提供1次免费体格检查和健康指导,开展健康管理服务。定期对老年人进行健康状况评估,及时发现健康风险因素,促进老年疾病早发现、早诊断、早治疗。积极开展老年疾病防控的知识宣传,开展老年慢性病和老年期精神障碍的预防控制工作。为行动不便的老年人提供上门服务。

(2)鼓励设立老年病医院,加强老年护理院、老年康复医院建设,有条件的二级以上综合医院应设立老年病科。

(3)医疗卫生机构应为老年人就医提供方便和优先优惠服务。通过完善挂号、诊疗系统管理,开设专用窗口或快速通道、提供导医服务等方式,为老年人特别是高龄、重病、失能老年人挂号(退换号)、就诊、转诊、综合诊疗提供便利条件。

（4）鼓励各地医疗机构减免老年人普通门诊挂号费和贫困老年人诊疗费。提倡为老年人义诊。

（5）倡导医疗卫生机构与养老机构之间建立业务协作机制，开通预约就诊绿色通道，协同做好老年人慢性病管理和康复护理，加快推进面向养老机构的远程医疗服务试点，为老年人提供便捷、优先、优惠的医疗服务。

（6）支持符合条件的养老机构内设医疗机构，申请纳入城镇职工（居民）基本医疗保险和新型农村合作医疗定点范围。

（三）交通出行优待

（1）城市公共交通、公路、铁路、水路和航空客运，要为老年人提供便利服务。

（2）交通场所和站点应设置老年人优先标志，设立等候专区，根据需要配备升降电梯、无障碍通道、无障碍洗手间等设施。对于无人陪同、行动不便的老年人给予特别关照。

（3）城市公共交通工具应为老年人提供票价优惠，鼓励对65周岁以上老年人实行免费，有条件的地方可逐步覆盖全体老年人。各地可根据实际情况制定具体的优惠办法，对落实老年优待任务的公交企业要给予相应经济补偿。

（4）倡导老年人投保意外伤害保险，保险公司对参保老年人应给予保险费、保险金额等方面的优惠。

（5）公共交通工具要设立不低于座席数10%的"老幼病残孕"专座。铁路部门要为列车配备无障碍车厢和座位，对有特殊需要的老年人订票和选座位提供便利服务。

（6）严格执行《无障碍环境建设条例》《老年人照料设施建设设计标准》重点做好居住区、城市道路、商业网点、文化体育场馆、旅游景点等场所的无障碍环境建设，优先推进坡道、电梯等与老年人日常生活密切相关的公共设施改造，适当配备老年人出行辅助器具，为老年人提供安全、便利、舒适的生活和出行环境。

（7）公厕应配备便于老年人使用的无障碍设施，并对老年人实行免费。

（四）商业服务优待

（1）各地要根据老年人口规模和消费需求，合理布局商业网点，有条件的商场、超市设立老年用品专柜。

（2）商业饮食服务网点、日常生活用品经销单位，以及水、电、暖气、燃气、通信、电信、邮政等服务行业和网点，要为老年人提供优先、便利和优惠服务。

（3）金融机构应为老年人办理业务提供便捷服务，设置老年人取款优先窗口，并提供导银服务，对有特殊困难、行动不便的老年人提供特需服务或上门服务。鼓励对养老金客户实施减费让利，对异地领取养老金的客户减免手续费。对办理转账、汇款业务或购买金融产品的老年人，应提示相应风险。

（五）文体休闲优待

（1）各级各类博物馆、美术馆、科技馆、纪念馆、公共图书馆、文化馆等公共

文化服务设施,向老年人免费开放。减免老年人参观文物建筑及遗址类博物馆的门票。

(2) 公共文化体育部门应对老年人优惠开放,免费为老年人提供影视放映、文艺演出、体育赛事、图片展览、科技宣传等公益性流动文化体育服务。关注农村老年人文化体育需求,适当安排面向农村老年人的专题专场公益性文化体育服务。

(3) 公共文化体育场所应为老年人健身活动提供方便和优惠服务,安排一定时段向老年人减免费用开放,有条件的可适当增加面向老年人的特色文化体育服务项目。提倡体育机构每年为老年人进行体质测定,为老年人体育健身提供咨询、服务和指导,提高老年人科学健身水平。

(4) 提倡经营性文化体育单位对老年人提供优待。鼓励影剧院、体育场馆为老年人提供优惠票价,为老年文艺体育团体优惠提供场地。

(5) 公园、旅游景点应对老年人实行门票减免,鼓励景区内的观光车、缆车等代步工具对老年人给予优惠。

(6) 老年活动场所、老年教育资源要对城乡老年人公平开放,公共教育资源应为老年人学习提供指导和帮助。贫困老年人进入老年大学(学校)学习的,给予学费减免。

(六) 维权服务优待

(1) 各级人民法院对侵犯老年人合法权益的案件,要依法及时立案受理、及时审判和执行。

(2) 司法机关应开通电话和网络服务、上门服务等形式,为高龄、失能等行动不便的老年人报案、参与诉讼等提供便利。

(3) 老年人因其合法权益受到侵害提起诉讼,需要律师帮助但无力支付律师费用的,可依法获得法律援助。对老年人提出的法律援助申请,要简化程序,优先受理、优先审查和指派。各地可根据经济社会发展水平,适度放宽老年人经济困难标准,将更多与老年人权益保护密切相关的事项纳入法律援助补充事项范围,扩大老年人法律援助覆盖面。

(4) 要健全完善老年人法律援助体系,不断拓展老年人申请法律援助的渠道,科学设置基层法律援助站点,简化程序和手续,为老年人就近申请和获得法律援助提供便利条件。

(5) 老年人因追索赡养费、扶养费、养老金、退休金、抚恤金、医疗费、劳动报酬、人身伤害事故赔偿金等提起诉讼,交纳诉讼费确有困难的,可以申请司法救助,缓交、减交或者免交诉讼费。因情况紧急需要先予执行的,可依法裁定先予执行。

(6) 鼓励律师事务所、公证处、司法鉴定机构、基层法律服务所等法律服务机构,为经济困难的老年人提供免费或优惠服务。

【任务完成】

作为社区养老服务人员,你可以为老人提供以下信息帮助:

模块七 老年人参与社会发展和享受社会优待

第一,建议老人了解北京市关于老年人社会优待的政策和做法。

第二,分析老人的实际需求。

第三,协助老人办理北京通—养老助残卡。办理北京通—养老助残卡的条件为 60 周岁及以上的京籍老年人和 60 周岁及以上的持北京市有效居住证的外埠老年人。按照北京市相关规定,符合办卡条件的老年人在 60 周岁生日前 6 个月内到制卡银行网点申请办理北京通—养老助残卡。京籍老年人(包括驻京部队离退休军人)提供户口簿及居民身份证原件。

第四,老年人持卡享受北京市各类社会优待政策,刷卡享受免费乘坐市域内地面公交车(出市域范围按公交管理规定缴费)、免费游览市区级政府投资为主建设并运营管理的公园和景区(国家法定节假日和举办大型活动期间按优待场所相关管理规定执行),此功能仅限本人使用,满两年后每两年办理一次延期。

思考题

1. 老年人参与社会发展的方式有哪些?
2. 老年人可以注重挖掘自身哪些方面的潜质参与社会发展?
3. 国家和社会应当为老年人参与社会发展提供哪些便利和保障?
4. 老年人社会优待的方式有哪些?

实训题

1. 查阅并收集各地方关于老年人社会优待的政策与做法。

要求:以小组为单位,对特定地区的老年人社会优待政策进行梳理和总结,形成小组报告并在班级汇报。

2. 课堂讨论

话题一:国家和社会应当为老年人参与社会发展创造哪些条件?

话题二:我国在老年人社会优待方面还应当开展哪些工作?

拓展阅读

应对老龄化推进老年人参与社会发展

老年人是社会群体的重要组成部分。近年来,我国人口老龄化进程不断加快,老年人口规模增长迅速。人口老龄化加快会明显加大社会保障和公共服务压力,凸显劳动力有效供给约束,人口红利减弱,持续影响社会活力、创新动力和经济潜在增长率。与此同时,随着居民生活水平的提高和医疗保障条件的改善,进入 60 岁的老年人特别是低龄老年人还能够较好地保持良好的智力水平和身体状态,绝大多数具备参与生产劳动、社会管理、科学研究、文艺创作、帮教下一代等社会事务的能力,他们政治经验成熟、知识阅历丰富、技术能力强,通常具有比较强烈的参与社会的愿望。

但目前,老年人如想继续工作或再就业,仍存在不少难题。

一是支持保障力度不够。在老年人再就业方面缺少具体的支持措施,经费是制约的重要因素。二是缺少推进联动机制。目前,各涉老组织活动主要是平行展开,缺少统管的部门和有效的协调协作机制,难以形成工作合力。三是社会上对老年人再就业的认可度不高。一部分观点认为老年人应该安心在家养老,表现活跃了就是"出风头";还有的认为现在年轻人就业压力很大,如果老年人重新走上社会求职,会挤占年轻人的空间。

积极推进老年人再就业,发挥老年人自身优势,服务经济社会发展,是实施积极老龄化战略、应对老龄化挑战的重要举措,为此建议:

一要加强顶层设计,建立长效机制。首先,政府应围绕老年人才、文化、科技等资源状况和老年人参与社会发展的意愿,广泛开展调查研究,针对老年人再就业涉及的各领域特点和发展趋势,从环境建设、政策扶持、技能培训、宣传推广、表彰奖励、创新引智、对外交流等方面,制定促进老年人再就业的总的指导意见。其次,要把老年人再就业工作放在社会发展的整体框架下安排部署。涉老部门、社会团体和个人应多为老年人就业创造有利条件,广大老年人社会组织应在相关职能部门的指导下开展工作。

二要因地制宜开展工作,制定相应法律法规。要根据当地经济社会发展实际、文化传统、人口结构、产业特点,和老年群体的主要需求、因地制宜地开展老年人再就业工作。以山东省为例,山东省东营市作为传统的棉花主产区,2007年,成立了老年科研开发中心,以棉办退休主任吴修佩为骨干建立了老年科研实验基地,并产生了巨大的经济价值。该市老畜牧专家朱合田原为市畜牧局局长,退休后继续钻研奶牛养殖和牛奶的生产、储存、加工工艺,并在全省推广鲜奶供销模式,为推动东营市奶业发展作出了贡献。此外,山东省烟台等市举办的老年人才市场,枣庄、菏泽等地开展的"五老"志愿团等,均取得了较为明显的成绩。

三要积极搭建平台,加大宣传引导。建议各级人社部门或老龄工作部门设立老年人力资源信息库,及时收集相关资源信息,免费为老年人才登记入库;组建老年人才市场,定期为老年人才交流提供场所,提供就业供求信息。要寻找更多的切入点,搭建老年人与社会成员之间的交流平台,让老年人与儿童、少年、青年甚至中年人相互帮助、相互学习、共同收获。同时,要进一步强化对老年人再就业的宣传和引导,通过与各类媒体合作,扩大老年人再就业的影响力,让全社会充分认识老年人的特殊作用,形成将老有所为与全民创业相结合的良好氛围。

(资料来源:王乃静.应对老龄化推进老年人参与社会发展[EB/OL].(2018-02-26)[2021-09-06].http://theory.gmw.cn/2018-02/26/content_27817404.htm)

模块八

老年宜居环境

知识目标

1. 掌握老年宜居环境建设的基本要求
2. 了解无障碍环境建设的要求和标准
3. 掌握老年人照料设施建筑设计的基本要求
4. 掌握老年人照料设施建筑设计防火要求
5. 掌握养老机构消防安全管理规定

能力目标

1. 能够评估无障碍环境
2. 能够将适老化标准和规范应用于老年人照料设施建设中
3. 能够做好养老服务机构的消防安全管理工作

- 任务一　老年宜居环境建设基本要求
- 任务二　老年宜居环境建设标准和要求
- 任务三　老年人照料设施消防安全要求

【核心概念】

老年宜居环境;无障碍;老年人照料设施;消防

【主要政策法规依据】

《中华人民共和国老年人权益保障法》

《关于推进老年宜居环境建设的指导意见》(全国老龄办发〔2016〕73号)

《无障碍环境建设条例》

《关于进一步加强和改善老年人残疾人出行服务的实施意见》

《住房城乡建设部等部门关于加强老年人家庭及居住区公共设施无障碍改造工作的通知》

《无障碍设计规范》(GB 50763—2012)

《标志用公共信息图形符号 第9部分:无障碍设施符号》(GB/T 10001.9—2008)

《城市公共交通设施无障碍设计指南》(GB/T 33660—2017)

《老年人照料设施建筑设计标准》(JGJ 450—2018)

《中华人民共和国消防法》

《建筑设计防火规范》(GB 50016—2014)(2018年版)

《民办养老机构消防安全达标提升工程实施方案》

《中共中央 国务院关于加强新时代老龄工作的意见》

导入材料

陕西省24部门合力推进老年宜居环境建设

陕西省老龄办、省发展改革委、省教育厅、省科技厅、省工信厅等24个部门联合制定并印发《关于促进我省老年宜居环境建设的实施意见》(以下简称《实施意见》),合力推进老年宜居环境建设,改善老年人生活环境,提升老年人生活生命质量,增强老年人幸福感、获得感。

《实施意见》从建设适老居住环境、适老出行环境、适老健康支持环境、适老生活服务环境、敬老社会文化环境5个方面,提出15项重点建设任务。

在适老居住环境方面,将探索在有条件的老旧小区实施加建电梯项目,支持开发老年公寓和适合老年人居住生活的新型住宅。在适老出行环境方面,指导各城市加强城市道路、公共交通建筑、公共交通工具的无障碍建设与改造,逐步推动老年人意外伤害保险工作,保障老年人出行安全。在适老健康支持环境方面,推进智能化社区居家养老服务信息平台建设,调动各级医疗资源、基层组织以及相关养老服务机构、产业企业等方面力量,开展健康养老服务。到2025年,全省二级以上综合医院完成老年病科建设,地级市建立老年病医院。在适老生活服务环境方面,加快社区服务设施建设,在前期规划环节,统筹考虑,应按照人均用地不少于0.1平方米的标准规划设置,同步

建设社区居家养老服务设施。在敬老社会文化环境方面，重视老年人的知识、技能和经验优势，加强从业服务，充分发挥老年人作用。结合培育和践行社会主义核心价值观，把敬老爱老纳入社会公德、职业道德、家庭美德、个人品德建设内容，纳入文明城市、文明村镇、文明单位、文明校园、文明家庭创建要求。

《实施意见》指出，到2025年，基本建立老年宜居环境建设评价标准体系，完善涉老工程技术标准规范体系。"住、行、医、养"等环境更加优化，形成安全、便利、舒适、无障碍的老年宜居环境体系；普遍树立老年宜居环境理念，老年群体的特性和需求得到充分体现，适宜老年人的居住环境、安全保障、社区支持、家庭氛围、人文环境明显改善；形成老年人融入社会、参与社会生活的无障碍环境，形成老年人信息交流、尊重与包容、自我价值实现的良好环境；各地普及公共基础设施无障碍建设，形成一批各具特色的老年宜居住宅、老少同居社区、专业化养老社区，建成老年友好型居住环境。

（资料来源：雷凯.陕西24部门合力推进老年宜居环境建设[EB/OL].（2019-11-01）[2021-09-06]. http://news.cnr.cn/native/city/20191101/t20191101_524841603.shtml）

任务一　老年宜居环境建设基本要求

【任务目标】

养老服务人员应当了解老年宜居环境的基本内容，能做好老年人宜居环境建设，维护老年人合法权益。

【任务实例】

某社区养老服务中心坐落于北京市海淀区某社区。该社区属于老年人聚居的老旧社区。该中心入驻社区后发现，社区里的老年人不仅出行不便，相互之间也缺乏交流，大多数老年人居家生活存在一定的障碍，但是苦于求助无门，生活问题长期得不到解决。中心负责人认为，社区养老服务中心应当发挥好老年人社区服务的职能，为老年居民提供舒心的生活环境。

【任务描述】

社区养老服务中心应当从哪些方面开展工作提升社区的老年宜居环境？

【背景知识】

《老年人权益保障法》第六章专章规定了"宜居环境"。该法第六十一条规定，国家采取措施，推进宜居环境建设，为老年人提供安全、便利和舒适的环境。2016年，为落实《老年人权益保障法》相关规定，《关于推进老年宜居环境建设的指导意见》（全国老龄办发〔2016〕73号）中就加强老年宜居环境建设提出指导意见。

近年来，我国在推进老年宜居环境建设，改善老年人居住、生活和社会文化环境等方面进行了积极探索，取得了明显成效，但在老年人居住、出行、就医、养老和社会参与等方面依然存在着不适老、不宜居的问题。随着我国人口老龄化的快速发展和新型城镇化进程的不断加快,公共基础设施与老龄社会要求之间不适应的矛盾日益凸显。推进老年宜居环境建设有利于增进老年人民生福祉,有利于促进经济发展、增进社会和谐,有利于有效应对人口老龄化挑战,是开展积极应对人口老龄化行动的重要举措。

【专业知识】

一、老年宜居环境的内涵

老年宜居环境是具有广泛内涵的概念。在把握老年宜居环境的基本内涵方面,我们应从以下几方面加以考虑:

第一,老年宜居环境主要包括物质环境和文化环境两个方面。《老年人权益保障法》第六章专章规定了老年宜居环境。该章包含五条规定,主要从老年宜居环境基本要求、公共设施规划、工程建设标准、无障碍设施工程建设、老年宜居社区建设等几方面加以规范。这五条内容主要规范的是老年人宜居的物质环境。但老年宜居环境还应当包含支持、包容老年人融入社会生活的文化环境。这两个方面共同构成老年宜居环境建设的内容。

第二,老年宜居环境建设的目标是:为老年人提供安全、便利、舒适的环境。首先,安全是老年宜居环境建设的最基础要求,即无论是物质环境还是文化环境,全社会应当为老年人提供身心安全的生活环境,环境设计符合老年人生理、心理特点,避免造成老年人身心伤害。其次,社会应当为老年人提供方便其生活、出行、参与社会活动的环境,特别应建设便于老年人居住、出行、就医、养老等必要的环境。最后,环境建设应当让老年人感觉身心舒适,不给老年人造成过多的干扰和误导,营造身心愉悦的生活环境。

第三,老年宜居的物质环境主要包括三个层面,即公共环境无障碍建设、老年宜居社区建设和老年人家庭无障碍设施改造。这三个层面从"宏观"到"中观"到"微观"的建设,保证老年人能够享受从家庭到社区到公共环境全方位的宜居环境保障。

二、老年宜居环境建设的基本原则

我国老年宜居环境建设应遵循以下基本原则:

第一,理念引领,规划先行。在经济社会发展中,要综合考虑人口老龄化的影响,树立适老宜居新理念。将老年宜居环境建设纳入国民经济和社会发展规划、城乡规划及相关专项规划,加强前瞻性规划和安排,以规划带动老年宜居环境建设工作的全面开展。

第二,城乡统筹,突出重点。统筹兼顾,全面推进,促进城乡老年宜居环境建设协调发展。树立问题导向,聚焦城乡社区老年宜居环境建设的重点领域和薄弱环节,集合运用保障民生的各方面资源,创新供给方式,提升资源使用效率,优先解决老年人生活环境中存在的突出问题。

第三,多元参与,共建共享。引导市场、社会、家庭、个人多元参与,形成合力,发挥财政资金撬动功能,创新公共基础设施投融资体制,推广政府和社会资本合作模式。弘扬孝亲美德,塑造敬老风尚,促进代际和谐,使人人既是老年宜居环境建设工作的参与者,又是建设成果的受益者。

第四,改革创新,注重实效。既要加强顶层设计,又要尊重群众首创精神,积极推进老年宜居环境建设的理论创新、实践创新和制度创新。鼓励各地立足实际,创新实现方式,建立长效机制,形成地方特色。

三、老年宜居环境的基本内容

老年宜居环境建设的重点内容是建设适老居住、出行、就医、养老等的物质环境和包容、支持老年人融入社会的文化环境。

(一) 适老居住环境

(1) 推进老年人住宅适老化改造。建立社区防火和紧急救援网络,完善老年人住宅防火和紧急救援救助功能,鼓励发展老年人紧急呼叫产品与服务,鼓励安装独立式感烟火灾探测报警器等设施设备。对老年人住宅室内设施中存在的安全隐患进行排查和改造,有条件的地方可对于特困老年人家庭的改造给予适当补助。引导老年人家庭对日常生活设施进行适老化改造。

(2) 支持适老住宅建设。在城镇住房供应政策中,对开发老年公寓、老少同居的新社区和有适老功能的新型住宅提供相应政策扶持。鼓励发展通用住宅,注重住宅的通用性,满足各年龄段家庭成员,尤其是老年人对居住环境的必要需求。在推进老(旧)居住(小)区、棚户区、农村危房改造中,将符合条件的老年人优先纳入住房保障范围。加大对住宅小区消防安全保障设施建设力度,完善公共消防基础设施建设。

(二) 适老出行环境

(1) 强化住区无障碍通行。加强老年人住宅公共设施无障碍改造,重点对坡道、楼梯、电梯、扶手等公共建筑节点进行改造,满足老年人基本的安全通行需求。加强对《无障碍环境建设条例》的执法监督检查,新建住宅应严格执行无障碍设施建设相关标准,规范建设无障碍设施。

(2) 构建社区步行路网。遵循安全便利原则,加强社区路网设施规划与建设,加强对社区道路系统、休憩设施、标识系统的综合性无障碍改造。清除步行道路障碍物,保持小区步行道路平整安全,严禁非法占用小区步行道。

(3) 发展适老公共交通。加强城市道路、公共交通建筑、公共交通工具的无障碍建设与改造。继续落实老年人乘车优惠政策,不断扩大优惠覆盖范围和优惠力度,改善老年人乘车环境,按规定设置"老幼病残孕"专座,鼓励老年人错峰出行。完善公共交通标志标线,强化对老年人的安全提醒,重点对大型交叉路口的安全岛、隔离带及信号灯进行适老化改造。

(4) 完善老年友好交通服务。有条件的地区,要在机场、火车站、汽车站、港口码头、旅游景区等人流密集场所为老年人设立等候区域和绿色通道,加大对老年人的服务力度,提供志愿服务,方便老年人出行。乘务和服务人员应为老年人提供礼貌友好的服务。

(三) 适老健康支持环境

(1) 优化老年人就医环境。加强老年病医院、护理院、老年康复医院和综合医院老年科建设,推进基层老年医疗卫生服务网点建设,积极推进乡镇卫生院和村卫生室一体化管理,为老年人提供便利的就医环境。推进基层医疗卫生机构和医务人员与社区、居家养老相结合,与老年人家庭建立签约服务关系,为老年人提供连续性的社区健康支持环境。鼓励医疗卫生机构与养老机构开展对口支援、合作共建,支持养老机构开展医疗服务,为入住老年人提供无缝对接的医疗服务环境。

(2) 提升老年健康服务科技水平。开展智慧家庭健康养老示范应用,鼓励发挥地方积极性开展试点,调动各级医疗资源、基层组织及相关养老服务机构、产业企业等方面力量,开展健康养老服务。研究制定鼓励性政策引导产业发展,鼓励运用云计算、大数据等技术搭建社区、家庭健康服务平台,提供实时监测、长期跟踪、健康指导、评估咨询等老年人健康管理服务。发展血糖、心率、脉搏监测等生物医学传感类可穿戴设备,开发适用于基层医疗卫生机构和社区家庭的各类诊疗终端和康复治疗设备。

(四) 适老生活服务环境

(1) 加快配套设施规划建设。在市政建设中,统筹考虑,统一规划,同步建设涉老公共服务设施,增强老年人生活的便利性。鼓励综合利用城乡社区中存量房产、设施、土地服务老年人,优化老年人居家养老的社区支持环境,养老机构、日间照料中心、老年人就餐点、老年人活动中心等各类生活服务设施与社区相关配套设施集约建设、资源共享。

(2) 加强公共设施无障碍改造。按照无障碍设施工程建设相关标准和规范,加强对银行、商场、超市、便民网点、图书馆、影剧院、博物馆、公园、景区等与老年人日常生活密切相关的公共设施的无障碍设计与改造。鼓励公共场所提供老花镜、放大镜等方便老年人阅读的物品,有条件的可配备大字触屏读报系统,使公共设施更适合老年人使用。

(3) 健全社区生活服务网络。扶持专业化居家养老服务组织,不断开发服务产品、提高服务质量。广泛发展睦邻互助养老服务。依托社区自治组织,发挥物业管理企业及驻区单位的积极作用,向有需求的老年人提供基本生活照料等多种服务。发挥各类志愿服务组织的积极作用,引导社会各界开展多种形式的助老惠老志愿服务活动。

(4) 构建适老信息交流环境。进行信息无障碍改造,提升互联网网站等通信设施服务老年群体的能力和水平,全面促进和改善信息无障碍服务环境,消除老年人获取信息的障碍,缩小"数字鸿沟"。

(5) 加强老年用品供给。着力开发老年用品市场,重点设计和研发老年人迫切需求的食品、医药用品、日用品、康复护理、服饰、辅助生活器具、老年科技文化产品。推进适宜老年人特点的通用产品及实用技术的研发和推广。严格老年用品规范标准,加强监督管理。

(6) 大力发展老年教育。结合多层次养老服务体系建设,改善基层社区老年人的学习环境,完善老年人社区学习网络。建设一批在本区域发挥示范作用的乡镇(街道)老年人学习场所和老年大学,努力提高老年教育的参与率和满意度。

(五) 敬老社会文化环境

(1) 营造老年社会参与支持环境。树立积极老龄观,倡导老年人自尊自立自强,鼓励老年人自愿量力、依法依规参与经济社会发展,改善自身生活,实现自我价值。以积极的态度看待老年人,破解制约老年人参与经济社会发展的法规政策束缚和思想观念障碍,积极拓展老年人力资源开发的渠道,为广大老年人在更大程度、更宽领域参与经济社会发展搭建平台、提供便利。

(2) 弘扬敬老、养老、助老社会风尚。全社会积极开展应对人口老龄化行动,弘扬敬老、养老、助老社会风尚。开展"敬老、养老、助老"主题教育活动,弘扬中华民族孝亲敬老传统美德。开展老龄法律法规普法宣传教育,增强全社会依法保护老年人合法权益的意识,反对和打击对老年人采取任何形式的歧视、侮辱、虐待、遗弃和家庭暴力,引导律师、公证、基层法律服务所和法律援助机构深入开展老年人法律服务和法律援助工作。

(3) 倡导代际和谐社会文化。巩固经济供养、生活照料和精神慰藉的家庭养老功能,完善家庭支持政策。加强家庭美德教育,开展寻找"最美家庭"活动和"好家风、好家训"宣传展示活动。引导全社会增强接纳、尊重、帮助老年人的关爱意识,增强不同代际间的文化融合和社会认同,统筹解决各年龄群体的责任分担、利益调处、资源共享等问题,实现家庭和睦、代际和顺、社会和谐,为老年人创造良好的生活氛围。

【任务完成】

社区养老服务中心应当开展以下工作:

第一,充分做好社区老年居民的调查工作,了解老年人的需求,进而提出解决方案。

第二,构建老年宜居社区建设一般应当从居住环境、出行环境、健康支持环境、生活服务环境、敬老社会文化环境等几个方面开展工作。

第三,社区养老服务中心应当充分发挥其服务功能,为老年人提供良好的服务、健康支持服务,并通过各种社区活动提升社区敬老文化环境。同时,服务中心应当调动社会资源,协助老年人解决其居住和出行环境方面的障碍,鼓励老年人走出家门。

任务二　老年宜居环境建设标准和要求

【任务目标】

养老服务人员应当掌握老年宜居环境建设的基本标准和要求,能做好老年人照料设施建设工作,维护老年人合法权益。

【任务实例】

某养老机构尚处于筹建期。作为筹建负责人,张祥在建设该养老机构之前,赴全国多个养老机构进行考察了解。张祥认为新建的养老机构首先从硬件设施环境上就需要满足入住养老机构老年人的生活需要和服务管理需要,这对环境设计和建设提出了很高的要求。

【任务描述】

请你谈一谈养老机构在建筑设计方面有哪些特别要求?

【背景知识】

无障碍环境建设,是指为便于老年人、残疾人等社会成员自主安全地通行道路、出入相关建筑物、搭乘公共交通工具、交流信息、获得社区服务所进行的建设活动。如前所述,适老化的无障碍环境建设应从公共环境无障碍建设、老年宜居社区和老年人家庭无障碍改造三个方面开展工作。

2018年,住房和城乡建设部批准《老年人照料设施建筑设计标准》(JGJ 450—2018)为行业标准。该标准专门针对老年人照料设施建筑设计提出具体要求,对于养老服务工作具有指引作用。

【专业知识】

一、无障碍环境建设的基本要求

(一)无障碍设施建设要求

城镇新建、改建、扩建道路,公共建筑,公共交通设施,居住建筑,居住区,应当符合无障碍设施工程建设标准。乡、村庄的建设和发展,应当逐步达到无障碍设施工程建设标准。无障碍设施工程应当与主体工程同步设计、同步施工、同步验收投入使用。新建的无障碍设施应当与周边的无障碍设施相衔接。

城市的主要道路、主要商业区和大型居住区的人行天桥和人行地下通道,应当按照无障碍设施工程建设标准配备无障碍设施,人行道交通信号设施应当逐步完善无障碍服务功能,适应残疾人等社会成员通行的需要。城市的大中型公共场所的公共停车场和大型居住区的停车场,应当按照无障碍设施工程建设标准设置并标明无障碍停车位。无障碍停车位为肢体残疾人驾驶或者乘坐的机动车专用。民用航空器、客运列车、客运船舶、公共汽车、城市轨道交通车辆等公共交通工具应当逐步达到无障碍设施的要求。有关主管部门应当制定公共交通工具的无障碍技术标准并确定达标期限。

无障碍设施的所有权人和管理人,应当对无障碍设施进行保护,有损毁或者故障及时进行维修,确保无障碍设施正常使用。

根据《标志用公共信息图形符号 第9部分:无障碍设施符号》(GB/T 10001.9—2008)的规定,公共环境中无障碍设施应当使用如表8-1所示的图形符号。

表 8-1　无障碍设施图形符号

序号	图形符号	含义	说明
1		无障碍设施 Accessible Facility	表示供残疾人、老年人、伤病人及其他有特殊需求的人群使用的设施，如轮椅等，也表示轮椅使用者；应根据实际情况使用本符号或其镜像符号
2		无障碍客房 Accessible Room	表示供残疾人使用的客房；应根据实际情况使用本符号或其镜像符号
3		无障碍电梯 Accessible Elevator	表示供残疾人、老年人、伤病人等行动不便者乘坐的电梯
4		无障碍电话 Accessible Telephone	表示供轮椅使用者或儿童使用的电话
5		无障碍卫生间 Accessible Toilet	表示供残疾人、老年人、伤病人等行动不便者使用的卫生间

续表

序号	图形符号	含义	说明
6		无障碍停车位 Accessible Parking Space	表示专供残疾人使用的停车位
7		无障碍坡道 Accessible Ramp	表示供残疾人、老年人、伤病人等行动不便者使用的坡道； 应根据实际情况使用本符号或其镜像符号
8		无障碍通道 Accessible Passage	表示供残疾人、老年人、伤病人等行动不便者使用的水平通道； 应根据实际情况使用本符号或其镜像符号
9		行走障碍 Facility for Physically Handicapped	表示行走障碍者或供行走障碍者使用的设施； 应根据实际情况使用本符号或其镜像符号
10		听力障碍 Facility for Auditory Handicapped	表示听力障碍者或供听力障碍者使用的设施

续表

序号	图形符号	含义	说明
11		导听犬 Assistance Dog for Auditory Handicapped	表示导听犬或供导听犬使用的设施
12		听力障碍者电话 Telephone for Auditory Handicapped	表示供听力障碍者使用的电话
13		视力障碍 Facility for Visually Handicapped	表示视力障碍者或供视力障碍者使用的设施
14		导盲犬 Assistance Dog for Visually Handicapped	表示导盲犬或供导盲犬使用的设施
15		文字电话 Text Telephone	表示为听力障碍或言语障碍者提供文字帮助的电话

（二）无障碍信息交流

县级以上人民政府应当将无障碍信息交流建设纳入信息化建设规划，并采取措施推进信息交流无障碍建设。县级以上人民政府及其有关部门发布重要政府信息和与残疾人相关的信息，应当创造条件为残疾人提供语音和文字提示等信息交流服务。公共服务机构和公共场所应当创造条件为残疾人提供语音和文字提示、手语、盲文等信息交流服务，并对工作人员进行无障碍服务技能培训。

《公共信息导向系统 基于无障碍需求的设计与设置原则》（GB/T 31015—2014）国家标准中针对视力障碍、听力障碍、肢体障碍、智力障碍及特殊需求时公共信息导向系统的设计和设置原则作出规定。根据该标准，导向要素中信息的传递应优先使用国家标准中规定的图形符号，以便不同理解能力人群辨识信息。使用非标准图形符号时宜带有辅助文字。因为图形符号具有易认易识、无语言文化障碍等特征，其理解不受年龄、性别、文化等影响。导向要素的设计应符合国家标准要求，并应针对无障碍需求采取恰当的视觉设计技术和手段，以确保导向要素的规范性、清晰性、醒目性，提高信息的传递效率。

针对视力障碍人群，应采用提高颜色饱和度和对比度、加大字号和尺寸、缩短视距等方法设计导向要素，以便其辨识信息。在智力障碍者集中的场所，在设计导向要素时宜采用简单、形象、易懂的图画以加强导向信息的传递。

为无障碍需求设置的导向要素，其设施应与公共场所内其他导向要素相衔接，以保证公共场所内导向系统的信息连续性。独立的无障碍设施，宜单独设置位置标志和导向标志。以独立的无障碍卫生间为例，需提前在适当位置增设由"无障碍卫生间"图形符号和箭头构成的导向标志（见图8-1），在无障碍卫生间入口设置"无障碍卫生间"的位置标志。

图8-1　无障碍卫生间的导向标志

公共设施内设无障碍设施时，宜在相应设施的导向标志中增设无障碍辅助标志，并在相应设施的入口或位置设置标志。

二、老年宜居社区建设

《老年人权益保障法》第六十五条规定，国家推动老年宜居社区建设，引导、

支持老年宜居住宅的开发。近年来，各地方逐步探索老年宜居社区建设工作，陆续发布了地方性标准，比如：上海市 2016 年发布《老年宜居社区建设细则》(DB31/T 1023—2016)，广西壮族自治区 2017 年发布《老年人宜居社区建设规范》(DB45/T 1607—2017)等。

1. 老年宜居社区建设的基本要求

老年宜居社区建设一般应从硬件设施规划与建设、生态环境、服务供给、社会文明等多个方面开展。所谓老年宜居社区一般是指具有舒适的适老居住环境、完善的养老服务设施、健康的人文环境，能够为老年人提供全方位养老服务的社区。

老年宜居社区应当为老年人提供符合其生理、心理特点的住宅，提高老年人居住的满意度。应当为老年人提供社区公共设施，提高社区老年人服务设施的质量和使用率。应当建立符合老年人需求的居家养老、社区养老和机构养老支持体系，为老年人提供专业化、多样化、多层次的为老服务。应当为老年人提供安全舒适的生态居住环境。应当建设代际和睦、人人共享、和谐发展的老年宜居社会环境，维护老年人的合法权益。

2. 老年宜居社区的规划与布局

老年宜居社区选址应当符合城乡规划、土地利用总体规划要求。基地选址应当位于交通便利、日光充足、通风良好、基础设施完善、临近相关服务设施、远离噪声和污染源的地段。老年人居室应具有天然采光和自然通风条件，日照标准不应低于冬至日日照 2 小时的标准。

社区内道路应当实行人车分流，除满足消防、疏散、运输等要求外，还应当保证救护车辆通畅到达所需停靠的建筑物出入口。社区应当设置无障碍通道或步行道路。社区应当为老年人提供健身和娱乐的活动场地。场地内应设置健身器材、座椅、阅报栏等设施，布局宜动静分区，场地位置应采光、通风良好，并避免烈日暴晒和寒风侵袭。场地内应形成完整、连贯、清晰、简明的标识系统，场地设施应当配置满足老年人照度要求的照明设施。老年人集中的室外活动场地附近应当设置公共厕所，并配置无障碍厕位。

3. 老年宜居社区的建筑设计要求

新建的老年人居住建筑应当根据老年人的生理、心理特点进行室内空间配置和功能布局，做到地面平整防滑、以防跌倒。新建住房的室内环境应当符合适老化建筑要求，便于轮椅通行，并安装紧急求助设备系统。老旧住房改造时，应当为老年人家庭进行住房适老功能改造。建筑物的出入口、公共走廊、楼梯、电梯、安全疏散、轮椅席位、居住套内空间等方面都应当体现出无障碍和适老化的要求。

建筑设备的给水排水符合国家要求，配备有防烫伤措施，并降低噪音。建筑应配备采暖和通风设备，具备必要、充足的灯光照明，采用安全的电气设备。老年宜居社区的建筑可探索信息智能化设计，应当安装监控设备和紧急求助报警装置，提供居家服务平台，能够提供上门服务功能。

4. 老年宜居社区的服务供给

老年宜居社区应当有效整合社区服务资源,建立社区综合为老服务中心,为老年人获取有针对性、多样化的社区公共事务服务提供支持。应建设社区养老服务信息平台,提供各类服务信息,方便老年人就近获得服务。社区应配建养老机构、日间照料、助餐服务等为老服务设施,满足老年人的养老服务需求。社区内应设置老年人学习、活动、健身、娱乐等场所和设施,满足老年人的精神文化娱乐需求。

5. 老年宜居社区的人文环境

通过宣传、定期联系、开展多种形式的敬老活动,社区应强化子女尊老敬老责任,促使子女主动关心、照料老年人。充分利用社区环境和社区,开展敬老孝老的主题宣传活动。在社区内开展邻里互助、代际共荣的活动,营造社区和睦氛围。积极开展敬老志愿者活动,维护老年人合法权益,提高老年人自我防范意识和能力。引导和组织老年人参与社区事务管理活动,发挥老年人的作用,促进老年人积极融入社区生活,发挥老年人自我管理、自我服务、自我完善的作用。

三、老年人家庭无障碍改造

为老年人提供安全、便利的无障碍设施,是改善民生、为老服务的重要举措,也是完善以居家为基础、社区为依托、机构为支撑的社会养老服务体系的重要工作。2014 年,《住房城乡建设部等部门关于加强老年人家庭及居住区公共设施无障碍改造工作的通知》中重点就老年人家庭和居住公共设施无障碍改造做出了要求。通知要求,承担老年人家庭和居住区公共设施无障碍改造的单位与人员严格执行《无障碍设计规范》《无障碍设施施工验收及维护规范》等工程建设标准,并参照《无障碍建设指南》和《家庭无障碍建设指南》的要求,提高设施无障碍改造的实效。在此,我们以《无障碍设计规范》为主要依据,选取老年人家庭无障碍改造的重点环节略加说明。

(一)居家无障碍改造的工程要求

1. 无障碍通道、门

无障碍通道的宽度应符合下列规定:室内走道不应小于 1.2 m,人流较多或较集中的大型公共建筑的室内走道宽度不宜小于 1.8 m;室外通道不宜小于 1.5 m;检票口、结算口轮椅通道不应小于 900 mm。

门的无障碍设计应符合下列规定:不应采用力度大的弹簧门并不宜采用弹簧门、玻璃门;当采用玻璃门时,应有醒目的提示标志;自动门开启后通行净宽度不应小于 1 m;平开门、推拉门、折叠门开启后的通行净宽度不应小于 800 mm,有条件时,不宜小于 900 mm;在门扇内外应留有直径不小于 1.5 m 的轮椅回转空间;在单扇平开门、推拉门、折叠门的门把手一侧的墙面,应设宽度不小于 400 mm 的墙面;平开门、推拉门、折叠门的门扇应设距地 900 mm 的把手,宜设视线观察玻璃,并宜在距地 350 mm 范围内安装护门板;门槛高度及门内外地面高差不应大于 15 mm,并以斜面过渡;无障碍通道上的门扇应便于开关;宜与周围墙面有一定的色彩反差,方便识别。

2. 扶手

无障碍单层扶手的高度应为850～900 mm,无障碍双层扶手的上层扶手高度应为850～900 mm,下层扶手高度应为650～700 mm。扶手应保持连贯,靠墙面的扶手的起点和终点处应水平延伸不小于300 mm的长度。扶手末端应向内拐到墙面或向下延伸不小于100 mm,栏杆式扶手应向下成弧形或延伸到地面上固定。扶手内侧与墙面的距离不应小于40 mm。扶手应安装坚固,形状易于抓握。圆形扶手的直径应为35～50 mm,矩形扶手的截面尺寸应为35～50 mm。扶手的材质宜选用防滑、热惰性指标好的材料。

3. 无障碍厕所

无障碍厕位应符合下列规定:无障碍厕位应方便乘轮椅者到达和进出,尺寸宜做到2 m×1.5 m,不应小于1.8 m×1 m;无障碍厕位的门宜向外开启,如向内开启,需在开启后厕位内留有直径不小于1.5 m的轮椅回转空间,门的通行净宽不应小于800 mm,平开门外侧应设高900 mm的横扶把手,在关闭的门扇里侧设高900 mm的关门拉手,并应采用门外可紧急开启的插销;厕位内应设坐便器,厕位两侧距地面700 mm处应设长度不小于700 mm的水平安全抓杆,另一侧应设高1.4 m的垂直安全抓杆。

厕所里的其他无障碍设施应符合下列规定:无障碍小便器下口距地面高度不应大于400 mm,小便器两侧应在离墙面250 mm处,设高度为1.20 m的垂直安全抓杆,并在离墙面550 mm处,设高度为900 mm的水平安全抓杆,与垂直安全抓杆连接;无障碍洗手盆的水嘴中心距侧墙应大于550 mm,其底部应留出宽750 mm、高650 mm、深450 mm供乘轮椅者膝部和足尖部的移动空间,并在洗手盆上方安装镜子,出水龙头宜采用杠杆式水龙头或感应式自动出水方式;安全抓杆应安装牢固,直径应为30～40 mm,内侧距墙不应小于40 mm;取纸器应设在坐便器的侧前方,高度为400～500 mm。

4. 无障碍住房

通往卧室、起居室(厅)、厨房、卫生间、储藏室及阳台的通道应为无障碍通道,并按照《无障碍设计规范》的要求在一侧或两侧设置扶手。浴盆、淋浴、坐便器、洗手盆及安全抓杆等应符合《无障碍设计规范》的有关规定。

单人卧室面积不应小于7 m², 双人卧室面积不应小于10.5 m², 兼起居室的卧室面积不应小于16 m², 起居室面积不应小于14 m², 厨房面积不应小于6 m²; 设坐便器、洗浴器(浴盆或淋浴)、洗面盆三件卫生洁具的卫生间面积不应小于4 m²; 设坐便器、洗浴器二件卫生洁具的卫生间面积不应小于3 m²; 设坐便器、洗面盆二件卫生洁具的卫生间面积不应小于2.5 m²; 单设坐便器的卫生间面积不应小于2 m²; 供乘轮椅者使用的厨房,操作台下方净宽和高度都不应小于650 mm,深度不应小于250 mm;居室和卫生间内应设求助呼叫按钮;家具和电器控制开关的位置和高度应方便乘轮椅者靠近和使用;供听力障碍者使用的住宅和公寓应安装闪光提示门铃。

(二)老年人居家适老化改造工程

2020年,民政部等九部委联合发布《关于加快实施老年人居家适老化改造工程的指导意见》。

意见要求,2020年年底前,采取政府补贴等方式,对纳入分散供养特困人员和建档立卡贫困人口范围的高龄、失能、残疾老年人(以下统称特殊困难老年人)家庭实施居家适老化改造,为决战决胜脱贫攻坚提供兜底保障。"十四五"期间,继续实施特殊困难老年人家庭适老化改造,有条件的地方可将改造对象范围扩大到城乡低保对象中的高龄、失能、残疾老年人家庭等。各地要创新工作机制,加强产业扶持,激发市场活力,加快培育公平竞争、服务便捷、充满活力的居家适老化改造市场,引导有需要的老年人家庭开展居家适老化改造,有效满足城乡老年人家庭的居家养老需求。

民政部、住房和城乡建设部依据现行政策法规和相关标准规范,围绕施工改造、设施配备、老年用品配置等方面,制定老年人居家适老化改造项目和老年用品配置推荐清单。清单所列项目分为基础类和可选类,基础类项目是政府对特殊困难老年人家庭予以补助支持的改造项目和老年用品,是改造和配置的基本内容;可选类项目是根据老年人家庭意愿,供自主付费购买的适老化改造项目和老年用品。各地要立足经济社会发展水平和城乡发展实际,按照自愿、安全、便利、经济的思路,进一步摸清政府支持保障的特殊困难老年人家庭改造需求,细化年度目标任务和时间安排,并研究丰富本地区特殊困难老年人居家适老化改造项目内容。

对政府支持保障的特殊困难老年人家庭居家适老化改造,省级民政部门要会同相关部门细化工作程序,因地制宜确定改造对象申请条件,完善和规范申请、评估、改造、验收、监管等工作环节,严格落实管理责任。改造对象家庭应对拟改造住房拥有产权或者长期使用权,拟改造的住房应符合质量安全相关标准、具备基础改造条件,且没有纳入拆迁规划,已进行贫困重度残疾人家庭无障碍改造的不再重复纳入支持保障范围。县级民政等部门应委托专业机构科学评估改造对象家庭改造需求,依据评估结果确定改造方案,明确具体改造项目、改造标准和补助方式等内容,按照政府采购法律制度规定择优确定改造施工机构,经老年人或者其监护人签字确认后组织实施。改造完成后,应组织专业力量进行竣工验收,并做好相关费用结算和资金拨付。要细化明确过程监控和安全管理措施,确保改造方案落实落细。

四、老年人照料设施建设要求

《老年人照料设施建筑设计标准》为住房和城乡建设部发布的行业标准,编号为 JGJ 450—2018,自 2018 年 10 月 1 日起实施。原国家标准《养老设施建筑设计规范》(GB5 0867—2013)和《老年人居住建筑设计规范》(GB5 0340—2016)同时废止。

(一)标准适用范围、原则

该标准适用于新建、改建和扩建的设计总床位数或老年人总数不少于20

床(人)的老年人照料设施建筑设计。

老年人照料设施建筑设计应当符合老年人生理、心理特点,保护老年人隐私和尊严,保证老年人基本生活质量;适应运营模式,保障照料服务有效开展。

老年人照料设施是指为老年人提供集中照料服务的设施,是老年人全日照料设施和老年人日间照料设施的统称,属于公共建筑。老年人全日照料设施是为老年人提供住宿、生活照料服务及其他服务项目的设施,是养老院、老人院、福利院、敬老院、老年养护院等的统称。老年人日间照料设施是为老年人提供日间休息、生活照料服务及其他服务项目的设施,是托老所、日托站、老年人日间照料室、老年人日间照料中心等的统称。

(二) 基本规定

老年人照料设施应适应所在地区的自然条件与社会、经济发展现状,符合养老服务体系建设规划和城乡规划的要求,充分利用现有公共服务资源和基础设施,因地制宜地进行设计。各类老年人照料设施应面向服务对象并按服务功能进行设计。服务对象的确定应符合国家现行有关标准的规定,且应符合表8-2的规定;服务功能的确定应符合国家现行有关标准的规定。

表8-2 老年人照料设施的基本类型及服务对象

服务对象	老年人全日照料设施		老年人日间照料设施
	护理型床位	非护理型床位	
能力完好老年人	—	—	▲
轻度失能老年人	—	▲	▲
中度失能老年人	▲	▲	▲
重度失能老年人	▲	—	—

注:▲为应选择。

与其他建筑上下组合建造或设置在其他建筑内的老年人照料设施应位于独立的建筑分区内,且有独立的交通系统和对外出入口。老年人照料设施的建筑设计应为未来发展和运营调整提供改造的可能性。既有建筑改建的老年人照料设施,应预先进行可行性评估,确定通过改建能够符合《老年人照料设施建筑设计标准》和国家现行有关标准的规定。老年人照料设施的建筑设计应能体现对当地生活习惯、民族习惯和宗教信仰的尊重。

(三) 老年人照料设施建设的强制性规定

该《老年人照料设施建筑设计标准》中,第4.2.4、5.1.2、5.6.4、5.6.6、6.5.3、7.2.5条为强制性条文,必须严格执行。我们在此特别说明。

(1) 道路系统应保证救护车辆能停靠在建筑的主要出入口处,且应与建筑的紧急送医通道相连。老年人是发生高危疾病和伤害事故频率最高的人群,因此要求救护车辆能够直接通达连接可容纳担架的电梯、楼梯的建筑出入口,救护车辆的停靠点即建筑的紧急送医通道的终点。建筑出入口处应有满足救护车辆停靠的场地条件,以保证救护车辆最大限度靠近事故地点,提高救治效率。考虑救护车通行、停靠和救援,救护车辆通道应满足最小3.5 m×3.5 m的净空要求。当利用道路作为救护车辆停靠场地时,道路应设置两条车道以上。当救护车辆停靠场地位于建筑出入口雨搭、挑棚、挑檐等遮蔽物之下时,地面至遮蔽物底面净空应不小于3.5 m。

（2）老年人照料设施的老年人居室和老年人休息室不应设置在地下室、半地下室。老年人全日照料设施的老年人居室、老年人日间照料设施的老年人休息室是老年人最经常使用的场所。老年人全日照料设施的老年人居室是指供老年人住宿且布置有床位的房间,以及供老年人住宿且布置有床位并兼作起居室的房间。老年人日间照料设施中的老年人休息室是指专门供老年人日间休息且布置有靠椅或床位的安静房间。这些场所如设置在地下、半地下时遭遇火灾等紧急状态下,烟气不易排除,人员疏散困难,直接危害老年人的安全。而且,处于地下的房间平时的卫生环境方面隐患较大,通风、采光等各方面均较地上房间差。因此,老年人全日照料设施的老年人居室、老年人日间照料设施的老年人休息室均不允许布置在地下室、半地下室。

（3）2层及以上楼层、地下室、半地下室设置老年人用房时应设电梯,电梯应为无障碍电梯,且至少1台能容纳担架。老年人行动能力较差且容易患病或发生意外,为方便老年人日常使用和在紧急情况下实施救助,老年人照料设施建筑的2层及以上楼层、地下室、半地下室设有老年人用房时,老年人用房所在建筑分区内需要设置无障碍电梯作为老年人在楼层间的垂直交通工具,且至少有1台能容纳担架,满足在紧急救助情况下为担架抬行老年人使用。供老年人使用的电梯均应为无障碍电梯,无障碍电梯应满足现行国家标准《无障碍设计规范》和《电梯主参数及轿厢、井道、机房的型式与尺寸 第1部分:Ⅰ、Ⅱ、Ⅲ、Ⅳ类电梯》的要求。

（4）老年人使用的楼梯严禁采用弧形楼梯和螺旋楼梯。老年人动作不灵活,弧形楼梯和螺旋楼梯容易造成眩晕和跌倒事故。老年人用房所在的建筑分区内,无论是安全疏散还是日常使用,弧形楼梯和螺旋楼梯对老年人来说都极易造成危险,因此严禁采用这两种形式的楼梯。

（5）老年人照料设施的老年人居室和老年人休息室不应与电梯井道、有噪声振动的设备机房等相邻布置(指在房间或场所的上一层、下一层或贴临的布置)。避免与电梯井道、有噪声振动的设备机房等相邻布置,是保证居室免受噪声干扰的最有效措施。

（6）散热器、热水辐射供暖分集水器必须有防止烫伤的保护措施。

【任务完成】

养老机构的建筑设计应当符合国家关于无障碍建设的基本要求,特别应参照行业标准《老年人照料设施建筑设计标准》。在参照该标准设计、建设时,应遵循以下方法:

第一,标准中规定的第4.2.4、5.1.2、5.6.4、5.6.6、6.5.3、7.2.5条为强制性条文,必须严格执行。

第二,标准中的其他条款属推荐性规范,养老机构可参照执行。

第三,养老机构建筑设计应当符合老年人生理、心理特点,保护老年人隐私和尊严,保证老年人基本生活质量;适应运营模式,保护照料服务有效开展。

任务三 老年人照料设施消防安全要求

【任务目标】

养老服务人员应当掌握老年人照料设施消防安全的基本要求,做好老年人照料设施消防安全管理工作,维护老年人合法权益。

【任务实例】

张祥在筹建养老机构的过程中了解到,目前国家对养老机构的消防安全要求很严格,从养老机构筹建到后期管理,消防安全都提到了前所未有的高度。拟筹建的这家养老机构建筑面积约为 2500 m²,预计设计床位 60 张,计划租用某社区中独立的商业设施加以改造。

【任务描述】

请你谈谈【任务实例】中提到的养老机构在消防审验和消防安全设计方面有哪些要求?

【背景知识】

由于老人在火灾防范和自救能力上严重不足,养老机构的消防安全尤其应当引起社会各界的关注,也是政府监管部门监管的重点。养老机构属于《中华人民共和国消防法》(以下简称《消防法》)中所明定的"人员密集场所",特别是老年人活动密集场所。

我国基本建成以《消防法》为核心、一系列制度规范和政策标准为配套的养老机构消防安全管理制度。

现行《消防法》中关于养老机构的消防安全管理主要从以下几方面加以规范:

第一,消防工作的方针和原则。消防工作贯彻预防为主、防消结合的方针,按照政府统一领导、部门依法监管、单位全面负责、公民积极参与的原则,实行消防安全责任制,建立健全社会化的消防工作网络。

第二,消防工作的组织机制。国务院领导全国的消防工作。地方各级人民政府负责本行政区域内的消防工作。各级人民政府应当将消防工作纳入国民经济和社会发展计划,保障消防工作与经济社会发展相适应。国务院应急管理部门对全国的消防工作实施监督管理。县级以上地方人民政府应急管理部门对本行政区域内的消防工作实施监督管理,并由本级人民政府消防救援机构负责实施。军事设施的消防工作,由其主管单位监督管理,消防救援机构协助;矿井地下部分、核电厂、海上石油天然气设施的消防工作,由其主管单位监督管理。县级以上人民政府其他有关部门在各自的职责范围内,依照《消防法》和其他相关法律、法规的规定做好消防工作。

【专业知识】

一、养老机构建设工程消防设计审查验收制度

《消防法》第七十三条规定:人员密集场所,是指公众聚集场所,医院的门诊楼、病房楼,学校的教学楼、图书馆、食堂和集体宿舍,养老院,福利院,托儿所,幼儿园,公共图书馆的阅览室,公共展览馆、博物馆的展示厅,劳动密集型企业的生产加工车间和员工集体宿舍,旅游、宗教活动场所等。在消防安全管理过程中,人员密集场所不仅应当符合《消防法》对一般场所消防的基本要求,出于保障人员人身财产安全的考虑,还应当遵循更高的标准和要求。

《消防法》第九条规定:建设工程的消防设计、施工必须符合国家工程建设消防技术标准。建设、设计、施工、工程监理等单位依法对建设工程的消防设计、施工质量负责。第十条规定:对按照国家工程建设消防技术标准需要进行消防设计的建设工程,实行建设工程消防设计审查验收制度。

(一)建设工程消防设计审查验收的主管部门

目前,我国建设工程消防设计审查验收的主管部门为住房和城乡建设部。

2019年3月27日,《住房和城乡建设部、应急管理部关于做好移交承接建设工程消防设计审查验收职责的通知》(建科函〔2019〕52号)中明确提出,建设工程消防设计审查验收职责由消防救援机构移交给住房和城乡建设主管部门。2019年4月1日至6月30日为建设工程消防设计审查验收职责移交承接期,各地应于6月30日前全部完成移交承接工作。

建设工程消防设计审查验收职责移交完成后,各地住房和城乡建设主管部门或者其他负责建设工程消防设计审查验收工作的部门应当与消防救援机构共享建筑总平面、建筑平面、消防设施系统图等与消防安全检查和灭火救援有关的图纸、资料,以及消防验收结果等信息。

(二)建设工程消防设计审核和消防验收

《消防法》第十一条规定:国务院住房和城乡建设主管部门规定的特殊建设工程,建设单位应当将消防设计文件报送住房和城乡建设主管部门审查,住房和城乡建设主管部门依法对审查的结果负责。前款规定以外的其他建设工程,建设单位申请领取施工许可证或者申请批准开工报告时应当提供满足施工需要的消防设计图纸及技术资料。第十二条规定:特殊建设工程未经消防设计审查或者审查不合格的,建设单位、施工单位不得施工;其他建设工程,建设单位未提供满足施工需要的消防设计图纸及技术资料的,有关部门不得发放施工许可证或者批准开工报告。第十三条规定:国务院住房和城乡建设主管部门规定应当申请消防验收的建设工程竣工,建设单位应当向住房和城乡建设主管部门申请消防验收。依法应当进行消防验收的建设工程,未经消防验收或者消防验收不合格的,禁止投入使用;其他建设工程经依法抽查不合格的,应当停止使用。

根据《建设工程消防设计审查验收管理暂行规定》第十四条规定,具有下列情形之一的建设工程为特殊建设工程:① 总建筑面积大于20 000 m^2 的体育场馆、会堂,公共展览馆、博物馆的展示厅;② 总建筑面积大于15 000 m^2 的民用机场航站楼、客运车站候车室、客运码头候船厅;③ 总建筑面积大于10 000 m^2 的宾馆、饭店、商场、市场;④ 总建筑面积大于2500 m^2 的影剧院,公共图书馆的阅览室,营业性室内健身、休闲场馆,医院的门诊楼,大学的教学楼、图书馆、食

堂、劳动密集型企业的生产加工车间,寺庙、教堂;⑤总建筑面积大于1000 m²的托儿所、幼儿园的儿童用房,儿童游乐厅等室内儿童活动场所,养老院、福利院,医院、疗养院的病房楼,中小学校的教学楼、图书馆、食堂,学校的集体宿舍,劳动密集型企业的员工集体宿舍;⑥总建筑面积大于500 m²的歌舞厅、录像厅、放映厅、卡拉OK厅、夜总会、游艺厅、桑拿浴室、网吧、酒吧,具有娱乐功能的餐馆、茶馆、咖啡厅;⑦国家工程建设消防技术标准规定的一类高层住宅建筑;⑧城市轨道交通、隧道工程,大型发电、变配电工程;⑨生产、储存、装卸易燃易爆危险物品的工厂、仓库和专用车站、码头,易燃易爆气体和液体的充装站、供应站、调压站;⑩国家机关办公楼、电力调度楼、电信楼、邮政楼、防灾指挥调度楼、广播电视楼、档案楼;⑪设有本条第一项至第六项所列情形的建设工程;⑫本条第十项、第十一项规定以外的单体建筑面积大于40 000 m²或者建筑高度超过50 m的公共建筑。

特殊建设工程的建设单位应当向消防设计审查验收主管部门申请消防设计审查,消防设计审查验收主管部门依法对审查的结果负责。特殊建设工程未经消防设计审查或者审查不合格的,建设单位、施工单位不得施工。消防设计审查验收主管部门应当自受理消防设计审查申请之日起15个工作日内出具书面审查意见。依法需要组织专家评审的,专家评审时间不超过20个工作日。

对特殊建设工程实行消防验收制度。特殊建设工程竣工验收后,建设单位应当向消防设计审查验收主管部门申请消防验收;未经消防验收或者消防验收不合格的,禁止投入使用。消防设计审查验收主管部门受理消防验收申请后,应当按照国家有关规定,对特殊建设工程进行现场评定。现场评定包括对建筑物防(灭)火设施的外观进行现场抽样查看;通过专业仪器设备对涉及距离、高度、宽度、长度、面积、厚度等可测量的指标进行现场抽样测量;对消防设施的功能进行抽样测试、联调联试消防设施的系统功能等内容。

(三) 其他建设工程的消防设计、备案与抽查

其他建设工程,是指特殊建设工程以外的其他按照国家工程建设消防技术标准需要进行消防设计的建设工程。其他建设工程,建设单位申请施工许可或者申请批准开工报告时,应当提供满足施工需要的消防设计图纸及技术资料。未提供满足施工需要的消防设计图纸及技术资料的,有关部门不得发放施工许可证或者批准开工报告。

对其他建设工程实行备案抽查制度。其他建设工程经依法抽查不合格的,应当停止使用。其他建设工程竣工验收合格之日起5个工作日内,建设单位应当报消防设计审查验收主管部门备案。

消防设计审查验收主管部门应当对备案的其他建设工程进行抽查。抽查工作推行"双随机、一公开"制度,随机抽取检查对象,随机选派检查人员。抽取比例由省、自治区、直辖市人民政府住房和城乡建设主管部门,结合辖区内消防设计、施工质量情况确定,并向社会公示。消防设计审查验收主管部门应当自其他建设工程被确定为检查对象之日起15个工作日内,按照建设工程消防验收有关规定完成检查,制作检查记录。检查结果应当通知建设单位,并向社会

公示。建设单位收到检查不合格整改通知后,应当停止使用建设工程,并组织整改,整改完成后,向消防设计审查验收主管部门申请复查。消防设计审查验收主管部门应当自收到书面申请之日起7个工作日内进行复查,并出具复查意见。复查合格后方可使用建设工程。

案例 8-1

2019年,山东省高密市为进一步提升养老机构服务设施消防安全,为入住老人提供安全舒适的养老生活环境,加大民生项目建设力度,累计投入1300余万元推进全市养老机构消防设施升级改造工程。截至2019年9月,全市养老机构消防设施改造升级工程已基本结束,在潍坊市各县市区中率先完成了升级改造任务。

为充分做好调查摸底工作,市民政局协同多部门对养老机构的消防许可、消防设施、消防通道、建筑结构、内部装修和整改能力等消防安全现状进行详细调查摸底。姜庄敬老院自2018年4月份便开始进行消防改造,一共投入39万多元,安装了消防栓、消防池等,大大消除了安全隐患。

案例解析: 消防安全隐患是长期困扰养老机构和监管部门的问题。养老机构消防设施改造一方面需要由养老机构承担主体责任,另一方面,地方政府监管部门也应通过专项资金给予支持。

二、养老机构建筑设计防火要求

1. 《消防法》的规定

《消防法》第二十六条规定:建筑构件、建筑材料和室内装修、装饰材料的防火性能必须符合国家标准;没有国家标准的,必须符合行业标准。人员密集场所室内装修、装饰,应当按照消防技术标准的要求,使用不燃、难燃材料。

《消防法》第二十七条规定:电器产品、燃气用具的产品标准,应当符合消防安全的要求。电器产品、燃气用具的安装、使用及其线路、管路的设计、敷设、维护保养、检测,必须符合消防技术标准和管理规定。

《消防法》第二十八条规定:任何单位、个人不得损坏、挪用或者擅自拆除、停用消防设施、器材,不得埋压、圈占、遮挡消火栓或者占用防火间距,不得占用、堵塞、封闭疏散通道、安全出口、消防车通道。人员密集场所的门窗不得设置影响逃生和灭火救援的障碍物。

2. 建筑设计防火规范

2018年《建筑设计防火规范》(GB 50016—2014)国家标准经过修订后开始施行。此次修订主要修改完善了老年人照料设施建筑设计的基本防火技术要求,即明确了老年人照料设施的范围;明确了老年人照料设施的允许建筑高度或层数及组合建造时的分隔要求;明确了老年人生活用房、公共活动用房等的设置要求;适当强化了老年人照料设施的安全疏散、避难与消防设施设置要求。鉴于规范条文较多,在此仅针对老年人照料设施消防规范中内容进行介绍。

(1) 建筑分类和耐火等级。

民用建筑根据其建筑高度和层数可分为单层、多层民用建筑和高层民用建筑。高层民用建筑根据其高度、使用功能和楼层的建筑面积可分为一类和二类。"独立建造的老年人照料设施"一律属于"一类高层民用建筑"。其他老年人照料设施根据楼体结构进行等级分类。

除木结构建筑外,老年人照料设施的耐火等级不应低于三级。

(2) 防火分区和层数。

独立建造的一、二级耐火等级老年人照料设施的建筑高低不宜大于32 m,不应大于54 m;独立建造的三级耐火等级老年人照料设施,不应超过2层。

(3) 平面布置。

老年人照料设施宜独立设置。当老年人照料设施与其他建筑上、下组合时,老年人照料设施宜设置在建筑的下部,并应符合下列规定:

① 老年人照料设施部分的建筑层数、建筑高度或所在楼层位置的高度应符合《建筑设计防火规范》第5.3.1A条的规定;

② 老年人照料设施部分应与其他场所进行防火隔离,防火分隔应符合《建筑设计防火规范》第6.2.2条的规定。

当老年人照料设施中的老年人公共活动用房、康复与医疗用房设置在地下、半地下时,应设置在地下一层,每间用房的建筑面积不应大于200 m² 且使用人数不应大于30人。老年人照料设施中的老年人公共活动用房、康复与医疗用房设置在地上4层及以上时,每间用房的建筑面积不应大于200 m² 且使用人数不应大于30人。

(4) 安全疏散和避难。

每个防火分区或一个防火分区的每个楼层,其安全出口的数量应经计算确定,且不应少于2个。建筑面积不大于200 m² 且人数不超过50人的单层公共建筑或多层公共建筑的首层,设置为老年人照料设施的可以设置1个安全出口。

老年人照料设施的疏散楼梯或疏散楼梯间宜与敞开式外廊直接连通,不能与敞开式外廊直接连通的室内疏散楼梯应采用封闭楼梯间。建筑高度大于24 m的老年人照料设施,其室内疏散楼梯应采用防烟楼梯间。建筑高度大于32 m的老年人照料设施,宜在32 m以上部分增设能连通老年人居室和公共活动场所的连廊,各层连廊应直接与疏散楼梯、安全出口或室外避难场地连通。

公共建筑内的客、货电梯宜设置电梯候梯厅,不宜直接设置在营业厅、展览厅、多功能厅等场所内。老年人照料设施内的非消防电梯应采取防烟措施,当火灾情况下需用于辅助人员疏散时,该电梯及其设置应符合本规范有关消防电梯及其设置的要求。

公共建筑内房间的疏散门数量应经计算确定且不应少于2个。除托儿所、幼儿园、老年人照料设施、医疗建筑、教学建筑内位于走道尽端的房间外,符合下列条件之一的房间可设置1个疏散门:第一,位于两个安全出口之间或袋形走道两侧的房间,对于托儿所、幼儿园、老年人照料设施,建筑面积不大于50 m²;对于医疗建筑、教学建筑,建筑面积不大于75 m²;对于其他建筑或场所,建筑面积不大于120 m²;第二,位于走道尽端的房间,建筑面积小于50 m²且疏散门的净宽度不小于0.9 m,或由房间内任一点至疏散门的直线距离不大于15 m、建筑面积不大于200 m²且疏散门的净宽度不小于1.4 m。

3层及3层以上总建筑面积大于3000 m²(包括设置在其他建筑内3层及以上楼层)的老年人照料设施,应在2层及以上各层老年人照料设施部分的每座疏散楼梯间的相邻部位设置1间避难间;当老年人照料设施设置与疏散楼梯或安全出口直接连通的开敞式外廊、与疏散走道直接连通且符合人员避难要求的室外平台等时,可不设置避难间。避难间内可供避难的净面积不应小于12 m²,避难间可利用疏散楼梯间的前室或消防电梯的前室,其他要求应符合《建筑设计防火规范》第5.5.24条的规定。

供失能老年人使用且层数大于2层的老年人照料设施,应按核定使用人数配备简易防毒面具。

(5)建筑构造。

附设在建筑内的老年人照料设施,应采用耐火极限不低于2小时的防火隔墙和1小时的楼板与其他场所或部位分隔,墙上必须设置的门、窗应采用乙级防火门、窗。

除《建筑设计防火规范》第6.7.3条规定的情况外,下列老年人照料设施的内、外墙体和屋面保温材料应采用燃烧性能为A级的保温材料:① 独立建造的老年人照料设施;② 与其他建筑组合建造且老年人照料设施部分的总建筑面积大于500 m²的老年人照料设施。

(6)灭火救援设施。

下列建筑应设置消防电梯:5层及以上且总建筑面积大于3000 m²(包括设置在其他建筑内5层及以上楼层)的老年人照料设施。

(7)消防设施的设置。

体积大于5000 m³的老年人照料设施应设置室内消火栓系统。

老年人照料设施内应设置与室内供水系统直接连接的消防软管卷盘,消防软管卷盘的设置间距不应大于30 m。

老年人照料设施单、多层民用建筑或场所应设置自动灭火系统,并宜采用自动喷水灭火系统。

老年人照料设施建筑或场所应设置火灾自动报警系统。老年人照料设施中的老年人用房及其公共走道,均应设置火灾探测器和声警报装置或消防广播。

(8)电气。

老年人照料设施建筑内消防应急照明和灯光疏散指示标志的备用电源的连续供电时间不应少于1小时。

老年人照料设施的非消防用电负荷应设置电气火灾监控系统。

老年人照料设施建筑内疏散照明的地面最低水平照度不应低于10.0 lx。

(9) 木结构建筑。

老年人照料设施设置在木结构建筑内时,应布置在首层或2层。

案例 8-2

2015年5月25日20时左右,河南省鲁山县城西琴台办事处三里河村的一家老年公寓发生火灾。事故造成39人死亡、6人受伤,过火面积745.8 m²,直接经济损失2064.5万元。

调查认定,该事故为生产安全责任事故。事故的直接原因是该老年公寓不能自理区电器线路接触不良发热,高温引燃周围的电线绝缘层、聚苯乙烯泡沫、吊顶木龙骨等易燃可燃材料,造成火灾。调查组对事故原因认定并对58名责任人进行了处理。2016年4月21日上午9点,河南省鲁山县老年公寓大火案在鲁山县人民法院首次开庭审理。该老年公寓法人代表范某等6人因重大责任事故罪被检察机关提起公诉。

案例解析：养老机构建筑设施的消防安全关乎入住老年人的生命安全。本案例中的火灾事故根本原因在于老年公寓设施环境的消防安全不过关。养老机构应当加强消防安全管理,避免此类事件再次发生。

三、养老机构消防安全管理

2015年,民政部、公安部印发的《社会福利机构消防安全管理十项规定》对包括养老机构在内的社会福利机构的消防安全工作作了明确规定。2019年,《应急管理部办公厅、民政部办公厅关于在养老服务机构开展消防安全集中宣传教育活动的通知》中对养老机构内部加强消防安全宣传工作提出了指导性意见。2019年12月,民政部、财政部、住房和城乡建设部、应急管理部联合发布《民办养老机构消防安全达标提升工程实施方案》,要求完善和落实养老机构安全生产责任和管理制度,严格安全监管,切实提升养老机构消防安全管理水平,确保老年人生命财产安全。

从2020年起,在全国范围内引导和帮助存量民办养老机构按照国家工程建设消防技术标准配置消防设施、器材,落实日常消防安全管理要求,针对经判定为重大火灾隐患的养老机构进行有效整改,力争在两年时间内,使全国存量民办养老机构消防设施设备配备符合国家工程建设消防技术标准,消防安全管理满足需要,达到安全服务要求。

改造范围包括：已开展服务,但不符合国家工程建设消防技术标准、不满足消防安全管理要求,消防安全未达标的民办养老机构,优先改造贫困地区和农村民办养老机构,具体改造范围由各省级民政部门会同有关部门结合实际审核确定。

改造标准及要求为：

(1) 建筑环境及消防设施设备：建筑环境及消防设施配置要严格执行《建筑设计防火规范》(GB 50016—2014)、《建筑灭火器配置设计规范》(GB 50140—2005)、《火灾自动报警系统设计规范》(GB 50116—2013)、《建筑防烟排烟系统技术标准》(GB 51251—2017)等相关标准规范要求。改造项目所涉及的房屋建筑，须有功能变更批准文件、不动产登记或使用权证明(含所在街道、乡镇对养老服务设施现状的书面认可证明)。租赁房屋开办的养老机构，需事先取得产权所有方书面认可。

(2) 消防安全管理：应严格落实《消防法》等法律法规规定，严格执行《社会福利机构消防安全管理十项规定》、《消防安全标志 第 1 部分：标志》(GB 13495.1—2015)、《消防控制室通用技术要求》(GB 25506—2010)、《养老机构安全管理》(MZ/T 032—2012)、《养老机构服务质量基本规范》(GB/T 35796—2017)。

【任务完成】

本次任务情境中，拟筹建的养老机构建筑面积约为 2500 m^2，预计设计床位 60 张，计划租用某社区中独立的商业设施加以改造。在消防审验和安全方面需要注意以下几方面：

第一，按照消防审验相关规定，该养老机构建筑总面积大于 1000 m^2，必须向住房和城乡建设主管部门申请消防设计审核和消防验收。未经消防设计审查或者审查不合格的，建设单位、施工单位不得施工；未经消防验收或者消防验收不合格的，禁止投入使用。

第二，该养老机构在建筑设计环节必须遵循 2018 年《建筑设计防火规范》(GB 50016—2014)国家标准的要求。根据标准中规定的老年人照料设施建筑设计的基本防火技术要求进行设计和建造。特别是建筑高度或层数及组合建造时的分隔要求；老年人生活用房、公共活动用房等的设置要求；安全疏散、避难与消防设施设置要求等。

第三，养老机构开业后，仍然需要持续开展消防安全管理。按照民政部门、消防安全管理部门的要求做好运营中的消防安全管理工作。

思考题

1. 老年宜居环境应当符合哪些基本要求和原则？
2. 老年宜居环境应当从哪些方面加以建设？
3. 我国对无障碍环境建设有哪些具体要求？
4. 什么样的社区符合老年宜居社区的标准？
5. 老年人照料设施在建筑设计上有什么特别规定？
6. 目前我国养老机构消防审验工作如何开展？
7. 养老机构在消防安全管理上需要做哪些工作？

实训题

实训一：校园无障碍环境评价。

要求：以小组为单位，对校园内环境设施的无障碍情况进行评价，通过拍照片或录制视频等方式加以记录。小组成员对校园无障碍环境情况进行分析总结，并在课堂上做出分享。

实训二：老年人照料设施建筑环境考察评价。

要求：

（1）以小组为单位，到就近的老年人照料设施进行参观考察。老年人照料设施可以是养老机构也可以是社区养老服务设施。

（2）通过拍照片或录制视频等方式加以记录。

（3）小组成员对老年人照料设施的适老化情况进行分析总结。

（4）小组成果在课堂分享。

拓展阅读

消防部门高度重视养老机构的消防安全问题

消防部门高度重视养老机构的消防安全问题。近年来，我们和民政部门部署开展了社会福利机构消防安全专项治理行动，这个行动成效是非常明显的。另外，我们还和民政部门共同制定了《社会福利机构消防安全管理十项规定》，这十项规定是目前我们有关社会福利机构消防安全的一个基本遵循，也发挥了很重要的作用。另外，我们还会同住房和城乡建设部、民政部共同修订了《建筑设计防火规范》，把其中有关老年人建筑的条文进行了修订和完善，放宽了一些设置条件，这也是为了满足目前我们国家"放管服"的有关要求。另外，我们还与民政部等13个部委联合印发了《关于加快推进养老服务业放管服改革的通知》，放宽了养老机构消防手续办理的一些条件，这在社会上反响也很好。此外，我们还连续五年把养老服务业的消防安全管理作为国务院对省级政府消防工作考核的一个重要内容，这也极大地增强了各地做好养老机构消防安全工作的积极性和主动性。

这次《国务院办公厅关于推进养老服务发展的意见》（以下简称《意见》）当中，涉及消防安全的问题一共有三项：

一是关于解决养老机构消防审验的问题。

二是推行养老服务业消防安全标准化管理的问题。

三是要实施民办养老机构消防安全达标工程。应急管理部高度重视这个《意见》的贯彻落实，党组书记黄明同志专门做出批示，要求把这件事情抓到实处，切实改善养老机构消防安全条件，维护养老机构的消防安全。

下面就这个《意见》的贯彻落实，有关消防部门采取的一些工作措施，给大家做一个介绍。一是关于解决养老机构消防审验的问题。按照中央机构改革有关要求，建设工程消防设计审查和验收这项职能由过去公安消防部门划转至

住房城乡建设部门。近日,《住房和城乡建设部 应急管理部关于做好移交承接建设工程消防设计审查验收职责的通知》印发后,各地消防部门正在按照计划向住房城乡建设主管部门移交这项工作。为了做好移交工作,在移交期间,我们还将积极配合养老机构做好消防审验工作的技术服务,避免工作断档。

二是关于推行养老服务业消防安全标准化管理工作。目前,社会福利机构消防安全管理的十项规定已有明确要求,下一步我们还会会同民政部具体研究制定管理标准和实施办法,我们将按照试点引路、总结推广和全面推开的思路,有计划、分步骤地在整个养老服务行业推行消防安全标准化管理。

(资料来源:罗永强.消防部门高度重视养老机构的消防安全问题[EB/OL].(2019-04-16)[2021-09-06].http://www.gov.cn/xinwen/2019-04-16/content_5383577.htm 国家应急部有关负责人在 2019 年 4 月 16 日举行的国务院政策例行吹风会中对相关问题的回答。)

模块九

老年人人身及财产安全

知识目标

1. 掌握虐待老年人的含义界定
2. 了解老年人受虐的风险因素
3. 思考老年人受虐的预防和应对措施
4. 了解老年人财产受损的主要情形
5. 掌握老年人财产权保护的方式

能力目标

1. 能够维护老年人的人身安全；
2. 能够协助老年人保障财产安全。

- ◆ 任务一 老年人受虐的预防和处理
- ◆ 任务二 协助保障老年人的财产安全

模块九 老年人人身及财产安全

【专业知识概览】

虐待老年人的现象已经成为一个世界性的社会问题。虐待老年人具有普遍性、隐蔽性、长期性和多样性等特点。老年人受虐可能的风险因素包括个人因素、照料者的压力、社会支持的缺失及社会文化的影响等方面,对虐老的预防既要考虑文化宣传,更要加强法律的支持。老年人的财产权得到宪法保护、民法保护和刑法保护。

【核心概念】

虐待老年人;老年人财产安全

【主要政策法规依据】

《中华人民共和国民法典》

《中华人民共和国老年人权益保障法》

导入材料

"以房养老"骗局背后有套路,被骗老人维权难

自2014年7月,老年人住房反向抵押养老保险(即"以房养老"保险)试点以来,许多公司打着"以房养老"旗号从事金融诈骗,参与其中的老人,不仅没拿到养老金,还失去了房屋。事件发生后,虽然一些涉事公司被追究刑事责任,但老人仍然面临失去房屋的风险。

《新京报》报道,2017年4月,59岁的吴岚被中安民生(指北京中安民生资产管理有限公司及中安民生养老服务有限公司)位于北京市昌平区的养老一站式服务大厅开办的免费声乐课程吸引。每周一到周五,服务大厅内还有免费的民族舞、书法等课程。老人在参加课程的同时,如果登记身份证信息和电话号码就会成为中安民生的会员,可免费参加公司组织的外出旅游活动。想到这些好处,吴岚就注册成了会员。

吴岚称,在外出旅游的过程中,中安民生的业务员会经常组织学习了解"以房养老"理财项目。业务员平时在生活中也处处关心她,"有时比自家孩子还周到"。

一年的时间里,禁不住业务员的宣传诱惑,吴岚和丈夫将北京的两套房产抵押贷出471万元,投进了中安民生所谓的"以房养老"理财项目,每月能拿2.3万余元的"养老金"。然而,原本答应向出资方还本付息的中安民生,2019年1月却没替老人们还款。出资方通知吴岚,如果还不上钱,按照二者的合同约定,房子可能被强制拍卖。吴岚自己垫付了5.7万余元的利息后,从此惶惶不可终日。

在媒体的报道中,中安民生共有600余名抵押房产、换贷投资的客户,涉及资金十多亿元。

代理其中一名受害老人王明海(化名)案的郭润春律师告诉记者,中安民生以"以房养老"名义骗老人押房投资的行为已经形成了套路:

第一步,介绍"以房养老"项目的好处骗取老人的信任。他们会告诉老人,房子闲着也是闲着,不如抵押出去借款,所得到的钱交给中安民生理财,中安民生负责给出资方还本付息,并按期支付给老人养老金,这样既盘活了资产,又赚到了钱。

第二步,介绍出资方将老人房屋进行抵押。业务员在对房屋进行估值后,给老人介绍一个出资方,让老人以公司周转需要资金等理由,将房屋抵押出去,而这个价格明显会低于市场价格。随后,业务员会带老人到房管局,将老人的房本办理抵押。

第三步,签署房屋抵押贷款合同,条款具体内容不告诉老人。老人和出资方签署房屋抵押贷款合同,借款利息年化在12%~24%。而老人对此并不知情,甚至是在空白合同上签字。出资方为了保证能收回借款,也要求老人在公证处办理公证手续,如果到期不能还钱,自愿拍卖房产抵债,有些老人根本不清楚条款的存在。

事实上,仅仅几个月后,老人们的收益便不再到账,更被出资方胁迫还款。"中安民生为老人绘制的'以房养老'蓝图,更像一张无法兑现的空头支票。"郭润春说。

(资料来源:崔晓丽."以房养老"骗局背后有套路,被骗老人维权难[EB/OL].(2019-05-07)[2021-09-06]. http://news.sina.com.cn/sf/news/fzrd/2019-05-07/doc-ih-vhiews0380952.shtml)

任务一 老年人受虐的预防和处理

【任务目标】

作为养老服务人员,你能预防或及时发现老年人受虐的情况,并给予老年人足够的支持。

【任务实例】

家住某社区的张奶奶跟儿子儿媳同住。张奶奶平日为人低调,不太愿意与他人交谈和来往。近几天,老人常常神情恍惚地在小区里溜达,还时常在无人处独自落泪。社区工作人员小王看到后,主动跟老人聊天,这时才知道,虽然老人跟儿子儿媳同住,但是儿媳嫌恶老人年纪大、事情多,言语行动中时常表现出不满。儿子对于媳妇的这种言行不仅不加以制止,也常对老人言语呵斥,这让老人陷入深深的痛苦中。

【任务描述】

如果你是社区工作人员,你将如何帮助张奶奶?

【背景知识】

老年人的人身安全不仅需要来自自身的保护,更需要来自家庭和社会其他成员的保护。目前,老年人人身安全受到严重侵害的事实已经成为全世界普遍

关心的话题。

一、"虐待老年人"的界定

虐待老年人现象已经成为一个世界性社会问题。2002年2月26日,时任联合国秘书长安南在联合国总部发表了题为《虐待老年人现象大都逃避追究》的报告,呼吁采取全球性行动保护老年人权益。报告指出:虐待老年人问题在发达国家和发展中国家都非常普遍,虐待包含多种形式,比如,对老年人实施暴力、侮辱老年人及拒绝向老年人提供经济支持等。除严重案件外,大部分虐待行为都没有向司法部门报告或没有得到处理。

在联合国第二次老龄问题世界大会上由各国政府共同签订的《2002年马德里老龄问题国际行动计划》特别提出:对老年人的忽略、虐待和暴力行为有多种形式——身体的、心理的、情感的、财政的——并且发生在每个社会、经济、族裔和地理领域。随着年龄的变老,痊愈能力下降,受到虐待的老年人可能永远不能完全从身体或心理所受创伤中恢复过来。羞耻和恐惧使老年人不愿寻求帮助,因此创伤的影响可能更加严重。各社区必须共同努力,防止对老年人的欺骗、虐待和犯罪行为的行为。专业人士应该认识到家庭、社区和养老机构正规和非正规护理人员可能会有忽略、虐待和暴力行为。

(一)"虐待老年人"的国际组织界定

由于虐待老年人事件与社会文化背景紧密相连,在不同国家会有不同的表现形式。联合国经济及社会理事会在2002年的一个文件中(E/CN.5/2002/PC/2)给虐待老年人所下的定义是:在本应充满信任的任何关系中,发生的一次或多次致使老年人受到伤害或处境困难的行为,或以不采取适当行动的方式致使老年人受到伤害或处境困难的行为。世界卫生组织认为,虐待老年人是指,在任何理应相互信任的关系中,导致老年人受到伤害或痛苦的单次或重复行为,或缺乏适当行动。此类暴力是对人权的侵犯,包括身体、性、心理、情感、财务和物质虐待;遗弃;忽视;以及严重缺少尊严和尊重。

无论各国际组织对虐待老年人定义如何,一般而言,虐待老年人的行为应包括四种不同的类型:

(1)身体虐待,是指重复性的某一单类的行为或长期行为。长期行为包括施加造成痛苦或有害身体的不适当的限制或禁闭。身体虐待的后果既可以是受到虐待的有形标志,也可以是明显的心理上表现,例如外出活动减少、困惑及行为方式上的其他改变。

(2)精神虐待、心理虐待,或长期口头侵犯,包括那些贬低老年人、伤害老年人、削弱老年人的个性、尊严和自我价值的言辞和交往。这种虐待行为的特点是:① 缺乏对老年人的隐私和个人物品的尊重;② 不考虑老年人的愿望;③ 剥夺老年人接触对其来说是至关重要的人的机会;④ 不能满足老年人在健康和社会方面的需要。表明受到精神虐待的标志可包括严重的心理表现,包括恐惧、做决定的能力差、冷漠、不与人交往和忧郁症。

(3)经济剥削或物质虐待,包括:① 非法使用或不适当地使用或侵吞老年

人的财产和/或资金;② 强迫老年人更改遗嘱及其他法律文件;③ 剥夺老年人使用其控制个人资金的权利;④ 经济骗局和诈骗性计划。

(4) 疏于照料,指不采取下列行动以满足老年人的需要:① 不提供适当的食物、干净的衣服、安全和舒适的住所、良好的保健和个人卫生条件;② 不准与外人交往;③ 不提供必要的辅助用品;④ 未能防止老年人受到身体上的伤害,未能进行必要的监护。照料老年人者可能由于缺乏信息、技能、兴趣或资源而未能提供基本用品。疏于照料的标志包括能够表明老年人身心状况欠佳的各种外在症状,例如脸色苍白、嘴唇干裂、体重减轻、衣着邋遢、颤抖、缺少辅助用品、个人卫生差、不能自制、身上长疮、皮肤与口部溃疡和身体及精神状况恶化等。有时,禁闭和不适当地大剂量用药也是疏于照料的表现形式。

调查研究表明,虐待老年人的行为并不能简单地归结到某一个类别中,而总是许多种类别交织在一起。在许多虐待老年人的个案中,通常一位老年人会同时遭受多方面的虐待,既有心理上的虐待,又有身体上的虐待。

(二) 我国关于"虐待老年人"的法律界定

我国《老年人权益保障法》第三条明确规定:禁止歧视、侮辱、虐待或者遗弃老年人。同时,在第八章"法律责任"中,也对虐待老年人等侵犯老年人合法权益的行为,制定了法律惩戒措施。而对于虐待与遗弃案件,只要没有造成重伤或死亡等严重后果的,刑法规定告诉的才处理,受传统厌讼思想以及"子不教、父之过""家丑不可外扬"观念的影响,老年人除非万不得已,一般不会将自己的子女交付司法机关尤其是公安机关处理。因此,刑事中的虐待与遗弃案件相对少得多。

但对什么是"虐待老年人"的行为,我国法律没有做出明确规定。《词源》中,"虐"有两个含义:一是用作动词,指残暴、侵害;二是用作名词,指灾害。"待"最接近的一个含义应该是指对待、款待。《现代汉语词典》(第7版)中"虐待"的含义是:残暴狠毒的手段对待。

由此理解,我国虐待老年人定义更多地是指用残暴的行为造成老年人身体上的伤害,似为联合国"虐待老年人"的定义中所指的身体虐待行为,而联合国的定义中有关精神虐待、物质虐待和疏忽照料的行为,在我国《老年人权益保障法》中虽有所体现,比如,侮辱、诽谤老年人,盗窃、诈骗、抢夺、勒索、故意毁坏老年人财物,赡养人不履行生活照料和精神慰藉老年人的义务等,但对于这些行为是否构成虐待老年人并没有做出明确的规定。

二、老年人受到虐待的基本状况

虐待老年人是一项严重的公共卫生事件。由于老年人往往害怕向家人、朋友或行政部门报告遭受虐待的情况,所以关于老年人群体受虐待程度的信息少之又少。

世界卫生组织的一项研究提供了关于虐待老年人方面的一些重要事实:接近16%的60岁以上老年人不同程度遭受心理虐待、经济虐待、被忽视、身体虐待或性虐待。虽然有关医院、护养院及其他长期护理中心等机构中虐待老年人

问题严重程度的数据极为匮乏,但通过世界卫生组织对关于机构环境中虐待老年人研究项目的审查结果表明,在护养院和长期护理中心等机构中,老年人遭受虐待的比率很高,三分之二的员工称他们在过去一年中曾虐待过老年人。由于许多国家正快速老龄化,预计虐待老年人的现象会日益严重。①

在我国,有关老年人受虐待的具体调查数据和专题研究还较少。受"家丑不可外扬"的传统观念束缚,有些老年人在家被打挨骂受虐待,也不敢声张;一些司法部门对涉老案件也重视不够,执行乏力,有些受虐老人虽然得到了司法保护和支持,却只能望着正义的判决而兴叹;有的基层干部对社会存在的虐待老人行为,认为是"家内事"而采取放纵态度,听之任之。凡此种种,导致了社会上老人受虐待的事件不断发生,一幕幕不该发生的悲剧不时在各种媒体上曝光。

【专业知识】

一、虐老行为的受害者及加害者

(一)受害者

容易受到虐待的老年人的特征包括有一定程度的依赖性,失去一定程度的自主权,其处境极容易使其受到虐待。那些有受到虐待危险的人往往由于各种状况,例如痴呆或残疾,造成智残或体残。其他危险因素包括贫困、无子女、独自生活、与世隔绝和流离失所。那些身体和精神都处于病态的老年人,或者由于滥用药品或酗酒或滥用毒品而造成精神不健康的老年人受虐待危险都极高。

(二)加害人

对老年人采取暴力行为和虐待老年人的往往是家庭成员、朋友和熟人。但是,施虐者也可能包括骗取老年人钱财的陌生人、欺骗老年客户的商业性组织及那些原本负有"照顾职责"但虐待或者不照顾其所负责的老年人的个人。一些施虐者的特点是其与受害者之间有一种精神上或经济上的依赖关系。

1. 家庭成员施虐

根据联合国报告,疏于照料是最常见的虐待形式,男性和女性受虐待者的比例相差很大。施虐者通常是成年子女(37%),其次是配偶(13%),及其他家庭成员(11%)。②

案例 9-1

一位老人在好心群众的陪同下,来到派出所报案。民警见老人满身伤

---

① 世界卫生组织. 虐待老人[EB/OL].(2021-10-04)[2022-06-12]. https://www.who.int/zh/news-room/fact-sheets/detail/elder-abuse.

② 联合国. 人权:老年人虐待问题[EB/OL].[2020-09-06]. http://www.un.org/chinese/esa/ageing/humanrights36.htm.

痕,身子发抖,询问老人时,老人一个字也不肯说,表情显得有些恐惧。随同群众介绍说,老人年近80岁,这些伤是被人殴打的。

民警经过近1个小时的耐心劝说,该老人终于开口说话了,称自己是被儿子殴打致伤。某日下午,老人忙完家务到地里帮儿子王某干活时,王某嫌她去得晚,骂了几句感觉不解气,便用脚将其踹倒,之后又拿木权捣她的额头,致使老人的额头、肩部和腿部多处受伤。晚上,老人怕儿子再次殴打,吓得躲了起来,周围邻居发现后带老人到派出所报案。

民警安顿好老人后,随即传唤了老人的儿子王某,王某对殴打母亲的事实供认不讳。警方已依法对王某行政拘留15日,并处罚款500元。

2. 养老机构中的虐老

养老机构中的虐待行为通常包括:从身体方面限制患者;通过诸如给他们穿不洁衣物等方式使他们失去尊严和在日常事务上的选择权;故意不提供足够的护理(如任凭他们长出褥疮);过度给药或给药不足,以及扣留患者的药物;在情感上加以忽视和虐待,等等。

案例 9-2

某电视节目曾报道了某市一部分黑心的养老院虐待老人的事件。你也许很难想象,在一个非常简陋的出租房里,竟然可以挤得下几十张非常简陋的床,老人们每天吃的是刷锅水泡的馒头,他们甚至还常常被捆绑起来进行虐待。记者在现场看到他们要吃的土豆丝都已经发黑了。养老院在一个10平方米的房间里安排了三张床,每个人都被绳子绑住,窗户也用栅栏拦住。养老院工作人员说怕老人走失了,或者是从窗户上掉下去。但是如果老人真的走失了,他们又不负责任。他们很多和家属签的协议都是,如果老人走失了,养老院是不承担责任的。护理人员也是远远不够,有一个地方是2个人护理39个老人。所以这些养老院根本就不是一个养老的地方。

二、虐待老年人案件的特点

随着社会的发展,特别是对老年人基本人权保护意识的不断提高,隐蔽在家庭屋檐之下及社会灰色地带的形形色色的"虐待老年人"现象将会逐渐暴露,引起社会的关注。一般而言,虐待老年人的案件呈现出以下特点:

(一) 普遍性

许多国家的研究都指出,几乎所有的老年人都有可能受到虐待,即使接受过高等教育和经济上较富裕的老年人,也有可能受到虐待,这表明,遭受虐待在很大程度上与老年人体弱、智能受损或经济不独立,需要依赖他人照顾和失去自主权有关。教育水平高且经济充裕的老年人也会因体弱、长期卧床等原因,而容易受到身体上、精神上，甚至经济上的虐待。

其他与虐待老年人有关的因素还包括贫穷、独自居住和与社会隔离等，这剥夺了老年人享有平等机会和获得资源的权利，使得老年人发挥作用的机会减少，代与代之间的关系变得疏远，致使老年人感觉对社会无用，缺乏信心，更加容易依赖他人，而遭受虐待。由于社会上存在歧视性的态度而且妇女的人权得不到实现，老年妇女更可能受到身心伤害。一些有害的传统和习俗造成了针对老年妇女的虐待和暴力，而贫穷和缺乏法律保护则往往使这种现象加剧。在我国，女性、贫困的、长期患病需要照料的、高龄的和居住在农村地区的老年人是虐老行为的主要受害者，他们是特别需要社会关注的群体。

（二）隐蔽性：施虐者以家庭成员为主

家庭暴力的一个突出特点就是隐蔽性，所谓屋檐下的犯罪，出于千百年来我国传统文化中"家丑不外扬""清官难断家务事"等文化习俗的制约，这些发生在家庭成员之间的暴力是最难被识别和暴露的。老年人由于身体健康衰弱、经济能力减退等诸多方面的原因，对家庭成员有较强的依赖性，使得他们往往成为家庭暴力的主要承受者。绝大多数老年人对于家庭暴力都是采取忍受退让的消极措施，而极少会求助于社会力量或司法机关。

（三）长期性

对老年人施虐的长期性，是一个非常突出的特点。与同样是家庭暴力的主要受害人的青少年和妇女不同，老年人由于在经济和生活照料方面对家庭成员存在着更加强烈的依赖，所以一旦遭受家庭暴力，很难通过自己的力量去摆脱和解决。而对老年人施暴虐待的行为也因为彼此之间这种强烈的不平等关系而强化。相对中青年人而言，老年人遭受虐待和暴力的时间更持久。

（四）虐待方式多样化

在我国，各种虐待老年人的方式都在一定程度上有所表现。在农村地区，由于老年人的经济自我保障能力更弱，他们遭受经济剥削或物质虐待的概率也相应更大，同时精神虐待特别是对老年人的贬损和谩骂等较为突出；而在城市地区，疏于照料及精神虐待中的冷暴力等方式则相对更突出。

在北京市第一中级人民法院，就曾经审理过这样一个典型的变相虐待老年人的案件：老人的一个儿子为了独占老人的遗产，将其母亲安排在远离其他家人的居住环境中，并为老人提供良好的衣食住行生活照料等，但是严格限制老人正常的社会交往和行动自由，切断老人与其他子女之间的情感交流，老母亲临终也没有见到其他几个儿女。这种变相的虐待方式往往是在子女之间发生对继承权纠纷的时候才被披露出来。

在农村地区，由于中青年劳动力的大量外流，农村留守老年人不但承担起繁重的农业生产劳动，而且常常还要承担照顾留守孙子女的重任。有关农村留守老年人的调查发现，不少留守老年人在身心方面都承受着巨大的压力，子女对自己疏于关照的精神孤寂使得他们在精神上备受折磨。

三、老年人受虐的风险因素

面对大量的、突出的或者隐蔽的虐老现象，我们需要分析这一现象产生的

原因。到底是什么因素可能导致老年人受到虐待？老年人受虐主要有哪些风险因素？

（一）个人因素

如前所述，丧失部分或全部自主能力的老年人更容易成为受虐的对象。同时，虽然老年男性受到虐待的风险与女性相当，但在某些国度的文化中，女性的社会地位较低，老年女性由于守寡或其财产被侵占等原因，发生因遗弃而被忽视的风险更高。女性遭受较为持久的严重形式的虐待和伤害风险也可能更高。

在虐老现象中，尤其是家庭中的虐老情况，施虐者以成年子女为最多。研究人员发现，较之没有虐待行为的成年人，虐待老人者多数有酗酒、吸毒、精神或心理不健康等个人行为问题，这些有行为越轨倾向的成年子女平时对其父母有一定的依赖性，一旦年老的父母不能向他们提供支持，或不能满足他们的要求时，以老年父母为施暴对象的虐待行为就会频繁发生。

（二）照料者的压力

施虐者与受虐者生活在一起是虐待的一项风险因素。照顾老年人是一项困难且充满压力的工作，在老年人的精神或身体有病状时，如果照顾老人者对所承担的责任和义务缺乏必要的知识和心理准备，更是如此。虐待者对老年人的依赖（通常在经济方面）也会增加虐待风险。在某些情况下，当老年人的依赖性越来越强时，长期不够和睦的家庭关系可能会由于紧张和沮丧而使情况变得更糟。

照料老年人的工作常会给照料者，特别是家人的心理、身体、社会关系和经济方面造成较大的负担，其压力主要来自以下几个方面：

第一，照料者缺乏足够的照顾知识。照料者由于未能获得足够的医疗护理知识，在面对老年人的疾病时，往往会感到焦虑、害怕或挫折。尤其当老年人所患的是属于记忆力或认知受损的疾病时，例如阿尔茨海默病等，大多数照料者不能接受患病老年人的行为，通常会认为是老年人在故意作对，进而产生很多摩擦。

第二，照料者的经济负担加重。通常照料者因为照料病人而需要向单位请假，甚至辞去工作，导致收入下降；或者雇请保姆代为护理，再加上医疗费用支出，都会给照料者家庭带来较重的经济负担。

第三，照料者的心理压力增大。由于长期照顾病人，打乱了照料者自己原有的生活规律，例如因无人帮忙而没有时间做自己喜欢的事情，不能参加社交活动等；或者因为病人长期卧床不见好转，甚至每况愈下，而感到沮丧和忧郁等。

第四，照料者的家庭关系趋向紧张。无论老年人是长期与家人住在一起，还是因为生病而与照料者同住，都会对家庭原有的生活习惯造成一定的影响。这可能影响到由哪个子女负责照顾、老年人的主观意愿如何、家居环境是否需要重新安置、医疗费用支出如何分担等问题，如果问题得不到很好的解决，家庭关系就会趋于紧张，甚至激化。如果缺少其他家庭成员及亲友的支持与关怀时，照料者会感到孤独和无助。

第五,照料者自身的身体状况下降。照料者在照料老人的过程中,常会导致自己心力交瘁,出现精神紧张、睡眠不足、头疼等现象,甚至影响家庭和工作,长此以往,照料者将变得脾气暴躁,身体出现疾病。

此外,照料者自身的性格或经历,比如缺乏自信、心情抑郁、酗酒或吸毒、儿时曾被虐待和疏忽照顾等,也会使他们较容易虐待或疏忽照顾老年人。

(三)社会支持的缺失

鉴于照料老年人的特殊性,照料者与老年人往往与社会相隔离。这种隔离更多是一种事实上的状态,也许并不带有歧视因素,但是事实上会造成照料者及老年人与社会其他群体分离。同时,加上随之而来的社会支持的缺乏,这是导致照料者虐待老年人的一项重大风险因素。许多老年人之所以遭受孤单是由于身体或精神有恙或由于失去朋友或家庭成员。

(四)社会文化环境因素

可能会影响虐待老年人风险的社会文化因素包括:第一,将老年人描绘成脆弱、虚弱和具有依赖性的群体;第二,家庭各代之间关系的淡化;第三,继承体系、土地及其他财产权,这会影响到家庭内部的权利和物质分配;第四,在由子女照料老年人的传统社会中,年轻夫妇移居他处,留下老年人独处;第五,缺少支付护理费用的资金。

四、虐老问题的预防及应对

"防患于未然"应当是解决虐老问题的首要原则。为预防虐老,各个国家和国际组织开展了很多有益的尝试和探索,这对我国正视虐老问题提供了有益的借鉴。

1. 加强宣传教育

通过媒体的广泛关注和宣传,对社会公众进行教育,提升整个社会尊老、爱老的氛围。宣传教育的侧重点应包括:

(1)扭转老年人无能的观念,发现并肯定老年人的重要价值,挖掘老年人对于家庭和社会的意义;

(2)发扬传统观念,强化家庭成员对老年人的赡养义务;

(3)提高社会尊老的意识,提升老年人的社会地位。

2. 筛查潜在的虐待行为

基于我们对虐老各项风险因素的分析,政府有关部门可以采取更加积极的手段筛查潜在的虐待行为,这种筛查既包括居家老年人,也包括养老机构收住的老年人。对于居家老年人,可以考察老年人的自理程度、其是否有照料者、照料者的照料能力如何、照料者的经济状况如何、家庭代际关系如何、老年人个人的经济收入多少等方面。对于机构收住的老年人,可以考察机构的设施设备状况、护理人员素质、护理人员数量、老年人的经济状况、服务费用状况等方面。

3. 对照料者进行干预和帮扶

缓解照料者的压力是预防虐老的重要环节之一。第一,通过技术培训、指导、鉴定等工作,逐步提高照料者的照料技术。第二,建立社会帮扶的机制,通

过社会工作者、社区服务人员等介入,适时缓解照料者的压力,降低虐老的风险。

4. 加强立法保护

随着对虐待老年人问题认识的提高和社会政策的不断变化,一些国家颁布了新的法律法规,将虐待老年人的行为定为犯罪行为,并加重了对某些虐待老年人罪行的刑罚。甚至有国家提出专业人员,例如医生、社会工作者和护理人员必须报告涉嫌虐待老年人、疏于照料或剥削老年人的案件。

【任务完成】

作为养老服务人员,你应当做到:

第一,具有发现老年人受虐的敏感性。老年人受虐,尤其是受到来自家庭成员的虐待常常具有隐蔽性,难以发现,这增加了老年人维权的难度。养老服务人员应当及时发现老人生活中的异常情况和反应,及时对老年人受虐事件进行干预。对于高龄老人、失能老人、独居老人应当给予更多的关注。

第二,正确认识"虐待"的含义,扩大对老年人的人身保护。

第三,对于来自家庭成员的虐待,应注意把握几点:以老年人的身心健康为根本出发点;了解老年人的家庭环境背景,分析虐待的原因;做好老年人家属的思想工作,以调解为主要解决手段;充分利用其他亲友的作用,给老年人创造良好的生活环境。

第四,对于来自社会其他人员的虐待,比如来自养老服务人员的虐待,应注意把握几点:及时收集虐老的证据并注意证据的留存;与该社会组织相关负责人沟通,尽早更换服务人员;可向施虐人所在单位协商赔偿事宜;协商不成的,可以提起诉讼。

任务二 协助保障老年人的财产安全

【任务目标】

作为养老服务人员,你能协助老人保障其财产安全。

【任务实例】

家住某社区的张阿姨近几天发现,跟自己关系很要好的几个老姐妹很忙碌,一打听才知道原来这几位老姐妹这几天都会去参加一个"健康讲座"。健康讲座不仅不要钱,还每次都给参加讲座的老人无偿发放药品或其他纪念品。张阿姨想:"既然是免费的,我也去看看。"就这样,张阿姨跟着几个姐妹参加了健康讲座。讲座一开始宣传的知识有她所熟悉的,也有新的内容,她听得"热血沸腾"。快结束时,经不住工作人员和"专家"的再三劝说,她购买了几盒治疗糖尿病的保健品。回家后吃了不到 3 天,血糖就已经严重超标,在医院足足住了半个月。待张阿姨的家人去这家公司讨说法时,已是人去楼空了。

【任务描述】

如果你是社区的养老服务人员,你应当如何帮助老年人防范钱物被欺诈?

【背景知识】

我国《宪法》第十三条明确规定：公民的合法的私有财产不受侵犯。《民法典》更是将公民对私有财产的权利保障提高到前所未有的高度。但是，在实践生活中，老年人作为其私有财产的权利人，在很多情况下却无法实现其财产权利，影响了老年人的晚年生活。我们在此重点介绍老年人财产权益受损的主要类型，进而提出维护老年人权益的方案。

（一）老年人对财产的自由处分权

财产所有权是指权利人对财产享有的占有、使用、收益、处分的权利。所有权人对其所有物应当享有在法律范畴内自由处分的权利。老年人对自己在生活和生产中积累的财富应当享有自由处分的权利，但是这种自由处分权在实现上有时却困难重重。

案例 9-3

85岁的马老太晚年儿女们不孝，邻居王某经常对马老太生活起居或看病住院给予帮助和照顾。马老太想在去世前把自己的两间旧瓦房赠予邻居王某，以报答王某对自己多年的照顾之情，谁知她这一想法被儿女们知道后遭到一致反对。为了不让马老太的房屋赠予成为事实，马老太的儿女们悄悄把老母亲的房产变更到他们自己的名下，造成马老太无权利赠予的局面。这使马老太在心理上受到了极大的打击，在很短的时间内，马老太便含恨离开了人世。

（二）再婚老人继承遗产难

本教材在前面模块三中已经介绍了老年人的婚姻关系。按照我国《民法典》的相关规定，基于合法婚姻关系的夫妻之间享有相互继承遗产的权利。这项权利是对配偶共同生活、情感交流的认可，也是配偶相互扶持的义务的延续。但是，我们发现很多老年人尤其是再婚的老年人，在配偶去世后其合法的继承权无法得到实现，子女（或配偶的子女）或其他亲属以各种理由侵害老年人的合法继承权。

案例 9-4

52岁的刘某年轻时守寡，后经人介绍，与刚退休不久的61岁的王某结婚，但婚后生活不到一年，王某就因突发心脏病抢救无效死亡。王某退休后有存款十余万元及遗留的商品房一套，还有一些家中财产。办完丧事的第二天，刘某尚沉浸在丧夫之痛中，而王某的儿女就发出"驱逐令"，要求刘某在三天之内搬离王家，并说家中所有财产和王的存款刘某没有继承资格。刘某为此一气卧床不起。

（三）以赡养为名侵占老人财产

依照相关法律,赡养老人是子女应尽的法定义务,是没有任何附加条件的,子女更不能把给付老人赡养费和赡养老人作为先决条件,或向老人索要、侵占老人财物。然而,现实生活中不乏有子女以占有财产作为赡养老人的条件,严重侵害到老年人合法的财产权利。

案例 9-5

75岁的赵老汉失去老伴后,便想跟着儿女们生活,但儿女们提出老人得先把手里的5万元积蓄、4间房屋及其他财产给儿女们分了再说。"分了,我们才能给你养老送终,否则,你就请一个保姆伺候你吧！"这是不久前某法院审理的一桩民事纠纷案件。而这类案件在农村特别是偏远农村更易发生。

（四）老年人易成为诈骗的对象

老年人在思考问题和认识问题能力和自我保护能力上相对较弱,极易成为诈骗分子作案的对象。

案例 9-6

家住深圳市某区的83岁的王大爷到派出所报案称,其于今年2月27日,收到一封印有其名字、地址的信件,内有所谓国内某知名公司的抽奖单,并附上公证处人员的照片,信件告知王大爷中了汽车大奖。王大爷根据信件提供的联系电话联系对方,对方告知他可以将汽车拍卖获得29万元现金,前提是要交手续费,老人照做后,对方每间隔几日便来电要求交"手续费""车牌费""增值税费"等诸多名义的各种费用,老人步步入套。经过五六次各种名目的汇款,共给对方汇去28万元后,老人方才醒悟,马上联系对方要求退回款项,并表示放弃获奖汽车。对方却说退回现金需要支付银行手续费及押金5万元。至此,老人才到派出所报案。

【专业知识】

一、老年人财产权的法律保障

（一）老年人财产权的宪法保护

宪法以保护公民权利和限制国家权力为主要内容。对公民权利的保护一直以来是我国宪法秉承的基本原则。

我国《宪法》第十三条明确规定:公民的合法的私有财产不受侵犯。具体而言,在宪法层面规定了征收、征用及补偿要求,形成了一个公民权利的完整的规范保护结构,即保护—限制(征收、征用)—保护(补偿)的逻辑结构。宪法关于公民合法的私有财产不受侵犯的规定只是一个原则性规定,对私有财产的保护需要法律的具体规定。

(二)老年人财产权的民法保护

我国《民法典》第三条规定:民事主体的人身权利、财产权利以及其他合法权益受法律保护,任何组织或者个人不得侵犯。以权利标的为标准,可以将权利分为财产权和非财产权两大类。所谓财产权,是指可以与权利人的人格、身份相分离并具有财产价值的权利。财产权是可以用金钱计算价值的,一般具有可让与性,受到侵害时需以财产方式予以救济。财产权包括以所有权为主的物权、准物权、债权、知识产权等。在婚姻、劳动等法律关系中,也有与财物相联系的权利,如家庭成员间要求扶养费、抚养费、赡养费的权利,夫妻间的财产权,和基于劳动关系领取劳动报酬、退休金、抚恤金的权利等。基于家庭成员间的人身关系所产生的财产权,比如继承权、夫妻财产权等,我们已经在前述章节中予以讲解,在此我们主要介绍财产权中的基础性权利,即物权和债权。

1. 物权

物权是指权利人对特定的物享有直接支配和排他的权利,包括所有权、用益物权和担保物权。① 所有权是民事主体生存必不可少的物质基础,也是整个法律体系的精神所在。所有权是指在法律的限制范围内,权利人对于所有物为永久全面与整体支配的权利,包括对物占有、使用、收益和处分的权能。用益物权是指对他人所有的动产或不动产,在一定的范围内进行占有、使用、收益的他物权。担保物权,是指为确保特定债权的实现,债务人或第三人以自己特定的不动产、动产及其他财产权利为标的而设定担保,在债务人不履行到期债务或发生当事人所约定的情形时,债权人有权就该项财产变价并优先受偿的物权。

2. 债权

债权为请求特定人为特定行为(作为或者不作为)的权利。债权具有给付请求权、给付受领权和债权保护请求权等权能。当事人之间因合同、侵权行为、无因管理或者不当得利等原因可能产生债权债务关系。

(三)老年人财产权的刑法保护

刑法是我国的基本法律之一,在保障公民财产权方面是一把"双刃剑"。因为它既可以以设置刑罚的方式阻止各类主体对公民财产权的侵犯,又可以以财产罚的方式限制、阻碍公民财产权的实现。我国《刑法》中对于公民财产权保护给予了充分的重视,《刑法》规定"侵犯财产罪"。除《刑法》对侵犯财产罪名加以规定外,最高人民法院、最高人民检察院的司法解释对公民财产权保护也做出了具体规定,比如《最高人民法院、最高人民检察院关于办理诈骗刑事案件具体应用法律若干问题的解释》(法释〔2011〕7号)中规定"诈骗残疾人、老年人或者丧失劳动能力人的财物的",从严惩处。

---

① 江平.物权法[M].北京:法律出版社,2009:26.

二、完善老年人监护

(一) 监护的内涵

监护是指民法上所规定的对于无民事行为能力人和限制民事行为能力人的人身、财产及其他合法权益进行监督、保护的一项制度。监护从其本质上讲就是对缺乏行为能力人的监督和照顾制度。监护设立的目的主要是为了保护无民事行为能力人和限制民事行为能力人的合法权益,从而维护社会秩序的稳定。

目前我国对监护的立法主要体现于《民法典》总则编的第二章(自然人)中。我国监护制度包括两种,即未成年人监护和成年监护。老年人监护涵盖于我国成年监护制度之中。

(二) 我国的成年监护制度

1. 哪些人是成年被监护人

不能辨认自己行为的成年人为无民事行为能力人,由其法定代理人代理实施民事法律行为。不能完全辨认自己行为的成年人为限制民事行为能力人,实施民事法律行为由其法定代理人代理或者经其法定代理人同意、追认,但是可以独立实施纯获利益的民事法律行为或者与其智力、精神健康状况相适应的民事法律行为。

不能辨认或者不能完全辨认自己行为的成年人,其利害关系人或者有关组织,可以向人民法院申请认定该成年人为无民事行为能力人或者限制民事行为能力人。被人民法院认定为无民事行为能力人或者限制民事行为能力人的,经本人、利害关系人或者有关组织申请,人民法院可以根据其智力、精神健康恢复的状况,认定该成年人恢复为限制民事行为能力人或者完全民事行为能力人。前述规定的有关组织包括:居民委员会、村民委员会、学校、医疗机构、妇女联合会、残疾人联合会、依法设立的老年人组织、民政部门等。

2. 监护人的确定

无民事行为能力或者限制民事行为能力的成年人,由下列有监护能力的人按顺序担任监护人:① 配偶;② 父母、子女;③ 其他近亲属;④ 其他愿意担任监护人的个人或者组织,但是须经被监护人住所地的居民委员会、村民委员会或者民政部门同意。

依法具有监护资格的人之间可以协议确定监护人。协议确定监护人应当尊重被监护人的真实意愿。

对监护人的确定有争议的,由被监护人住所地的居民委员会、村民委员会或者民政部门指定监护人,有关当事人对指定不服的,可以向人民法院申请指定监护人;有关当事人也可以直接向人民法院申请指定监护人。居民委员会、村民委员会、民政部门或者人民法院应当尊重被监护人的真实意愿,按照最有利于被监护人的原则在依法具有监护资格的人中指定监护人。依照《民法典》第三十一条第一款规定指定监护人前,被监护人的人身权利、财产权利以及其他合法权益处于无人保护状态的,由被监护人住所地的居民委员会、村民委员会、法律规定的有关组织或者民政部门担任临时监护人。监护人被指定后,不得擅自变更；擅自变更的，不免除被指定的监护人的责任。

没有依法具有监护资格的人的，监护人由民政部门担任，也可以由具备履行监护职责条件的被监护人住所地的居民委员会、村民委员会担任。

具有完全民事行为能力的成年人，可以与其近亲属、其他愿意担任监护人的个人或者组织事先协商，以书面形式确定自己的监护人。协商确定的监护人在该成年人丧失或者部分丧失民事行为能力时，履行监护职责。

3. 监护人的职责

监护人的职责是代理被监护人实施民事法律行为，保护被监护人的人身权利、财产权利及其他合法权益等。监护人依法履行监护职责产生的权利，受法律保护。监护人不履行监护职责或者侵害被监护人合法权益的，应当承担法律责任。

监护人应当按照最有利于被监护人的原则履行监护职责。监护人除为维护被监护人利益外，不得处分被监护人的财产。成年人的监护人履行监护职责，应当最大限度地尊重被监护人的真实意愿，保障并协助被监护人实施与其智力、精神健康状况相适应的民事法律行为。对被监护人有能力独立处理的事务，监护人不得干涉。

监护人有下列情形之一的，人民法院根据有关个人或者组织的申请，撤销其监护人资格，安排必要的临时监护措施，并按照最有利于被监护人的原则依法指定监护人：① 实施严重损害被监护人身心健康行为的；② 怠于履行监护职责，或者无法履行监护职责并且拒绝将监护职责部分或者全部委托给他人，导致被监护人处于危困状态的；③ 实施严重侵害被监护人合法权益的其他行为的。《民法典》第三十六条规定的有关个人和组织包括：其他依法具有监护资格的人，居民委员会、村民委员会、学校、医疗机构、妇女联合会、残疾人联合会、未成年人保护组织、依法设立的老年人组织、民政部门等。前述规定的个人和民政部门以外的组织未及时向人民法院申请撤销监护人资格的，民政部门应当向人民法院申请。

三、《民法典》居住权规定

《民法典》物权编增加了"居住权"这一新型用益物权。第三百六十六条规定，居住权人有权按照合同约定，对他人的住宅享有占有、使用的用益物权，以满足生活居住的需要。

《民法典》"居住权"制度的创设为老年人更为多样地处置自有房产，满足生活及养老需求提供了制度可能。对于很多老年人而言，房产是其最为重要的财产。由于所有权转移不仅手续繁杂，更会在很大程度上影响老年人对房产的使用，房产所有权和居住权分离的需求日益强烈。

案例 9-7

王老伯有两个儿女，老伴前几年去世。几年前，儿女为照顾王老伯的生活，为其聘用了一名保姆张某。张某 50 多岁，丧偶，是农村进城务工人员。张某虽然文化水平不高，但人心地善良，对王老伯照顾得无微不至。

王老伯在与张某长期共同生活中互生好感。但二人的感情生活受到了王老伯儿女的反对。儿女觉得，张某之所以接近王老伯主要是想分割王老伯的财产，因此极力反对二人结婚。王老伯现在住的房子是他唯一的房产。王老伯也想把这套房产留给子女，但是考虑到自己一旦不在人世，房产留给子女后张某将面临无处居住的处境。《民法典》颁布后，王老伯看到了解决这一问题的途径。王老伯可以将房产所有权转移给子女，但可以通过在该房产上为张某设定居住权的方式保障张某的居住需求。

居住权的设定应当满足以下要件：

第一，居住权依据所有权人与居住权人达成的协议加以设立。所有权人也可以通过遗嘱的方式设立居住权。

第二，应当采用书面方式。《民法典》第三百六十七条规定，设立居住权，当事人应当采用书面形式订立居住权合同。居住权合同一般包括下列条款：① 当事人的姓名或者名称和住所；② 住宅的位置；③ 居住的条件和要求；④ 居住权期限；⑤ 解决争议的方法。

第三，居住权的内容为，居住权人有权按照合同约定，对他人的住宅享有占有、使用的用益物权，以满足生活居住的需要。

第四，居住权以无偿设定为原则，但当事人另有约定的除外。

第五，居住权登记。设立居住权的，应当向登记机构申请居住权登记。居住权自登记时设立。

居住权在行使过程中，应当遵守以下规则：

第一，居住权不得转让、继承。设立居住权的住宅不得出租，但是当事人另有约定的除外。

第二，居住权期限届满或者居住权人死亡的，居住权消灭。居住权消灭的，应当及时办理注销登记。

【任务完成】

作为养老服务人员，你应当做到：

第一，对老年人财产权益可能受损的情况具有高度的敏感性，及时发现违法迹象；

第二，加强对老年人防范意识的培养，定期向老年人宣讲社会上的常见诈骗手段，提醒老年人注意；

第三，遇有老年人财产受损的情况，及时向当地的公安机关报案，将老年人的损失降低到最小；

第四，动员老年人的家属做好防范工作。

【思考题】

1. 如何认识老年人受虐的问题？

2. 老年人受虐的特点有哪些?
3. 老年人受虐的风险因素有哪些?
4. 如何预防及应对老年人受虐的现象?
5. 老年人财产安全受损的主要情形有哪些?
6. 我国法律如何保护老年人的财产权?

实训题

实训一：以小组为单位，对社区老年人开展人身与财产安全防范的宣传活动。

活动步骤：确定小组成员—确定宣传主题—选取合适的社区—形成宣传活动方案—进行前期沟通和组织—开展宣传—总结

实训成果：宣传活动方案、宣传活动总结

实训二：课堂讨论。

话题一：就社会上部分"黑心养老院"虐待老人现象谈谈自己的感想。

话题二：老年人财产安全如何得到有效的保护？

拓展阅读

老龄化与健康

一些重要事实

(1) 2020—2030 年，世界 60 岁以上人口占比将增加 34%。

(2) 60 岁以上人口数量现已超过 5 岁以下儿童人数。到 2050 年，60 岁以上人口数量将超过 15~24 岁青少年和青年人数。

(3) 2050 年时，大约 65% 的老年人将来自低收入和中等收入国家。

(4) 人口老龄化速度远超过去。

(5) 所有国家都面临重大挑战，必须确保其卫生和社会系统做好准备，充分应对人口结构的这一转变。

世界老龄化情况概述

(1) 世界各地人们的寿命在延长。今天，大多数人的期望寿命已达 60 岁以上。世界各国老年人数量和占比呈上升趋势。

(2) 到 2030 年，全世界六分之一的人将达 60 岁以上。从 2020 年到 2030 年，60 岁以上人口将从 10 亿人增加到 14 亿人。到 2050 年，全世界 60 岁以上人口将翻一番，增至 21 亿人。2020 年至 2050 年期间，预计 80 岁以上人数将增加两倍，达到 4.26 亿人。

(3) 国家人口分布重心移向老年人群的趋势，即所谓人口老龄化，始于高收入国家(例如，目前 30% 的日本人口超过 60 岁)，但现在低收入和中等收入国家正经历最大的变化。到 2050 年，世界三分之二 60 岁以上人口将生活在低收入和中等收入国家。

影响健康老龄化的因素

寿命延长不仅能给老年人及其家庭，而且能给整个社会带来机会。寿命增

加使得人们有机会从事新的活动,如进修、从事新职业或长期以来被忽视的爱好等。老年人还可以多种方式对其家庭和社区做出贡献。然而这些机会和贡献很大程度上取决于一个因素:健康。

有证据表明,健康生活年数基本未变,这意味着在额外寿命中健康状况欠佳。如果人们能够健康地度过晚年岁月,并且能够生活在有益环境中,则他们从事自己认为有价值活动的能力将与年轻人几乎没有差别。但如果增加的这些岁月基本是在身心能力衰退中度过,则对老年人和社会产生不利影响。

虽然老年人健康状况的某些变化是遗传性的,但多数是因为人们所处的自然和社会环境造成的——包括家庭、邻里和社区,以及其个人特征,如性别、社会经济地位等。人们儿时,或甚至胎儿阶段的生活环境与其个人特点结合在一起,会长远地影响到其今后变老的方式。

自然环境和社会环境可以直接影响健康,也可能会阻碍或激励机会、决策和健康行为,进而对健康产生影响。在生命全程中保持健康行为,特别是平衡饮食、经常从事身体活动、不吸烟等,都有助于减少非传染性疾病风险并提高身心能力。终生保持健康行为,特别是均衡饮食、定期进行身体活动和避免吸烟,都有助于降低非传染性疾病的风险,提高身心能力,并延缓对护理的依赖。

支持性环境使人们能够在能力损失的情况下也能从事对其重要的活动。提供安全无障碍的公共建筑和交通工具,以及易于走动的环境都是支持性环境的例子。在针对老龄化制定公共卫生对策时,不仅应考虑采取个人和环境措施改善老年状况,还应考虑采取措施加强康复、适应和社会心理成长。

应对人口老龄化所面临的各种挑战

不存在"典型的"老年人。有些80岁老人的身心能力如同许多30岁的年轻人。而有些人的身心能力在较年轻时便已显著下降。全面的公共卫生对策必须顾及老年人的各种经历和需求。

老年状态的多样性不是偶然的。这主要源于人们所处的自然和社会环境以及这些环境对其机会和健康行为的影响。我们与自己所在环境的关系会受到许多个人特有因素的影响,诸如我们的原生家庭、性别和族裔等,这些因素会导致健康不平等。

老年人往往被认为体弱或具有依赖性,是社会的负担。公共卫生专业人员以及整个社会必须纠正这些以及其他一些有辱老年人的态度,因为它们可能导致歧视,影响制定政策的方法以及老年人享受健康老年生活的机会。

全球化、技术发展(例如交通运输和通信领域的技术发展)、城市化,以及不断变化的性别规范都在直接和间接地影响老年人的生活。公共卫生对策必须评估这些当前和预测的趋势并相应制定政策。

(资料来源:联合国. 老龄化与健康[EB/OL]. (2021-10-04)[2022-07-07]. https://www.who.int/zh/news-room/fact-sheets/detail/ageing-and-health)

附录

中华人民共和国老年人权益保障法

1996年8月29日第八届全国人民代表大会常务委员会第二十一次会议通过；根据2009年8月27日第十一届全国人民代表大会常务委员会第十次会议《关于修改部分法律的决定》第一次修正；2012年12月28日第十一届全国人民代表大会常务委员会第三十次会议修订；根据2015年4月24日第十二届全国人民代表大会常务委员会第十四次会议《关于修改〈中华人民共和国电力法〉等六部法律的决定》第二次修正；根据2018年12月29日第十三届全国人民代表大会常务委员会第七次会议《关于修改〈中华人民共和国劳动法〉等七部法律的决定》第三次修正。

第一章 总 则

第一条 为了保障老年人合法权益，发展老龄事业，弘扬中华民族敬老、养老、助老的美德，根据宪法，制定本法。

第二条 本法所称老年人是指六十周岁以上的公民。

第三条 国家保障老年人依法享有的权益。

老年人有从国家和社会获得物质帮助的权利，有享受社会服务和社会优待的权利，有参与社会发展和共享发展成果的权利。禁止歧视、侮辱、虐待或者遗弃老年人。

第四条 积极应对人口老龄化是国家的一项长期战略任务。

国家和社会应当采取措施，健全保障老年人权益的各项制度，逐步改善保障老年人生活、健康、安全以及参与社会发展的条件，实现老有所养、老有所医、老有所为、老有所学、老有所乐。

第五条 国家建立多层次的社会保障体系，逐步提高对老年人的保障水平。

国家建立和完善以居家为基础、社区为依托、机构为支撑的社会养老服务体系。

倡导全社会优待老年人。

第六条 各级人民政府应当将老龄事业纳入国民经济和社会发展规划，将老龄事业经费列入财政预算，建立稳定的经费保障机制，并鼓励社会各方面投入，使老龄事业与经济、社会协调发展。

国务院制定国家老龄事业发展规划。县级以上地方人民政府根据国家老龄事业发展规划，制定本行政区域的老龄事业发展规划和年度计划。

县级以上人民政府负责老龄工作的机构,负责组织、协调、指导、督促有关部门做好老年人权益保障工作。

第七条　保障老年人合法权益是全社会的共同责任。

国家机关、社会团体、企业事业单位和其他组织应当按照各自职责,做好老年人权益保障工作。

基层群众性自治组织和依法设立的老年人组织应当反映老年人的要求,维护老年人合法权益,为老年人服务。

提倡、鼓励义务为老年人服务。

第八条　国家进行人口老龄化国情教育,增强全社会积极应对人口老龄化意识。

全社会应当广泛开展敬老、养老、助老宣传教育活动,树立尊重、关心、帮助老年人的社会风尚。

青少年组织、学校和幼儿园应当对青少年和儿童进行敬老、养老、助老的道德教育和维护老年人合法权益的法制教育。

广播、电影、电视、报刊、网络等应当反映老年人的生活,开展维护老年人合法权益的宣传,为老年人服务。

第九条　国家支持老龄科学研究,建立老年人状况统计调查和发布制度。

第十条　各级人民政府和有关部门对维护老年人合法权益和敬老、养老、助老成绩显著的组织、家庭或者个人,对参与社会发展做出突出贡献的老年人,按照国家有关规定给予表彰或者奖励。

第十一条　老年人应当遵纪守法,履行法律规定的义务。

第十二条　每年农历九月初九为老年节。

第二章　家庭赡养与扶养

第十三条　老年人养老以居家为基础,家庭成员应当尊重、关心和照料老年人。

第十四条　赡养人应当履行对老年人经济上供养、生活上照料和精神上慰藉的义务,照顾老年人的特殊需要。

赡养人是指老年人的子女以及其他依法负有赡养义务的人。

赡养人的配偶应当协助赡养人履行赡养义务。

第十五条　赡养人应当使患病的老年人及时得到治疗和护理;对经济困难的老年人,应当提供医疗费用。

对生活不能自理的老年人,赡养人应当承担照料责任;不能亲自照料的,可以按照老年人的意愿委托他人或者养老机构等照料。

第十六条　赡养人应当妥善安排老年人的住房,不得强迫老年人居住或者迁居条件低劣的房屋。

老年人自有的或者承租的住房,子女或者其他亲属不得侵占,不得擅自改变产权关系或者租赁关系。

老年人自有的住房,赡养人有维修的义务。

第十七条　赡养人有义务耕种或者委托他人耕种老年人承包的田地,照管或者委托他人照管老年人的林木和牲畜等,收益归老年人所有。

第十八条　家庭成员应当关心老年人的精神需求,不得忽视、冷落老年人。

与老年人分开居住的家庭成员,应当经常看望或者问候老年人。

用人单位应当按照国家有关规定保障赡养人探亲休假的权利。

第十九条　赡养人不得以放弃继承权或者其他理由,拒绝履行赡养义务。

赡养人不履行赡养义务,老年人有要求赡养人付给赡养费等权利。

赡养人不得要求老年人承担力不能及的劳动。

第二十条　经老年人同意,赡养人之间可以就履行赡养义务签订协议。赡养协议的内容不得违反法律的规定和老年人的意愿。

基层群众性自治组织、老年人组织或者赡养人所在单位监督协议的履行。

第二十一条　老年人的婚姻自由受法律保护。子女或者其他亲属不得干涉老年人离婚、再婚及婚后的生活。

赡养人的赡养义务不因老年人的婚姻关系变化而消除。

第二十二条　老年人对个人的财产,依法享有占有、使用、收益和处分的权利,子女或者其他亲属不得干涉,不得以窃取、骗取、强行索取等方式侵犯老年人的财产权益。

老年人有依法继承父母、配偶、子女或者其他亲属遗产的权利,有接受赠与的权利。子女或者其他亲属不得侵占、抢夺、转移、隐匿或者损毁应当由老年人继承或者接受赠与的财产。

老年人以遗嘱处分财产,应当依法为老年配偶保留必要的份额。

第二十三条　老年人与配偶有相互扶养的义务。由兄、姐扶养的弟、妹成年后,有负担能力的,对年老无赡养人的兄、姐有扶养的义务。

第二十四条　赡养人、扶养人不履行赡养、扶养义务的,基层群众性自治组织、老年人组织或者赡养人、扶养人所在单位应当督促其履行。

第二十五条　禁止对老年人实施家庭暴力。

第二十六条　具备完全民事行为能力的老年人,可以在近亲属或者其他与自己关系密切、愿意承担监护责任的个人、组织中协商确定自己的监护人。监护人在老年人丧失或者部分丧失民事行为能力时,依法承担监护责任。

老年人未事先确定监护人的,其丧失或者部分丧失民事行为能力时,依照有关法律的规定确定监护人。

第二十七条　国家建立健全家庭养老支持政策,鼓励家庭成员与老年人共同生活或者就近居住,为老年人随配偶或者赡养人迁徙提供条件,为家庭成员照料老年人提供帮助。

第三章　社会保障

第二十八条　国家通过基本养老保险制度,保障老年人的基本生活。

第二十九条　国家通过基本医疗保险制度,保障老年人的基本医疗需要。享受最低生活保障的老年人和符合条件的低收入家庭中的老年人参加新型农村合作医疗和城镇居民基本医疗保险所需个人缴费部分,由政府给予补贴。

有关部门制定医疗保险办法,应当对老年人给予照顾。

第三十条　国家逐步开展长期护理保障工作,保障老年人的护理需求。

对生活长期不能自理、经济困难的老年人,地方各级人民政府应当根据其失能程度等情况给予护理补贴。

第三十一条　国家对经济困难的老年人给予基本生活、医疗、居住或者其他救助。

老年人无劳动能力、无生活来源、无赡养人和扶养人,或者其赡养人和扶养人确无赡养能力或者扶养能力的,由地方各级人民政府依照有关规定给予供养或者救助。

对流浪乞讨、遭受遗弃等生活无着的老年人,由地方各级人民政府依照有关规定给予救助。

第三十二条　地方各级人民政府在实施廉租住房、公共租赁住房等住房保障制度或者进行危旧房屋改造时,应当优先照顾符合条件的老年人。

第三十三条　国家建立和完善老年人福利制度,根据经济社会发展水平和老年人的实际需要,增加老年人的社会福利。

国家鼓励地方建立八十周岁以上低收入老年人高龄津贴制度。

国家建立和完善计划生育家庭老年人扶助制度。

农村可以将未承包的集体所有的部分土地、山林、水面、滩涂等作为养老基地,收益供老年人养老。

第三十四条　老年人依法享有的养老金、医疗待遇和其他待遇应当得到保障,有关机构必须按时足额支付,不得克扣、拖欠或者挪用。

国家根据经济发展以及职工平均工资增长、物价上涨等情况,适时提高养老保障水平。

第三十五条　国家鼓励慈善组织以及其他组织和个人为老年人提供物质帮助。

第三十六条　老年人可以与集体经济组织、基层群众性自治组织、养老机构等组织或者个人签订遗赠扶养协议或者其他扶助协议。

负有扶养义务的组织或者个人按照遗赠扶养协议,承担该老年人生养死葬的义务,享有受遗赠的权利。

第四章　社会服务

第三十七条　地方各级人民政府和有关部门应当采取措施,发展城乡社区养老服务,鼓励、扶持专业服务机构及其他组织和个人,为居家的老年人提供生活照料、紧急救援、医疗护理、精神慰藉、心理咨询等多种形式的服务。

对经济困难的老年人,地方各级人民政府应当逐步给予养老服务补贴。

第三十八条　地方各级人民政府和有关部门、基层群众性自治组织,应当将养老服务设施纳入城乡社区配套设施建设规划,建立适应老年人需要的生活服务、文化体育活动、日间照料、疾病护理与康复等服务设施和网点,就近为老年人提供服务。

发扬邻里互助的传统,提倡邻里间关心、帮助有困难的老年人。鼓励慈善组织、志愿者为老年人服务。倡导老年人互助服务。

第三十九条　各级人民政府应当根据经济发展水平和老年人服务需求,逐步增加对养老服务的投入。

各级人民政府和有关部门在财政、税费、土地、融资等方面采取措施,鼓励、扶持企业事业单位、社会组织或者个人兴办、运营养老、老年人日间照料、老年文化体育活动等设施。

第四十条　地方各级人民政府和有关部门应当按照老年人口比例及分布情况,将养老服务设施建设纳入城乡规划和土地利用总体规划,统筹安排养老服务设施建设用地及所需物资。

公益性养老服务设施用地,可以依法使用国有划拨土地或者农民集体所有的土地。

养老服务设施用地,非经法定程序不得改变用途。

第四十一条　政府投资兴办的养老机构,应当优先保障经济困难的孤寡、失能、高龄等老年人的服务需求。

第四十二条　国务院有关部门制定养老服务设施建设、养老服务质量和养老服务职业等标准,建立健全养老机构分类管理和养老服务评估制度。

各级人民政府应当规范养老服务收费项目和标准,加强监督和管理。

第四十三条　设立公益性养老机构,应当依法办理相应的登记。

设立经营性养老机构,应当在市场监督管理部门办理登记。

养老机构登记后即可开展服务活动,并向县级以上人民政府民政部门备案。

第四十四条　地方各级人民政府加强对本行政区域养老机构管理工作的领导,建立养老机构综合监管制度。

县级以上人民政府民政部门负责养老机构的指导、监督和管理,其他有关部门依照职责分工对养老机构实施监督。

第四十五条　县级以上人民政府民政部门依法履行监督检查职责,可以采取以下措施:

(一)向养老机构和个人了解情况;

(二)进入涉嫌违法的养老机构进行现场检查;

(三)查阅或者复制有关合同、票据、账簿及其他有关资料;

(四)发现养老机构存在可能危及人身健康和生命财产安全风险的,责令限期改正,逾期不改正的,责令停业整顿。

县级以上人民政府民政部门调查养老机构涉嫌违法的行为,应当遵守《中华人民共和国行政强制法》和其他有关法律、行政法规的规定。

第四十六条　养老机构变更或者终止的,应当妥善安置收住的老年人,并依照规定到有关部门办理手续。有关部门应当为养老机构妥善安置老年人提供帮助。

第四十七条　国家建立健全养老服务人才培养、使用、评价和激励制度,依法规范用工,促进从业人员劳动报酬合理增长,发展专职、兼职和志愿者相结合的养老服务队伍。

国家鼓励高等学校、中等职业学校和职业培训机构设置相关专业或者培训项目,培养养老服务专业人才。

第四十八条　养老机构应当与接受服务的老年人或者其代理人签订服务协议,明确双方的权利、义务。

养老机构及其工作人员不得以任何方式侵害老年人的权益。

第四十九条　国家鼓励养老机构投保责任保险,鼓励保险公司承保责任保险。

第五十条　各级人民政府和有关部门应当将老年医疗卫生服务纳入城乡医疗卫生服务规划,将老年人健康管理和常见病预防等纳入国家基本公共卫生服务项目。鼓励为老年人提供保健、护理、临终关怀等服务。

国家鼓励医疗机构开设针对老年病的专科或者门诊。

医疗卫生机构应当开展老年人的健康服务和疾病防治工作。

第五十一条　国家采取措施,加强老年医学的研究和人才培养,提高老年病的预防、治疗、科研水平,促进老年病的早期发现、诊断和治疗。

国家和社会采取措施,开展各种形式的健康教育,普及老年保健知识,增强老年人自我保健意识。

第五十二条　国家采取措施,发展老龄产业,将老龄产业列入国家扶持行业目录。扶持和引导企业开发、生产、经营适应老年人需要的用品和提供相关的服务。

第五章　社会优待

第五十三条　县级以上人民政府及其有关部门根据经济社会发展情况和老年人的特殊需要,制定优待老年人的办法,逐步提高优待水平。

对常住在本行政区域内的外埠老年人给予同等优待。

第五十四条　各级人民政府和有关部门应当为老年人及时、便利地领取养老金、结算医疗费和享受其他物质帮助提供条件。

第五十五条　各级人民政府和有关部门办理房屋权属关系变更、户口迁移等涉及老年人权益的重大事项时,应当就办理事项是否为老年人的真实意思表示进行询问,并依法优先办理。

第五十六条　老年人因其合法权益受侵害提起诉讼交纳诉讼费确有困难的,可以缓交、减交或者免交;需要获得律师帮助,但无力支付律师费用的,可以获得法律援助。

鼓励律师事务所、公证处、基层法律服务所和其他法律服务机构为经济困难的老年人提供免费或者优惠服务。

第五十七条　医疗机构应当为老年人就医提供方便,对老年人就医予以优先。有条件的地方,可以为老年人设立家庭病床,开展巡回医疗、护理、康复、免费体检等服务。

提倡为老年人义诊。

第五十八条　提倡与老年人日常生活密切相关的服务行业为老年人提供优先、优惠服务。

城市公共交通、公路、铁路、水路和航空客运,应当为老年人提供优待和照顾。

第五十九条 博物馆、美术馆、科技馆、纪念馆、公共图书馆、文化馆、影剧院、体育场馆、公园、旅游景点等场所,应当对老年人免费或者优惠开放。

第六十条 农村老年人不承担兴办公益事业的筹劳义务。

第六章 宜居环境

第六十一条 国家采取措施,推进宜居环境建设,为老年人提供安全、便利和舒适的环境。

第六十二条 各级人民政府在制定城乡规划时,应当根据人口老龄化发展趋势、老年人口分布和老年人的特点,统筹考虑适合老年人的公共基础设施、生活服务设施、医疗卫生设施和文化体育设施建设。

第六十三条 国家制定和完善涉及老年人的工程建设标准体系,在规划、设计、施工、监理、验收、运行、维护、管理等环节加强相关标准的实施与监督。

第六十四条 国家制定无障碍设施工程建设标准。新建、改建和扩建道路、公共交通设施、建筑物、居住区等,应当符合国家无障碍设施工程建设标准。

各级人民政府和有关部门应当按照国家无障碍设施工程建设标准,优先推进与老年人日常生活密切相关的公共服务设施的改造。

无障碍设施的所有人和管理人应当保障无障碍设施正常使用。

第六十五条 国家推动老年宜居社区建设,引导、支持老年宜居住宅的开发,推动和扶持老年人家庭无障碍设施的改造,为老年人创造无障碍居住环境。

第七章 参与社会发展

第六十六条 国家和社会应当重视、珍惜老年人的知识、技能、经验和优良品德,发挥老年人的专长和作用,保障老年人参与经济、政治、文化和社会生活。

第六十七条 老年人可以通过老年人组织,开展有益身心健康的活动。

第六十八条 制定法律、法规、规章和公共政策,涉及老年人权益重大问题的,应当听取老年人和老年人组织的意见。

老年人和老年人组织有权向国家机关提出老年人权益保障、老龄事业发展等方面的意见和建议。

第六十九条 国家为老年人参与社会发展创造条件。根据社会需要和可能,鼓励老年人在自愿和量力的情况下,从事下列活动:

(一)对青少年和儿童进行社会主义、爱国主义、集体主义和艰苦奋斗等优良传统教育;

(二)传授文化和科技知识;

(三)提供咨询服务;

(四)依法参与科技开发和应用;

(五)依法从事经营和生产活动;

(六)参加志愿服务、兴办社会公益事业;

(七)参与维护社会治安、协助调解民间纠纷;

(八)参加其他社会活动。

第七十条　老年人参加劳动的合法收入受法律保护。

任何单位和个人不得安排老年人从事危害其身心健康的劳动或者危险作业。

第七十一条　老年人有继续受教育的权利。

国家发展老年教育,把老年教育纳入终身教育体系,鼓励社会办好各类老年学校。各级人民政府对老年教育应当加强领导,统一规划,加大投入。

第七十二条　国家和社会采取措施,开展适合老年人的群众性文化、体育、娱乐活动,丰富老年人的精神文化生活。

第八章　法律责任

第七十三条　老年人合法权益受到侵害的,被侵害人或者其代理人有权要求有关部门处理,或者依法向人民法院提起诉讼。

人民法院和有关部门,对侵犯老年人合法权益的申诉、控告和检举,应当依法及时受理,不得推诿、拖延。

第七十四条　不履行保护老年人合法权益职责的部门或者组织,其上级主管部门应当给予批评教育,责令改正。

国家工作人员违法失职,致使老年人合法权益受到损害的,由其所在单位或者上级机关责令改正,或者依法给予处分;构成犯罪的,依法追究刑事责任。

第七十五条　老年人与家庭成员因赡养、扶养或者住房、财产等发生纠纷,可以申请人民调解委员会或者其他有关组织进行调解,也可以直接向人民法院提起诉讼。

人民调解委员会或者其他有关组织调解前款纠纷时,应当通过说服、疏导等方式化解矛盾和纠纷;对有过错的家庭成员,应当给予批评教育。

人民法院对老年人追索赡养费或者扶养费的申请,可以依法裁定先予执行。

第七十六条　干涉老年人婚姻自由,对老年人负有赡养义务、扶养义务而拒绝赡养、扶养,虐待老年人或者对老年人实施家庭暴力的,由有关单位给予批评教育;构成违反治安管理行为的,依法给予治安管理处罚;构成犯罪的,依法追究刑事责任。

第七十七条　家庭成员盗窃、诈骗、抢夺、侵占、勒索、故意损毁老年人财物,构成违反治安管理行为的,依法给予治安管理处罚;构成犯罪的,依法追究刑事责任。

第七十八条　侮辱、诽谤老年人,构成违反治安管理行为的,依法给予治安管理处罚;构成犯罪的,依法追究刑事责任。

第七十九条　养老机构及其工作人员侵害老年人人身和财产权益,或者未按照约定提供服务的,依法承担民事责任;有关主管部门依法给予行政处罚;构成犯罪的,依法追究刑事责任。

第八十条　对养老机构负有管理和监督职责的部门及其工作人员滥用职权、玩忽职守、徇私舞弊的,对直接负责的主管人员和其他直接责任人员依法给予处分;构成犯罪的,依法追究刑事责任。

第八十一条　不按规定履行优待老年人义务的,由有关主管部门责令改正。

第八十二条　涉及老年人的工程不符合国家规定的标准或者无障碍设施所有人、管理人未尽到维护和管理职责的,由有关主管部门责令改正;造成损害的,依法承担民事责任;对有关单位、个人依法给予行政处罚;构成犯罪的,依法追究刑事责任。

第九章　附　　则

第八十三条　民族自治地方的人民代表大会,可以根据本法的原则,结合当地民族风俗习惯的具体情况,依照法定程序制定变通的或者补充的规定。

第八十四条　本法施行前设立的养老机构不符合本法规定条件的,应当限期整改。具体办法由国务院民政部门制定。

第八十五条　本法自 2013 年 7 月 1 日起施行。